성과
관리
4.0

나남
nanam

나남신서 1959

성과
관리
4.0

OKR 기반의 애자일 경영을 위한
새로운 패러다임

2018년 7월 1일 발행
2021년 10월 1일   2쇄

지은이_ 에릭 모슬리
옮긴이_ HCG
발행자_ 趙相浩
발행처_ (주) 나남
주소_ 10881 경기도 파주시 회동길 193
전화_ (031) 955-4601 (代)
FAX_ (031) 955-4555
등록_ 제 1-71호 (1979.5.12)
홈페이지_ http://www.nanam.net
전자우편_ post@nanam.net

ISBN 978-89-300-8959-3
ISBN 978-89-300-8655-4 (세트)

OKR 기반의 애자일 경영을 위한 새로운 패러다임

성과
관리
4.0

에릭 모슬리 지음 | HCG 옮김

나남
nanam

이 책은 숫자와 인센티브가 중심이 되는 전통적 성과관리 방식의 장점을 유지하면서도 가치기반 인정을 통해 몰입을 향상시키고 새로운 조직문화를 형성할 수 있는 방법을 제시한다. 크라우드소싱 기반 집단지성의 활용은 정보소통 방식의 급격한 변화에 선제적으로 대응하는 획기적 방법이다. 이제 구성원 상호 간에 진솔한 커뮤니케이션과 적극적 참여를 통해 성공적 정착을 실현하는 것은 독자들의 몫이다.

최성우 두산그룹 지주부문 HR 총괄 사장

VUCA Volatility, Uncertainty, Complexity, Ambiguity(변동성, 불확실성, 복잡성, 모호성)의 경영환경 도래를 온몸으로 느끼면서 HR 시스템, 특히 성과관리의 효과성에 대한 나의 의구심은 점차 높아졌다. 앞으로 어느 방향으로 가야 할지 길을 잃어버린 듯한 혼란스러움도 느꼈다. 그러나 이 책을 보면서 이런 의구심의 실체가 무엇인지 분명히 파악했고, 크라우드소싱 기반 평가와 빅데이터 활용이 성과관리가 지향해야 할 변화의 방향을 가르쳐 준다는 나름의 확신도 얻었다.

현순엽 SK 하이닉스 HR 총괄 부사장

성과와 문화는 별개의 영역이 아니다. 구성원들이 성과를 통해 보람을 느끼고 조직에 기여하고자 하는 의지를 실현하는 것이 곧 성과주의이고 문화다. 지금까지 제도가 약속했지만 여전히 도달하지 못했던 성과몰입 문화가 이 책을 통해 이뤄지길 기대한다. 먼 미래처럼 보이지만 늘 그렇듯 현실의 변화는 우리의 예상보다 빨리 다가올 것이다.

황성현 카카오 HR 총괄 부사장

디지털 트랜스포메이션Digital Transformation 과정에서 많은 시행착오를 겪어 본 리더라면 이 책이 제시하는 새로운 패러다임의 성과관리가 얼마나 중요한 시사점을 제공하는지 이해할 것이다. 크라우드소싱 방식을 통해 그간 관찰하지 못했던 구성원들의 기여도를 포착해내고 풍부한 데이터를 바탕으로 서로 간의 성과 대화를 이어가는 것이야말로 많은 기업들이 꿈꾸는 디지털 기업의 모습이 아닐까? 새로운 기술과 방식으로 변화를 만들어내고자 하는 모든 이들에게 일독을 권한다.

김현정 한국 IBM GBS 디지털 전략/iX 담당 전무

이 책은 성공의 핵심요인으로서 직원의 열정과 행복을 강조한다. 직원 성과관리의 혁신과도 같은 책이다.

토니 셰이Tony Hsieh, 〈뉴욕타임스〉 베스트셀러 《딜리버링 해피니스》 저자, 자포스 대표

기업 성과관리에서 도발적 해결책을 제시하는 책! 이 책은 HR 관리자들이 새로운 시각에서 성과관리를 다시 바라보게끔 한다. 크라우드소싱crowdsourcing 기반 인정이야말로 우리가 바라던 성과관리의 혁명이다.

하야그리바 라오Hayagreeva Rao, 스탠퍼드 비즈니스스쿨 조직행동 및 인적자원 전공 교수

저자는 오늘날 업무환경에서 인정의 중요성을 재차 강조한다. 나는 우리 회사에서 글로벌 사회적 인정 프로그램이 문화를 통합하고 직원몰입을 향상시키는 과정을 두 눈으로 직접 보았다. 사회적 인정은 우리 비즈니스에 긍정적 영향을 끼쳤을 뿐만 아니라 HR에서 우리의 가장 소중한 자산인 직원들을 보다 전략적으로 관리할 수 있게끔 해주었다.

제니퍼 레이머트Jennifer Reimert, 시만텍 토탈리워즈 부사장

6

지금은 사회적 인정의 전성기다. 저자는 직원들을 어떻게 인정하고 격려할지, 인정을 통해 어떻게 보다 우수한 성과를 도출할지에 대해 뛰어난 식견을 갖고 있다. 성과관리와 사회적 인정 프로그램을 통해 직원들의 역량을 극대화하고 싶은가? 그렇다면 이 책을 적극 추천한다.

존 홀른 John Hollon, TLNT 닷컴 및 ERE 미디어 편집 부사장

이 책은 중대한 트렌드를 발견했다. 그것은 바로 '사회적 인정'으로, 머지않아 직원 성과와 보상의 미래를 뒤바꿀 것이다. 사회적 인정 프로그램이 올바르게 작동할 때 직원몰입과 이직의도에 크나큰 영향을 미친다. 그리고 이는 곧 비즈니스의 성과로 연결된다. 직원몰입 및 보상과 관련한 큰 변혁의 물결에 동참하고픈 HR 리더들에게 추천한다. 이 책은 필독서다!

톰 맥멀런 Tom McMullen, 헤이그룹 북미지역 보상제도 책임자

사회적 인정은 과거 '상사 중심'의 평가방식에서 나아가, 직원 피드백으로 지평을 더 넓게 확장시키는 새로운 방식이다. 이 책을 통해 독자들은 사회적 인정의 원칙들을 이해하고, 지속적 성과관리에서 사회적 인정의 중요성을 배울 수 있다.

조시 버진 Josh Bersin, 딜로이트컨설팅의 버진 바이 딜로이트 총책임자 겸 창립자

아직도 시대에 뒤처져 있는가? 이 책에서는 성과관리를 사회적이고, 전략적이며 의미 있게 만들 수 있는 크라우드의 힘을 발견할 수 있다. 이 책은 성과관리의 문제를 가리는 소음들은 차단하고 가장 중요한 신호음, 즉 사회적 인정에 대해 명쾌하게 기술했다.

데이비드 징어 David Zinger, 글로벌 몰입전문가, 직원몰입 네트워크 설립자

이 책은 오늘날 인재관리에서 중요한 문제에 대한 해결책을 제시한다. 직원과 상사의 협업과 평가에 대해 저자는 새롭고도 혁신적인 시각을 갖고 접근한다. 책을 읽고 나면, 직원들을 새로운 시각에서 다시 바라볼 수 있게 될 것이다.

매들린 라우라노 Madeline Laurano, 애버딘 HR 리서치 총괄

사회적 인정은 HR 관리자 또는 기업의 리더라면 꼭 알아야 하는 새로운 트렌드다. 이 책에서 관리자와 리더들은 수많은 통찰과 아이디어를 얻을 수 있다. 또한 성과평가를 통해 어떻게 조직 내에서 인정을 유도할 수 있는지 구체적으로 알 수 있다.

제시카 밀러메렐 Jessica Miller-Merrell, 블로깅포잡스 창립자, 엑셉셔널 HR 대표

오늘날의 HR 전문가들을 위한 최고의 지침서! 사회적 인정이 어떻게 비즈니스 성과를 내고 성과관리와 연계되는지에 대한 프레임워크를 제시하는 책이다. 이 책은 매우 도발적이고 HR 전문가라면 누구에게나 유익할 것이다.

로리 루티맨 Laurie Ruettimann, HR 블로그 시니컬걸 운영자, HR 컨설턴트

내일의 HR 리더를 위하여

HR 혁신의 출발점에서

이 책은 HR에 활용할 수 있는 크라우드소싱, 즉 집단지성의 힘과 잠재력을 깊이 있게 다루었다. 더불어 정보화사회의 소셜 네트워크 속에서 사람들이 어떤 방식으로 일의 재미와 의미를 찾아가는가에 대한 통찰도 보여준다. 흔히 "성과관리 방식을 바꾸면 성과가 향상되는가?"라는 함정 섞인 질문을 하곤 한다. 사실 보다 옳은 방향의 질문은 "성과를 향상시키려면 성과관리 방식을 어떻게 바꾸어야 하는가?"이다. 더 나아가 "성과를 향상시키고자 하는 동기와 몰입은 어떻게 형성되는가?"와 같은 질문도 필요하다. 사회적 인정과 참여, 스토리텔링이 함께하는 크라우드소싱 기반 성과관리는 이런 질문들에 새로운 실마리를 제공해 준다.

하지만 현실로 돌아와 보면 어디서부터 어떻게 시작해야 할지 고민이 생긴다. 우선 국내의 HR 환경은 변화를 시작하기 위한 출발의 토양이 외국과 다른 측면이 있다. 무엇보다 획일성과 균등성의 잣대가 지배하는 경향이 크다. 그러나 점점 복잡하고 다양해지는 비즈니스 환경에서 살아남으려면 예외를 통제하는 것이 아니라 오히려 만드는 것이 성공의 원동력이 된다.

HR 컨설팅 과정에서 경험한 국내 기업들은 예외를 허용하는 것에 익숙지 않은 경우가 많다. 원칙과 프로세스를 준수하는 데 대부분의 시간과 에너지를 쓴다. 기업 구성원이야말로 가장 중요한 자산이자 미래라고 얘기하지만 그들의 목소리와 의견을 제도로 담아내려는 노력에는 인색하다. 따라서 현장 관리자와 직원들이 참여하고 스스로 판단하는 HR 의사결정 범위는 한정되어 있다. 그 결과 공식적 인사제도의 영역은 일상적 업무관리와 먼 거리에 홀로 떨어진 경우도 많았다. 지금까지 성과관리의 변천과정을 살펴보며 우리 인사제도의 문제점을 살펴보기로 하자.

성과관리의 트렌드는 몇 차례 변곡점을 거쳤다. 초기 성과관리는 사전에 정의된 공통의 평가항목에 대해 등급 또는 점수를 부여하고 산술적으로 합산하는 서열식 평가에서 출발했다. 일반적으로 근무평정이라 일컬어지며, 직무나 개인의 특성에 대한 고려가 없는 획일적 평가방식이 특징이다. 개인의 성과기여에 대한 차별적 인정은 어려웠고, 보통 태도나 능력에 대한 정성적 판단에 국한된 한계가 뚜렷했다.

2000년대에 들어서며 2세대 성과관리가 각광받았다. 이때부터는 업무결과로서의 성과performance와 성과의 원천이 되는 능력과 자질, 태도, 행동을 결합한 역량competency을 구분한다. 직무에 따른 성과와 역량의 차별화가 시작되고, 평가 이후 보상, 승진, 교육 등의 연계과정에도 보다 체계적 접근이 시도된다. 하지만 여전히 성과와 역량평가 결과의 기계적 합산과 일괄적 조정, 연 1~2회의 이벤트성 프로세스가 지닌 한계를 벗어나지 못했다. 무엇보다도 복잡하고 정교화된 프로세스를 책임져야 하는 평가자 역량의 부족이나 편차를 해소하지 못하면 제도가 성공적으로 정착하지 못할 가능성이 있었다.

2010년 이후로는 상시 또는 수시 성과관리로 대표되는 3세대 성과관리가 출현하여 현재까지 진행 중이다. 3세대 성과관리는 평가주기가 반기 혹은 분기로 짧아지고, 현장 관리자의 성과코칭과 육성활동이 중시된다. 수시 피드백과 근거를 기반으로 성과관리가 객관화되었으며, 목표의 빠른 조정이나 구성원의 지속적 역량개발 등이 장점이다. 즉, 좀더 민첩한agile 성과관리로 변모한 것이다. 그러나 여전히 리더의 역량이 성공의 가장 중요한 요소이며, 혹여 잘못된 평가성향이 있을 때 이를 극복할 수 있는 메커니즘이 없다는 것이 공통적인 문제이다. 게다가 성과 정보의 양과 질 자체도 제한적이다.

이제 구성원들의 집단지성과 실시간 인정을 활용한 4세대 성과관리가 필요한 시점이다. 리더/구성원, 평가자/피평가자 등의 이분법적 구도로 굳어진 관리의 틀을 변화시키는 것에 성과관리의 미래가 달렸다. 그리고 이미 선도적 기업들에 의해 가속화되고 있는 이러한 패러다임의 변화로 우리는 '성과관리 4.0'의 시대로 진입하고 있다. '성과관리 4.0'은 빅데이터와 인공지능, 공유 생태계 등으로 대변되는 4차 산업혁명의 변화들이 일상의 일터에서 실현되는 첫 출발점이 될 것이다.

최근 국내 기업들이 빠르게 도입하고 있는 OKRObjectives and Key Results

성과관리는 새로운 변화의 방향을 보여주는 대표 사례다. 이는 기존의 일방향-하향식Top-down 목표관리 관행을 구성원 주도의 쌍방향-상향식 Bottom-up 성과관리로 바꾸는 데 기여하고 있다. 무엇보다 CFRConversation, Feedback, Recognition로 일컬어지는 피드백과 인정의 일상화는 OKR이라는 틀을 성공적으로 내재화하는 촉진제임은 물론, OKR을 통해 성취할 수 있는 조직의 체질적 변화 목적이기도 하다. 회사와 리더, 리더와 구성원, 구성원과 구성원 간의 경계 없는 대화와 이를 통해 축적하는 집단지성의 데이터가 새로운 성과관리 패러다임 변화를 이끌고 있다.

그렇다면 '성과관리 4.0'을 시작하려면 어떠한 노력이 필요할까? 국내 기업의 관행과 환경 속에서 돌파구를 찾고자 하는 HR 리더는 물론, 사람 중심의 경영에 관심을 가진 최고경영자와 비즈니스 리더들에게 도움이 되길 바라며 몇 가지 제언을 덧붙이고자 한다.

OKR의 시대, 성과관리의 변화는 이미 시작되었다

직원의 성과향상과 몰입을 이끄는 일터. 최고경영자에서 개별 업무담당자에 이르기까지 기업이라는 조직의 일원이면 누구나 지향하는 이상적 일터의 모습은 비슷할 것이다. 반면, 이에 도달하는 경로와 방식은 다양하다. 그동안 많은 선도기업들이 각자 생각하는 이상적 조직을 구현하기 위한 새로운 시도를 통해 모범사례와 관행을 만들며 경영의 트렌드를 이끌어왔다.

그러나 저성장·초경쟁 시대로 진입하면서 복잡성이 날로 증대되는 업무환경과 새롭게 출현한 밀레니얼 세대는 오늘날의 조직과 기업에 또 다른 경로와 방식을 요구한다. 연결성의 강화로 급격하게 영향력을 확대하며 중요한 사회적 자본으로 인식되고 있는 조직 내 네트워크와 이를 뒷받침하는 기술적 환경의 급속한 발전도 변화를 촉진시키고 있다.

이 책을 한국 독자들에게 소개하게 된 계기 또한 이러한 시대적 흐름과 무관하지 않다. 이제 직원들이 마음껏 역량을 발휘하는 일터를 만들기 위해 기업이 성과관리와 평가, 나아가 HR 제도의 콘텐츠와 프로세스를 정교화하는 것만으로는 근본적 변혁의 실마리를 찾기 어려워졌다. 최근 국내 기업들도 새로운 변화를 시도하고 있는데, 과거와 같은 단편적 변화로는 예정된 한계를 뛰어넘기 어렵다는 위기의식이 엿보인다. 하지만 이 책에서 지적하듯, 전통적 성과관리의 함정은 비단 제도의 외형적 틀에 있는 것이 아니다. 그동안 수많은 변화의 시도가 대부분 실패로 귀결된 것도 이러한 제도의 외형적 틀에 얽매인 탓이 크다.

일부 기업들은 상시 성과관리를 도입한다는 취지에서 평가횟수와 빈도만 늘리고 등급 매기기, 즉 서열화 방식은 유지한다. 그러나 이러한 형식적 제도의 변화는 평가자가 구성원의 성과를 개선할 기회를 찾아 수시로 피드백을 제공하는 일상적 피드백과 코칭이 문화로 정착되지 않은 조직에서는 성공하기 어렵다. 형식적 제도만 바꾸면 오히려 평가자들이 구성원에 대한 편향된 인식을 고착시키고 같은 문제를 더 반복적으로 확인하는 한계에 부딪힌다. 일상적 피드백과 코칭을 강화하기 위해 수많은 매뉴얼과 교육을 준비하지만 정작 개선하려는 일상적 코칭은 수많은 긴급 이메일과 회의 요청 때문에 늘 우선순위에서 밀려나는 경우가 다반사다.

기업은 공식적인 KPI나 MBO, 역량을 관리하고 고도화하는 데 집중하지만, 정작 직원들은 일터에서의 노력이나 회사의 핵심가치에 대한 헌신이 보상받는다고 생각하는 경우가 드물다. 제도 안에 모든 것을 담지 못하는 한계가 있을 뿐만 아니라 하나의 제도에 서로 상충되는 메커니즘이 작동하는 경우도 많기 때문이다. 흔한 예로 수많은 기업이 혁신을 강조하며 새로운 아이디어를 장려하지만 실제로는 실수하지 않는 직원이 보상을 잘 받는다. 기업이 혁신의 가치를 내세우면서도 실제로는 위험회피적 행동이나 계산된 위험을 잘 관리하는 제도를 선호하기 때문이다.

구성원의 평가를 각 조직의 관리자 1인에게만 맡기는 성과평가 제도는 유효기간이 끝나가고 있다. 이 오래된 제도 틀을 유지하면서 초연결 시대의 새로운 변화 요구에 부응하는 성과관리 방식을 변혁하기란 불가능한 것으로 보인다. 성과를 창출하는 과정에 관여한 다양한 사람들을 평가과정에 참여하도록 해야 한다. 관리자는 물론 협업하는 동료, 나아가 다양한 이해관계자들을 참여시켜 한 구성원의 기여를 온전하게 평가하기 위해서는 무엇부터 시작해야 할까? 크라우드소싱 기반 성과관리, 즉 집단지성 기반 평가로의 전환을 위해서는 변화의 출발점이 필요하다.

공개적이고 투명한 목표를 정한다

모든 일에는 얻고자 하는 결과가 있다. 또한 함께 일하는 사람들 사이에는 그 결과에 대한 일종의 '합의된 기대'가 필요하다. 이 기대수준이 회사의 공식적 체계로 관리되면 '목표'가 된다. 그리고 이 목표가 의미를 가지려면 회사 전체와 구성원 개인의 목표가 어떻게 연결되고, 개인의 기여가 회사 전체에 어떤 영향을 주는지 밝혀야 한다.

가장 효과적인 방법은 회사 전체의 목표 리스트를 공개적이고 투명하게 운영하는 것이다. 다른 구성원의 바람직한 행동을 파악하고 인정하려면 조직의 핵심가치나 인재상을 알아야 하는 것처럼, 누군가의 성과를 인정하려면 조직의 목표 안에서 해당 기여가 어떤 의미나 가치를 지니는지 이해해야 한다. 목표가 달성하기 쉬운 것인지 아닌지, 달성했을 때 영향이 어떠한지, 목표 변경이 필요할 때 조정한 목표가 합리적인지 등을 판단하는 데에 집단지성의 도움을 얻을 수도 있다.

많은 국내 기업들이 목표를 중시하지만 관리자와 개별 구성원 사이의 목표 합의에만 치중하는 경향이 있다. 의미 있는 합의가 어려우면 지표의 정량적 측정가능성에 집착하기도 한다. 또한 목표연계cascading도 본부, 팀 등의 조직단위에서만 관리하고, 이마저도 현장의 리더가 아닌 HR 부서가 관리하는 경우가 많다.

공개된 목표는 성과관리의 중요한 축을 이루는 피드백, 업무개선 논의, 결과에 대한 합의와 수용 등 전반적 과정을 지탱하는 중심이다. 카카오의 황성현 HR 총괄 부사장은 글로벌기업인 야후, 구글 등에서 근무하며 쌓은 글로벌 프랙티스 경험을 토대로 이렇게 제언한다.

"좋은 제도는 상식common sense을 상식적 제도common practice로 옮겨 놓은 것이라고 생각합니다. 구글만 보아도 조직성과를 위한 개인의 목표관리라는 그림을 상식으로 여기고 이를 별도의 프랙티스라고 생각하지 않습니다. 국내 기업들을 보면 구성원의 목표 자체가 불분명한 경우가 많습니다. 그때그때 시키는 일을 하는 경우도 많고, 목표가 있어도 전체와 무관하게 형식적으로 수립하는 경우가 있습니다. 전사부터 단위조직, 개인까지 목표와 기대치를 명확하게 해야 합니다. 이를 통해 개인의 목

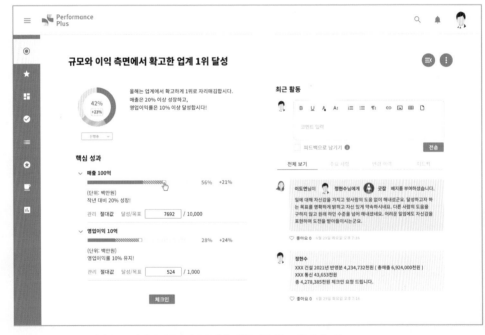

성과관리 4.0 시대에는 성과관리 업무와 관련된 의사소통을 지원하는 조직 내 네트워크 시스템이 갖추어져야 한다. 사진은 HCG 클라우드 서비스 '퍼포먼스플러스'의 체크인 화면.

표달성이 조직의 성과에 연결되는 모습이 한눈에 들어올 수 있어야 합니다. 대외비를 제외하고는 원칙적으로 전사 공개를 하는 것이 기본입니다. 그래야 협업이 필요한 목표를 함께 관리할 수 있습니다."

또한 의미 있는 성과관리 의사소통이 활성화되기 위한 전제조건으로서의 목표의 중요성도 지적한다.

"목표에 대한 의미가 명확해지면 일대일 미팅과 피드백, 코칭 세션 등을 통해 목표의 달성과 업무의 개선을 이야기하는 것이 자연스럽습니다. 국내에서는 코칭과 피드백의 중요성을 교육을 통해 개념적으로 알고 있어도 실제 논의할 구체적 대상과 이유가 모호한 경우가 많습니다. 마치 성과와 무관한 부가적 활동이나 보상을 결정하기 위한 이벤트로만 보는 것이죠. 이와 연관하여 새로운 프랙티스의 시도 또한 평가의 기준이나 피드백 문화 등을 잘 다져 놓은 후에 시도하는 것이 바람직하다고 생각합니다. 만약 목표도 불명확하고 피드백도 없는데 평가등급마저 없다면 내가 어떻게 일했고 얼마나 잘한 건지, 어떻게 처우가 바뀔 것인지 구성원들은 알 길이 없습니다."

업무관리와 성과관리를 통합한다

만약 일반적 기업에서 이루어지는 성과관리 활동을 히트맵heat map으로 만들면 어떤 모습일까? 아마 목표를 수립하는 연초, 중간점검을 시행하는 분기나 반기, 평가가 이뤄지는 연말에만 빨갛게 달아오르고 나머지

기간에는 차가운 파란색으로 표현될 것이다. 중간점검이나 평가기간에는 평가결과를 뒷받침할 수 있는 업무상황의 기억을 되살리기에도 벅찼던 경험이 누구나 있을 것이다.

게다가 요즘 들어 평가근거를 강화한 사실기반 평가를 강조하는 기업이 많아지면서 관리자나 구성원 모두 짧은 기간 안에 많은 정보를 대부분 기억에 의존해서 수집해야 하는 부담도 커졌다. 현장에서 터져 나오는 '일 따로, 평가 따로', '평가가 일이다'라는 탄식은 이러한 현실을 잘 보여준다. 너무나 당연한 이야기지만 우리는 평가를 위해 일하는 것이 아닌데도 말이다.

크라우드소싱 기반, 애자일agile 방식, 상시 성과관리 등 무엇으로 표현하든 변화를 위한 또 하나의 출발점은 일상적 업무관리를 성과관리와 연계시키는 것이다. 특히 점점 더 예측하기 어렵고 복잡한 업무가 늘어나며 협업의 중요성과 비중이 커지면서 현장의 일상적 업무관리는 더 정교화되고 있다. HR이 주도해온 성과관리를 일상적 업무관리와 통합하는 일이 더욱 절실해진 셈이다.

많은 기업의 현장에서 대부분의 리더들은 일 자체의 속성이 변하는 상황에 대응하며 효과적으로 업무를 관리하고자 노력하고 있다. 그 과정에서 수많은 정보가 수집되며 공유된다. 물론 종래의 방식처럼 주간회의나 월간회의에서 '성과/계획 보고서'를 공유하며 업무를 관리하기도 한다. 그러나 수시로 업무 관리를 위해 필요한 정보들은 그때그때 이메일이나 사내 메신저를 통해 공유된다.

해야 할 업무의 목록to-do list, 해당 업무와 관련된 개인 또는 조직의 목표, 해당 업무에 참여하는 사람들의 역할과 책임 등 업무와 관련된 기본 정보뿐만이 아니다. 업무상황에서 발생한 이슈 논의의 기록, 해결안을 탐색하는 과정에서 수집한 참고자료, 업무수행 결과에 대한 피드백, 업무를 둘러싼 정황context, 특이할 만한 기여에 대한 실시간 인정의 표현까지 수많은 정보가 수집되고 공유된다.

이처럼 현장에서 효과적 업무관리를 위해 일상적으로 수집되고 공유되는 정보들이 통합적으로 관리되면 평가는 별도의 일이 아니라, 그 결과를 종합하고 인식을 공유하는 절차가 된다.

최근 국내에서도 이러한 필요성을 인식하고 일상적 업무관리와 성과관리를 통합하려는 변화가 시작되고 있다. SK텔레콤의 과제단위 상시 성과관리 도입 사례는 다른 기업에도 시사하는 바가 크다. SK텔레콤 기업문화 부서의 진보건 팀장은 기존의 성과관리에 문제의식을 갖게 된 계기를 다음과 같이 설명한다.

"그간 평가체계는 계속 바뀌어왔습니다. 10년 전부터 평가 운영권한을 사업부문 HR 부서에 위임했고, 평가기준이나 등급별 비율 등에 대해서도 어느 정도 자율적으로 운영하도록 했습니다. 2016년부터는 이미 조직에 따라 절대평가도 가능하도록 실험해왔습니다. 하지만 평가결과를 보상이나 승진 등에 활용해야 하다 보니 성과를 관리하는 목적이 개인의 평가등급 결정에 국한되는 한계가 여전했습니다. 1년간 열심히 일했는데 남는 것은 등급밖에 없고, 일한 결과는 그저 기억 저편에 남겨지는 거죠. 성과관리의 대상은 업무 그 자체란 사실을 되새기며, 앞으로 어떻게 하면 성과를 개선하는 데 도움을 줄 수 있을까, 그 방법을 찾기 위해 집중했습니다."

이와 같은 문제의식은 과제단위 업무에 대해 상시로 피드백 기반 평가를 수행토록 하고, 등급이 없는 절대평가를 도입하는 계기가 되었다.

"구성원들의 성과는 특정 지표가 아닌 자신들이 참여하는 과제단위의 업무를 통해 관리되고 측정되도록 했습니다. 팀장의 업무배분 후에 각자 자신의 과제와 수행계획, 그리고 협업자를 지정해 시스템에 등록하고 이 과정과 결과를 관리하게 했습니다. 과제는 사업부 단위로 공유되도록 하나 필요에 따라 공개 범위를 지정할 수 있습니다. 구성원들은 과제를 수행하며 이를 관찰할 수 있는 주변동료나 책임자에게 상시적 피드백을 받습니다. 업무가 수행되는 바로 그 시점에 평가도 이루어지는 셈입니다.

이 결과를 종합하여 연말에 최종적 피드백을 제공합니다. 이 지점에서 좀더 명확하고 의미 있는 메시지 전달을 돕기 위해 상호 간에 해당 구성원의 강점과 개선 사항을 가장 잘 설명하는 키워드를 3개씩 선택하여 관리자에게 전달하게 했습니다. 키워드는 기존의 고성과자 정보에서 추출한 90개 단어로 범주화했습니다."

기존의 전통적 성과평가 방식이 한계에 부딪힌 상황에서 이러한 새로운 시도는 상당히 긍정적 반응을 얻었다. 이제 더 이상 평가방식에 대한 논의는 중요한 문제가 아니다. 일상적 업무를 구성하는 과제의 부여 방식과 난이도 그리고 가치가 다른 업무를 어떤 방식으로 관리하고 인정할 수 있는가 등 업무 자체를 어떻게 관리할 것인지가 중요한 이슈로 부상하고 있다. 그리고 이러한 논의를 통해 성과평가가 일상적 업무관리와 통합되고 있다.

핵심가치와 연계된 인정의 언어로 소통한다

대부분의 기업은 핵심가치나 인재상, 신념 등과 같이 바람직하게 여겨지는 행동의 기준을 갖고 있다. 문화 서베이와 변화관리 등을 통해 구성원들이 핵심가치와 함께 살아가길Live the Value! 기대하지만, 실제로는 사무실을 장식하는 멋진 문구나 액세서리가 되는 경우가 허다하다. 역량이나 가치평가에 해당 내용을 연계하기도 하지만, 평가시점에 판단의 객관성이나 공정성에 대한 이슈는 늘 따라다닌다.

한편, 일상의 일터에서 비공식적 인정은 다양한 방식으로 나타난다. '수고했다'거나 '고맙다'는 작은 격려의 표현부터 구체적 업무결과에 대한 칭찬까지 인정의 대화는 빈번하게 이루어진다. 문제는 공식적으로 이런 인정의 표현을 공개하고 공유할 수단이 없다는 것이다. 게다가 업무성과를 인정하는 것이 관리자의 권한처럼 여겨져 가까운 곳에서 협업하거나 업무를 관찰하는 구성원 간에는 그 기여에 대해 비공식적인 방식으로만 소통한다. 그 결과 관리자가 칭찬 등의 표현에 인색하면 마땅히 기억되어야 할 인정의 순간이 구성원 개인의 사소한 경험에 그치고 만다.

따라서 더 많은 구성원들이 인정을 관찰하고 표현하며 공유할 수 있는 방법을 찾는 노력이 필요하다. 전통적 성과평가와 성과관리 방식이 외면받는 중요한 이유 중 하나가 그 활동이 일회적이거나 이벤트성으로 이뤄지기 때문이다. 경영진뿐만 아니라 일반직원들이 일상적 업무과정에서 인정 표현을 주고받을 기회가 많아지면 긍정적 직원경험employee experience 형성에 도움이 된다. 조직 내 계층과 집단 간의 보이지 않는 심리적 장벽을 허물고, 관리자의 관심을 덜 받는 직원의 소외감을 완화할 수 있다.

가령 업무과정 중에 구체적 행동이나 기여에 대한 피드백으로 인정배지를 부여하는 것은 간편하면서도 흥미를 유발하는 방식이다. 정보가 축적되면 한 개인에 대한 전체적 그림을 그릴 수 있어 평가 시에도 도움을 준다. 경영진은 조직 전체에 무슨 가치가 얼마나 발현되는지 혹은 발현되지 않는 가치는 무엇인지 알게 된다. 모든 조직은 제각기 지향하는 핵심가치를 가

사회적 인정 시스템은 관리자 1인의 일회적 평가를 벗어나 동료 간의 상시 피드백을 활성화할 수 있는 환경을 마련해 준다. 사진은 HCG 클라우드 서비스 '퍼포먼스플러스'의 인정과 피드백 현황 화면.

지지만, 실제로 어떤 가치는 무시되거나 오해받을 뿐 아니라 관찰의 기회조차 갖기 어렵다. 이때 조직 전체를 대상으로 만든 사회적 인정 대시보드를 활용하면 핵심가치가 실현되고 소통되는 현실을 점검할 수 있다.

결국 인정의 언어로 소통하는 것은 성과관리를 넘어 조직문화의 규범을 내재화하고, 강점중심·긍정중심 문화를 구축하는 데 도움을 준다.

평가와 보상의 기계적 연계를 벗어난다

성과관리와 성과평가 혁신을 추진하는 기업들은 대부분 보상의 연계과정에서 겪는 고충을 토로한다. 지금까지 평가결과를 등급화하여 보상차등에 연계했는데, 등급을 폐지하고 상대평가를 지양하면 어떤 기준으로 보상을 결정해야 할까? 즉, 전통적 성과평가 제도는 단순히 운영 측면에서 편리할 뿐만 아니라 구성원의 보상에 대한 합리적 근거로 여겨졌다. 상대등급에 따른 보상차등 방식으로 평가와 보상이 연계되어 있었기 때문에, 구성원들은 평가등급에는 다소 불만을 가질지언정 보상에 대해서는 자연스럽게 수긍할 수 있었다.

하지만 직원의 성과향상과 몰입을 이끄는 성과관리의 혁신을 위해서는 성과관리와 평가, 그리고 보상을 통해 성취해야 하는 중요한 가치가 무엇인지 재검토할 필요가 있다. 성과관리는 조직의 전략을 실행하기 위한 계획을 수립하고, 이를 달성하기 위한 과정을 관리하는 방법이다. 또한 평가는 한 개인의 기여와 노력, 성취, 합의된 기대에 부합한 것과 그렇지 않은 것을 온전히 그려 보고, 이를 기반으로 어떻게 성과를 개선할지 집중 논의하는 과정이다. 사람과 사람을 비교하는 것에 목적이 있지 않다.

반면 보상은 본질적으로 상대적이다. 보상의 중요한 가치는 경쟁력과 형평성이다. 경쟁력은 외부시장과의 상대적 비교가 전제되며, 형평성은 내부 구성원 간 상대적 위치가 전제된다. 더구나 예산 제약의 조건이 부가되면 상대화는 필연적이다. 그간 제도 간의 연계alignment에 초점을 두면서 보상의 상대화를 위한 평가의 상대화가 관성의 법칙처럼 정착되었다. 게다가 제도 운영의 권한이 HR 부서에 집중되어 있어서 논의와 판단이 필요한 영역에서도 탄력 있는 운영이 허용되지 않았다.

이제 일종의 분리decoupling와 분권화가 필요한 시점이다. 실제로 제한된 예산과 가이드라인하에서 조직의 리더가 구성원들의 보상에 대해 의사결정하는 방식이 확산되고 있다. 다시 말해 기여와 역량, 내·외부 인재시장에서의 경쟁력, 현재 보상수준을 종합적으로 고려해 직원의 보상에 대해 판단하는 것이다. 이때 HR 부서의 역할은 해당 판단을 지원할 수 있는 정보, 즉 해당 구성원의 보상 위치와 외부시장 데이터, 역할별 인상 구간의 가이드라인, 시뮬레이터 등을 제공한다. 잘못된 역선택이나 수용되기 힘든 극단적 조정 등이 우려될 경우, 초기에는 개별적 판단 범위를 좁게 시작하고, 점차 권한이양을 확대하는 방식도 고려할 수 있다.

전통적 성과관리와 성과평가, 보상제도의 기계적 연계는 리더의 의사결정 권한을 축소함은 물론, 보상의 공정성에 대한 책임을 평가제도의 탓으로 돌려 그럴듯한 피난처를 마련해 준다. 이제 각각의 제도가 추구하는 목적과 가치를 온전하게 실현할 수 있는 혁신이 필요하다.

공개적이고 투명한 HR, 부가적인 일이 아니라 일상과 결합한 HR, 기업의 가치를 체화시키는 HR, 변화에 유연하게 대응하는 현장 중심의 HR로 요약되는 위의 내용은 사실 새로운 것이 아니다. 크라우드소싱과 인정을 활용해 몰입의 일터로 이행하는 출발점은 이처럼 멀리 있지 않다. 이제 더 이상 명제나 선언적 지향에 머물 것이 아니라 구체적 아이디어를 현실로 옮겨가는 실천이 필요한 때다.

그리고 변화는 이미 시작되었다.

2018년 6월
옮긴이를 대표하여
HCG 백승아 부사장

성과
관리
4.0

차 례

| Part 1 |

성과관리의 뉴노멀, 집단지성

01 새로운 업무환경에 적응하라

전통적 성과평가 제도는 오랫동안 제자리걸음을 하고 있다. 이미 구조적으로 시대에 뒤처진 지 오래고 실행결과도 별다르지 않다. 문제가 해결되지 않는다면 이와 같은 제도하에서 기업의 성과는 '기대 이하'일 수밖에 없다.

전통적 성과평가 제도의 문제점들은 서로 얽혀 있으며 생각보다 심각하다. 이에 대한 빠르고 쉬운 해결책은 없다. 앞으로 살펴보겠지만 전통적 성과평가 제도의 설계 자체에 조직문화를 해치는 결정적 결함이 있다. 이미 훼손된 제도의 실행방안을 개선한다고 문제가 해결되지는 않을 것이다. 수십 년에 걸쳐 시행되며 전통적 성과평가 제도의 결함은 고질병이 되어 버렸다.

이론적으로 성과평가는 우수한 성과에 대해 보상하고 실적이 저조한 직원들을 새롭게 동기부여를 해야 한다. 효과적 성과평가 제도는 성과를 지속적으로 향상시키는 선순환 구조를 만든다. 이는 또한 객관적 기준에 따라 성과를 측정하며, 직원들의 사기를 높이고 수익을 창출한다.

하지만 실제로는 어떨까? 안타깝게도 전통적 성과평가는 이와 정반대의 효과를 낸다. 성과평가로 인해 직원들이 낙담하거나 혼란스러워하는 경우가 빈번하며, 제도에 대한 불신과 냉소가 팽배해 있다. 궁극적으로는 직원들의 사기를 저하시킨다. 더 심각한 문제는 따로 있다. 기존의 성과평가 제도는 오늘날 우리가 일하는 방식을 제대로 반영하지 못한다.

오늘날 가장 일반적인 성과평가 제도에 대해 생각해 보자. 무엇이 문제일까? 먼저, 모두가 그 과정을 지루하고 예상 가능하며 최대한 피하고 싶은 형식적 절차로 인식한다. 관리자는 1년에 한 번 팀원과 만나 업무목표와 태도에 대해 논의한다. 직원은 지난 12개월간의 성과에 대해 평가등급을 받는다. 대개 평가를 위한 양식이 준비되어 있다. 관리자들은 팀원들에게 '기대수준 충족', '기대수준 이상', '기대수준 미달' 등과 같이 등급을 매긴다. 이 과정에서 대략 다음과 같은 대화가 오갈 것이다.

관리자 여기에 앉아요, 다나Dana. 긴장 풀고요. 이번 미팅에서는 작년 한 해를 돌아보는 시간을 갖도록 해요. 업무에서 잘한 부분이나 개선이 필요한 부분에 대해서도 논의할 거예요. 먼저 올해 초에 설정한 목표들을 살펴보고 내년 기대사항에 대해 이야기해 봐요. … 무엇보다 다나의 팀워크가 훌륭하다고 생각해요. 다나의 가장 큰 장점 중 하나지요. 대표적으로 지난주 수요일 팀미팅에서 본인의 업무를 설명해 주는 방식이 매우 인상 깊었어요. 커뮤니케이션 스킬이 뛰어나다고 생각했어요. 또 지난 가을 레이먼의 프레젠테이션이 빨리 마무리될 수 있도록 도와준 적이 있지요. 저는 팀워크 역량에 대해 '기대수준 이상'을 주고 싶네요.

이렇게 관리자·팀장은 평가양식에 나열된 리스트를 훑어 내려간다. 그리고 대부분의 경우 미팅은 보상관련 이야기로 마무리된다. "다나, 내년의 성과가 기대되네요", "아, 마지막으로 좋은 소식이 있어요. 1월부터 당신의 연봉이 3.5% 인상될 거예요. 올해 회사 평균 인상률보다 높은 수준이에요."

성과평가의 형식적 절차가 끝나면 다나와 그녀의 관리자는 각자의 본업으로 돌아간다. 아마 연중 업무목표에 대한 대화를 가끔씩 나누기는 하겠지만, 다나의 성과에 대한 공식적 논의는 연말 성과평가 미팅 전까지 이루어지지 않을 것이다.

위의 대화 내용이 익숙한가? 그렇다면 그건 2017년, 2003년, 1983년, 심지어 1973년 성과평가 미팅에서도 위와 동일한 내용의 대화가 이뤄졌기 때문일 것이다. 지난 수십 년 동안 기술, 경영기법, 조직모델organizational model 부문 전반에서 혁신적 변화가 있었다. 하지만 성과평가 제도는 도입 초창기부터 지금까지 줄곧 제자리걸음 중이다. 동일한 형식과 양식을 유지하면서 말이다. 기술의 발전에 따라 온라인 양식을 활용하긴 하지만, 이 역시 오래된 평가모델을 모방하는 수준에 그친다.

그렇다면 미래의 개선된 성과관리는 어떤 모습일지 상상해 보자.

관리자 다나, 이번 평가미팅에서 당신이 놀랄 만한 내용은 없을 거예요. 지금까지 꾸준하게 좋은 피드백을 받아왔으니까요. 동료들에게도 성과를 인정받고 있네요. 여기 공식 성과평가 보고서를 출력해왔어요. 가져가도 좋아요. 특히 팀워크와 추진력이 뛰어나네요. 팀워크 역량점수가 매우 높아요. 4월에 팀원 전원이 만장일치로 팀워크 인정배지를 다나에게 주는 데 동의한 것으로 기억해요. 당신이 레이먼의 프레젠테이션을 도와줬기 때문이죠. 저는 그 주에 출장 중이었지만 이후 프레젠테이션 결과물을 보니 훨씬 좋아졌더군요. 그런 노력들 덕분에 올해 최고수준의 보너스를 받을 수 있었다고 생각해요. 평가결과를 보니까 우리 부서 밖에서도 영향력을 키워가고 있군요. 파리 사무소에서도 성과에 대해 인정배지를 받았네요.

다나 많은 동료들이 팀워크 배지를 받는 데 동의해 줘서 정말 기뻤어요. 조직 내에서 저의 노력이 인정받고 있다고 느꼈어요. 프로젝트는 재미있었고, 다른 부서 사람들도 많이 만날 수 있었어요.

새로운 모델도 전통적 성과평가처럼 구조와 공식적 절차를 모두 갖추고 있다. 하지만 새로운 성과평가 모델은 과거와 달리 실시간으로, 지속적으로 수집되는 크라우드소싱 기반 데이터를 반영한다. 위의 사례에서 볼 수 있듯이 다나와 교류한 모든 사람들이 그녀의 성과를 평가하며, 이는 한 명의 관리자에 의해 이루어지는 성과평가를 보완한다. 성과에 대한 1회성 평가 대신, 다나의 성과, 스킬, 태도에 대한 사례narrative가 1년 내내 다나 본인과 그녀의 관리자에게 전달된다.

크라우드소싱 기반 성과평가Crowdsourced Performance Review 방식은 오늘날 새롭게 등장한 기술과 업무방식을 활용해 전통적 성과평가의 결함을 극복하도록 돕는다.

이 책을 통해 기존의 성과평가 제도를 검토하고, 미래의 새로운 평가모델을 제시하고자 한다. 또한 오늘날의 비즈니스 마인드와 기술의 놀라운 변화에 맞춘 실행방안을 제안할 것이다.

3가지 혁신

새로운 성과평가 모델에 영향을 준 3가지 혁신은 다음과 같다.

- 다양한 분야의 크라우드소싱 현상 확산
- 소셜 미디어의 보편화
- 경쟁우위 요소로서의 조직문화 부상

3가지 혁신에 대해 좀더 자세히 살펴보자.

`1st`

다양한 분야의 크라우드소싱 현상 확산

지난 10년 동안 우리는 놀라운 변화를 지켜보았다. 다양한 출처의 자료와 개인의 의견이 결합해 '크라우드소싱'이란 완전히 새로운 형태의 의사결정 방식을 탄생시켰다. 새로운 의사결정 방식은 아마존닷컴Amazon.com의 '별점평가'star ranking부터 앤지스리스트Angie's List, 자갓닷컴Zagat.com, 트립어드바이저TripAdvisor와 같은 서비스까지 모든 곳에 적용된다. 이제 사람들은 수십, 수백, 수만 명의 다른 사람들이 남긴 피드백을 기반으로 의사결정을 내린다. 그리고 이와 같이 크라우드소싱 기반 결정은 '전문가'의 의견을 대체하고 있다. 크라우드소싱 기반 정보가 전문가의 의견보다 더 정확하기 때문이다.

소셜 미디어의 보편화

동일한 시기에 소셜 미디어가 새로운 커뮤니케이션 수단으로 부상했다. 소셜 미디어의 확산으로 새로운 커뮤니케이션 채널과 습관이 자리잡았다. 페이스북Facebook, 야머Yammer, 옐프Yelp, 링크드인LinkedIn 같은 서비스는 크라우드 커뮤니케이션이 ① 수많은 사람들에 의해 다양한 방식으로 정보를 공유하고, ② 새로운 비즈니스 언어로 거듭날 수 있도록 했다.

경쟁우위 요소로서의 조직문화 부상

수십 년 동안 비즈니스 사상가들은 조직문화를 중요한 경쟁우위 요소로 강조해왔다. 특히 설비나 특허와 같은 요소는 더 이상 시장선점을 위한 강점이 되지 못한다. 《성공하는 기업들의 8가지 습관》Built to Last, 《좋은 기업을 넘어 위대한 기업으로》Good to Great와 같이 영향력 있는 경영서에 따르면 조직문화야말로 기업의 가장 중요한 자산이다. 오늘날 조직문화 관리는 경영진과 HR의 가장 중요한 관심사가 되었다.

사회적 인정

인재양성 및 문화배양을 목적으로 크라우드소싱, 소셜 미디어, 그리고 조직문화를 조합할 수 있는데, 이 3가지 혁신적 요소를 종합한 결과물이 바로 사회적 인정social recognition이다. 사회적 인정은 다수의 구성원이 다른 직원의 성과를 매일 인식하고 인정하도록 돕는 체계다.

사회적 인정의 가장 큰 강점은 온라인 제품 평점을 통해 파악할 수 있다. 혹자는 사회적 인정이 온라인 쇼핑의 별점평가와 같은 역할을 한다고 말한다. 사회적 인정은 집단지성의 힘을 활용해 성과를 평가한다. 즉, 수많은 개인들의 의견과 생각을 종합함으로써 한 명의 평가자보다 풍부하고 정확하게 성과에 대한 의견을 도출한다. 지난 15년간 급성장한 크라우드소싱 정보는 시장을 재편하고 비즈니스 방식을 변화시키고 있다.

크라우드소싱 기반 성과평가는 전통적 성과평가 시스템을 사회적 인정과 결합한 것이다. 이 방식이 전통적 성과평가보다 우수한 이유는 크게 4가지다.

1st

데이터에 근거한다

위에서 새로운 평가 프로세스에서는 다나의 훌륭한 성과가 인정받았던 순간에 대한 구체적 기록이 담겨 있다. 또한 이러한 성과가 조직 내 의사결정의 기준이며 중요하게 생각하는 것인 회사의 핵심가치core value와 어떻게 연계되는지 명시되어 있다. 크라우드소싱 기반 평가에서는 리더십, 혁신, 빠른 학습능력 등과 같은 소프트 스킬soft skill도 주목받을 수 있다.

긍정적 행동에 대한 구체적 데이터는 개인, 그룹, 회사의 성과에 대한 통찰력을 제공할 수 있다. 이러한 데이터는 수백만, 수천만 건의 '인정의 순간'에 수십, 수천 명의 관찰자에 의해 생성된다. 여기에는 관리자뿐만 아니라 동료직원들도 포함된다. 제대로 된 도구로 분석한다면 인정의 순간은 여느 전통적 성과평가 보고서보다 성과나 역량에 대해 더 많은 것을 알려 줄 수 있다. 이런 데이터를 통해 관리자와 HR 전문가는 직원의 성과와 진척도를 객관적으로 계량화할 수 있다. 개인적 주관에 의존하지 않아도 되는 것이다.

2nd
다양한 사람들이 피드백을 제공한다

전통적 성과평가에서는 직원이 본인의 상사로부터만 평가받았다. 하지만 새로운 평가에서는 다양한 이들이 피드백에 기여할 수 있다. 다른 지역 혹은 다른 부서의 동료직원에서부터 상사까지, 해당 직원과 마주친 모든 이들이 말이다(2장에서는 집단지성이 어떻게 이 새로운 방식의 평가에 힘을 실어 줄 수 있는지 살펴보겠다). 이렇게 공유된 책임의식은 평가에 대한 직원의 신뢰와 참여를 고취시키고, 업무와 회사에 더욱 몰입하도록 만든다.

3rd
성과를 실시간으로 평가한다

직원과 관리자가 구체적 성과와 행동에 대해 인정하는 과정이 1년 내내 계속되기 때문에 피드백 또한 지속적이다. 지속적 피드백은 성과관리에서 가장 중요한 성공요인이지만, 너무 바쁜 팀장들은 업무에 치이다가 피드백 제공의 기회를 놓친다. 이와 달리 크라우드소싱 기반 평가에서는 피드백이 매우 신속하게 이뤄지고 피드백에 대한 책임이 분산된다. 4월에 추진된 다나의 프로젝트는 금세 사람들의 주목을 받았고, 이후 이어질 평가에 매우 귀중한 단서를 남겼다.

기술을 활용하여 더 효율적으로 평가한다

수십 년 전, 전통적 성과평가가 막 생겨났을 당시에는 직원에 대한 피드백 관리가 수개월에 걸쳐 이뤄졌고, 직원들은 1년에 한 번씩 평가결과에 대한 단발적 정보만 확인할 수 있었다. 매우 성실한 중간관리자도 1년에 1주일 정도만 직원의 성과 및 역량평가에 시간을 투자하며 나머지 51주 동안은 성과평가 프로세스에 대해 완전히 잊고 지냈다. 그러나 이제 HR 부서는 데이터베이스와 관리도구를 활용하여 개인, 그룹, 부서 전체에 대해 긍정적이거나 부정적인 성과 정보를 다룰 수 있다.

오늘날 성과평가 제도는 서류에 근거한 1970년대의 프로세스와 별반 다르지 않다는 평을 받기도 한다. 그저 과거에 비해 속도가 빨라졌고 자동화되었을 뿐, 복제품 수준에 머물고 있다는 것이다. 그러나 평가는 그 이상의 것이 될 수 있었다. 다양한 도구를 충분히 활용했다면 비즈니스 트렌드와 기술의 엄청난 변화에 부응하는 제도를 볼 수 있었을 것이다.

이러한 기대를 충족하기 위해서는 성과관리performance management에 대한 재정립이 필요하다. 지난 30년간 전통적 성과평가 제도가 비즈니스 세계의 큰 변화를 따라잡지 못했기 때문이다.

이 책의 1장에서 5장까지는 크라우드소싱, 실시간 평가, 그리고 기술이 어떻게 성과평가 제도를 더욱 효과적인 경영의 수단으로 만들 수 있는지 설명한다. 6장부터 8장은 전통적 성과평가와 사회적 인정을 결합할 수 있는 방법을 제시한다. 마지막으로 9, 10장은 빅데이터와 크라우드소싱이 평가뿐만 아니라 다른 영역들을 어떻게 변화시킬지 살펴본다.

이 여정에서 필자가 몸담은 회사인 글로보포스가 지난 14년간 다양한 클라이언트와 함께 일하며 얻은 사례와 통찰을 공유할 것이다. 인튜이트, IHG, 제트블루, 시만텍 등 존경받는 회사들과 일하며 얻은 귀중한 정보다. 이 기업들은 전 세계적으로 약 2백만 명의 직원들을 고용하고 있으며, 글로보포스 플랫폼은 이 모든 구성원들을 관리한다.

이를 통해 우리는 HR 실무자나 회사의 리더가 직면한 문제점들을 직접 보았다. 그리고 인정의 힘이 직원을 몰입시키고 활력을 불어넣으며, 조직문화를 강화함으로써 어려움을 극복하도록 만드는 것 또한 확인할 수 있었다.

HR은 그 어느 때보다 더 극적으로 변화하고 있다. 필자는 독자들이 이 책을 흥미롭게 읽어 주길 바라며, 조직의 가장 중요한 자산은 결국 사람이라는 생각에 공감해 주면 좋겠다. 직원들에게 매일 자율적인 책임과 권한을 부여한다면, 사람은 조직의 가장 중요한 자산이 될 것이다.

성과관리의
뉴노멀,
집단지성

01

새로운 업무환경에 적응하라

The Traditional Performance Review
and the New Global Workplace

"리즈Liz 팀장, 이번에 성과평가 프로세스를 전면 개편하려는데 좀 도와줄 수 있나요?"

하이드로랩Hydrolab HR 총괄 부사장 레베카Rebecca는 둘만의 대화를 나누려는 듯 사무실 문을 닫으며 말했다.[1] 리즈는 하이드로랩의 제품개발팀장이다.

"제출한 팀원 성과평가 보고서는 잘 봤습니다. 내용도 꼼꼼하고 충분히 고심한 흔적이 보이네요. 충실하게 팀원평가를 한 팀장이 별로 없어서 그런지 리즈 팀장의 성과평가 보고서는 꽤 인상적입니다."

"감사합니다. 부사장님. 저는 평가가 아니더라도 평소에 팀원들에게 피드백하는 것을 좋아합니다. 제가 좋은 팀을 맡고 있어서 그렇기도 하고요. 하지만 성과평가 프로세스를 지키는 것 말고, 다른 문제 때문에 평가하는 게 꺼려질 때가 있어요."

레베카 부사장은 펜을 꺼내 메모를 시작했다.

"그래요? 어떤 문제가 있다는 거죠?"

"제가 관리하는 팀원은 28명이나 됩니다. 팀원들의 전반적 성과, 직무요건, 그리고 '잠

43

재력'이란 설명하기조차 어려운 모든 항목에 대해서 5점 척도로 평가하는 건 그리 쉬운 일이 아닙니다. 평가양식 맨 아래 겨우 세 줄 정도 코멘트를 쓸 수 있는 칸도 문제입니다. 이 좁은 칸에 팀원들이 했던 많은 성과를 일목요연하게 기록하는 건 불가능하죠.

무엇보다 프로젝트 관리처럼 복잡한 일을 하나의 척도로 평가하라는 게 사실 말이 안 됩니다. 저희 팀에는 세 직급으로 구분된 23명의 소프트웨어 엔지니어가 있지만, 실제 업무내용은 별 차이가 없습니다. 직원들은 하루 종일 책상 앞에서 일하는데 제가 직원들의 모든 업무를 지켜보는 건 상식적으로 불가능하고요. 그렇다고 평가를 위해서 그들의 업무를 방해하는 일은 오히려 생산성을 떨어뜨리는 일이라고 생각합니다."

리즈 팀장과 레베카 부사장의 대화는 30여 분 정도 이어졌다. 마침내 레베카 부사장은 자신의 계획과 요청사항을 설명했다.

"이번 팀장 회의에서 성과평가에 인정 시스템을 결합한 새로운 성과관리 방식을 소개할거예요. 이런 변화에 직원들이 적극적으로 참여할 수 있도록 리즈 팀장이 도와줬으면 좋겠습니다."

"그러니까, 다른 팀장들이 성과평가에 더 적극적으로 참여할 수 있도록 도우라는 말씀인가요?"

"음 … 그 이상이 필요해요. 팀장뿐만 아니라, 우리 회사의 모든 구성원들이 평가에 참여하도록 도와줘야 합니다."

리즈 팀장의 어리둥절한 표정에 레베카 부사장이 덧붙였다.

"앞으로 우리 회사 성과평가는 크라우드소싱 방식으로 전환할 겁니다."

사과가 줄지어 지나가는 컨베이어 벨트를 상상해 보자. 한 사람이 사과를 대·중·소 크기에 따라 분류한다. 지금까지 그는 그럭저럭 잘해내고 있다. 하지만 어느 순간 컨베이어 벨트의 속도가 약간 빨라지자 모든 사과를 분류해내기 어려워진다. 조금 더 빨라지자 사과 몇 개를 흘려보낸다. 계속해서 컨베이어 벨트의 속도가 높아지자 더 많은 양의 사과를 놓치고 만다. 속도가 더 빨라지자 부담감에 허둥대고 결국 컨베이어 벨트의 속도를 도저히 따라잡을 수 없게 된다. 이런 상황에서 당신은 어떻게 행동해야 할까?

영리한 작업자라면 당장 사과 선별작업에서 한발 물러설 것이다. 그리고 빨라진 속도에 맞춰 사과를 분류할 수 있도록 대·중·소 크기의 구멍이 있는 틀을 고안해낼 것이다. 결국, 기술 변화로 발생한 문제는 새로운 기술과 관점으로 접근해야 풀릴 수 있다.

일을 하면서 발생하는 정보도 컨베이어 벨트 위에 놓인 사과와 같다. 기술이 발전하면서 처리해야 하는 정보량도 늘어난다. 이메일을 예로 들어 보자. 20년 전에는 이메일을 받으면 하나씩 정리하는 것이 가능했다. 하루에 들어오는 이메일은 고작해야 20통 정도로 많지 않았다. 메일이 도착하면 일일이 내용을 읽은 후에 삭제하거나 회신을 보내는 식으로 적절히 대처할 수 있었다.

하지만 속도가 빨라진 컨베이어 벨트처럼, 최근 정보가 생성되는 속도 또한 매우 빨라졌다. 하루에 20통이었던 이메일은 60통이 되고, 그 다음엔 80통, 그리고 100통으로 늘어났다. 이메일뿐만 아니라 트위터 Twitter, 페이스북, 채터Chatter, 야머,* RSS, 블로그에서 생성되는 정보도 처리해야 할 중요한 정보 중 하나가 되었다. 마침내 정보 컨베이어 벨트의 속도는 우리를 압도하는 수준에 이르렀고, 제때 처리하지 못한 이메일은 산더미처럼 쌓이게 되었다.

● 역주 채터와 야머 모두 기업을 대상으로 개발된 비즈니스 전용 소셜 네트워크 서비스SNS: Social Network Service이다.

정보과부하 시대

오늘날의 성과관리에 어떤 변화가 필요한지 가늠하려면 먼저 모든 조직이 직면한 문제부터 살펴봐야 한다. 앞으로 정보가 흘러넘칠 정도로 많아지면 어떤 일이 벌어질까? 그 많은 '사과'는 어떻게 분류해야 할까?

비즈니스 환경은 이미 정보혁명 시대를 넘어 정보과부하 시대로 진입했다. 클라우드 컴퓨팅Cloud Computing과 모바일 기기의 출현으로 스마트폰을 가진 사람이면 누구나 무한한 정보처리 능력과 저장기능을 갖게 되었다. 또한 누구나 이메일, 문서, 채팅, SNS를 통해 정보를 끊임없이 쏟아내는 정보생산자가 되었다.

요즘 직장인은 글을 읽는 단순한 행위조차 버거워한다. 정보를 해석하고 분류해 이에 따라 의사결정을 하는 일은 말할 것도 없다. 20년 전 이메일을 일일이 읽은 것처럼, 오늘날 우리는 페이스북이나 트위터 같은 다양한 미디어 채널을 모니터링한다. 대부분의 경우 이러한 채널들이 담고 있는 콘텐츠는 독립적이지 않다. 계속해서 증식하고 확장되는 정보의 흐름에 가깝다.

어떤 제품에 대한 페이스북 게시물을 생각해 보자. 당신이 이 게시물에 댓글을 남기면 다른 사람은 또 다른 댓글을 남기거나 관련내용을 추가적으로 덧붙이고 그때마다 알람이 울린다. 트위터 메시지 역시 히드라의 머리같이 늘어나며, 중요하거나 그렇지 않은 정보들을 여러 갈래로 무수히 증식시킨다. 오늘날 우리는 모든 메시지에 일일이 대응하는게 사실상 불가능한 정보과부하 상태에 살고 있다.

기업들은 정보과부하 시대의 혁명을 통해 정보가 넘쳐나는 상황을 통제하고 관리해야 한다. 무한한 정보 속에서 가치 있는 신호를 가치 없는 소음으로부터 걸러내는 것. 나아가 고객, 직원, 주주 그리고 이해관계자들로부터 나오는 가장 중요한 정보를 비즈니스에 활용하는 것. 이것이 정보과부하 시대의 혁명이다.

저장과 분류는 과거형, 검색은 진행형

오늘날의 정보 저장매체는 물리적 파일과 디스크 같은 유한한 저장소에서 데이터베이스와 클라우드 같은 무한한 저장소로 전환되고 있다. 이런 변화로 인해 정보를 단순히 '저장'하는 데 그치지 않고 필요할 때 제대로 찾는 '검색'의 중요성이 더욱 커졌다. 이제 우리는 정보를 축적하기보다 어떻게 가치 있는 정보를 잘 찾아낼 수 있을지 고민한다.

저장공간이 한정적일 때는 어떤 정보를 저장할지 선택해야 했다. 예전에 필자는 밥에게서 이메일을 받으면 '밥' 폴더에 분류해 넣었다. 메리에게서 받은 이메일은 '메리' 폴더에 들어가거나 메리가 근무하는 '금융업계' 폴더로 분류했다.

하지만 5년 전부터 필자는 이메일 정리를 그만두었다. 이제 모든 이메일을 하나의 폴더에 저장한다. 대신 검색을 활용한다. 더 이상 이메일 분류를 위한 폴더 구성을 고민하지 않는다. 폴더로 이메일을 분류하는 방식은 많은 시간을 소모하는 구시대적 방식이다. 이처럼 정보를 대

인공지능을 활용한 구글 랭크브레인.
구글은 검색 정확도를 높이기 위한
기술을 지속적으로 개발하고 있다.

하는 방식이 바뀌었다. 정보를 그때그때 확인하고 포괄적으로 다루는 방식에서, 많은 정보를 그저 쌓아 두었다가 필요할 때만 찾는 방식으로 변화하였다. 사전에 분류를 정해 놓는 방식에서 검색을 통해 사후적으로 정보를 불러오는 방식이다. 이러한 변화는 데이터의 양이 많아질수록 급속하게 진행된다. 그리고 정보검색은 데이터가 많이 축적될수록 더 정확하고 효과적인 결과를 산출해낸다.

검색엔진 최적화search engine optimization와 콘텐츠에 태그를 다는 방법은 검색기반으로 정보를 처리하는 변화의 인터넷 버전이다. 이러한 방법은 콘텐츠뿐만 아니라 이메일에도 적용된다. 필자는 선호하는 소수의 미디어를 제외하곤 비즈니스 뉴스를 찾는 데 웹사이트에 의존하지 않는다. 대신 구글 맞춤검색을 이용해 비즈니스와 관련된 정보들을 지속적으로 전달받는다.

정보처리 방식이 분류에서 검색으로 전환됐다는 것이 변화의 핵심

포인트다. 이런 변화가 기성세대에게는 생소하지만 요즘 젊은 사람들에게는 매우 자연스러운 일이다. 새로운 세대는 끊임없는 정보의 흐름에 자연스럽게 노출되면서 성장했다. 생활과 업무 모두에서 저장보다는 검색을 편하고 자연스럽게 느낀다. 변화는 이미 시작되었다.

시간과 순서에 얽매이지 않는 일 처리 일상화

정보처리가 저장에서 검색으로 변화한 것과 같이, 업무처리 방식 또한 '순차적' 방식에서 '동시다발적' 방식으로 변화했다. 순차적 업무방식이란 업무가 발생한 순서대로 처리하는 것을 의미한다. 한 가지 과업을 완료한 후 다음 과업으로 넘어가는 방식이다. 예를 들어, 메일이 받은메일함에 들어오면 읽고 대응방식을 정해 답장을 쓰면 보낸메일함을 통해 전송된다.

반면, 동시다발적 업무방식은 정해진 순서나 시간에 구애받지 않는 작업방식이다. 한 업무를 진행하다 다른 업무를 일부 처리하고 다시 기존 업무로 돌아오는 방식이다. 예컨대, 일할 때 컴퓨터 검색기능을 활용해 오늘, 어제, 혹은 2년 전에 저장한 이메일, 문서, 웹페이지, 블로그 메시지 등을 모두 찾을 수 있다. 이런 식의 정보처리는 시간이나 업무 순서에 얽매이지 않는다.

검색모델 덕분에 우리는 정보를 관리하기 위한 트리information tree를 만들거나 정보처리 기준을 수립하지 않아도 된다. 만약 당신이 트위터에서 3명을 팔로우하고 있다면 팔로우하는 모든 사람의 게시물을 읽어야 한다고 느낄 수 있다. 하지만 당신이 5백 명을 팔로우하고 있다면 모든 게시물을 읽는 것은 버거워진다. 우리는 이미 올바른 정보를 찾기 위해서는 자동화가 유일한 방법인 세계에 살고 있다. 물론 필요한 정보를 얻기 위해서 SHRMSociety of Human Resources Management과 같이 특정 주제가 모인 웹사이트에 접속할 수도 있다. 하지만 이런 웹사이트에 들어가서 필요한 정보를 찾아 헤매기보다는 정보검색을 자동화하는 것이 효율적이며 필연적인 방식이다. 사과를 손으로 일일이 분류하다 크기에 따라 사과를 선별하는 기계를 고안해내는 것과 같은 이치다.

검색방식의 정보처리는 인적자원 계획과 성과관리를 위한 훌륭한 도구가 된다. 사회적 인정 모델social recognition model에서는 직원들 간의 긍정적 피드백을 장려한다. 일상업무 속에서 서로에게 도움에 되는 코칭과 칭찬을 주고받으며 업무성과를 높이는 것이다. 이렇게 쌓인 피드백 정보는 평가의 기본 데이터로 활용된다. 데이터 간 관계를 분석하며 그때그때 상시적 평가가 가능해진다. 이제 HR도 비즈니스 환경이 변화하는 속도에 발맞추기 위해 가능한 모든 자원과 도움을 적극적으로 활용해야 한다.

트위터가 지배하는 세상

트위터의 놀라운 성장에서 알 수 있듯이 밀레니얼Millennial 세대는 이전 세대와는 다른 방식으로 정보를 소비한다. 트위터는 몇 년 전까지만 해도 비즈니스와 전혀 관련 없는 매체로 간주되었다. "나는 점심에 샌드위치를 먹었다!"와 같이 의미 없는 트윗을 비웃는 사람도 있었다. 하지만 2007년 사우스바이사우스웨스트South by Southwest® 의 디지털미디어 컨퍼런스에서 트위터가 최고의 실시간 보도 플랫폼으로 채택되며 가치를 인정받기 시작했다. 그리고 2009년 이란 대통령 선거에서 최전선 보도매체로 전 세계인에게 자리매김했다. 오늘날 수억 명의 사람들은 140자의 트윗과 웹링크weblink, 해시태그hashtag, 리트윗retweet 기능을 통해 각자의 생각과 정보를 전파한다.

트위터는 신문, 라디오, TV, 심지어 웹사이트와 전혀 다른 방식으로 소통하는 채널이다. 역사의 현장(아랍의 봄 사태), 연예소식(아카데미상 후보작), 가십(할리우드 스타 임신소식), 뉴스(전당대회 생방송)와 같은 특정 주제의 정보를 제공한다. 정보의 원천은 트위터를 사용하는 수많은 개인들이다. 트위터 사용자는 자신이 보고 싶은 콘텐츠를 선택할 수 있다. 또는 '트위터 인기 급상승' 계정을 팔로우해 매일 공유되는 수백만 개의 트윗 중 사람들이 가장 많이 봤거나 공유한 내용을 확인할 수 있다.

● 역주　미국 오스틴에서 매년 개최되는 문화 컨퍼런스로, 영화제, 미디어, 뮤직 페스티벌 등 다양한 형태의 축제를 아우른다.

2012년 미국 대선 때 버락 오바마의 트위터 페이지

    트위터 방식으로 뉴스를 소비하는 것은 기승전결 구조를 갖춘 전통적 언론보도를 소비하는 것과는 매우 다르다. 에세이를 읽거나 이야기를 듣는 것과도 또 다른 경험이다. 트위터 세상에서 정보를 소비하는 사람들은 다양한 출처로부터 정보를 포착하고 걸러낸다. 정보는 텍스트, 사진, 비디오, 오디오 등 다양한 형태이며 무작위 검색방식으로 처리된다.

    웹사이트에서도 하나의 이야기를 더 풍성하게 하기 위해 트위터와 비슷한 응용프로그램을 사용한다. 〈뉴욕타임스〉 웹사이트의 '이메일을 통해 가장 많이 공유된 뉴스'나 유튜브YouTube의 '가장 많이 시청한 동영상'과 같은 리스트가 이에 해당된다. 이 리스트들은 지속적으로 실시간 업데이트된다. 리스트 순위를 결정하는 것은 대중의 몫이며, 특정 뉴스나 동영상이 특정 시점에 더 인기 있을수록 순위가 높아진다. 이러한 정보의 트위터화에서 주목해야 할 것이 있다. 정보가 처리되는 방식이 순차적이지 않고 대중에 의해 제공되고 걸러지며 자체적으로 편집된 경험이라는 점이다. 개인에게 대중의 선호도는 특정 정보의 중요성을 판단하는 믿을 만한 기준이 된다.

기술은 신체적 정서적 습관을 만들곤 한다. 만약 검색엔진이 검색어에 대한 답을 3초 안에 보여주지 않으면 당신은 무엇인가 잘못되었다고 생각하고 다시 검색어를 입력할 것이다. 이러한 습관은 후천적으로 습득되어 무의식적으로 나타난다. 사람들이 새로운 스트리밍streaming 모델에서 가치를 발견하고 더 많이 사용할수록, 스트리밍은 대다수가 선호하는 정보접근 방식이 된다.

습관은 저절로 형성되는 것이 아니다. 실제로는 예측가능성이 습관 형성의 가장 큰 이유다. 정보를 개별 패킷이 아닌 하나의 흐름으로 소비함에 따라, 사람들은 패턴을 인식하고 편견을 강화하며, 불확실한 가정 또는 개인이 의도했던 것들을 의심하기도 한다. 사람의 마음이 작동하는 방식과 마찬가지로 소프트웨어도 콘텐츠의 흐름을 체계화하여 게시한다.

사용자 취향에 맞춰 선곡 리스트를 제공하는 음악 스트리밍 서비스인 판도라Pandora를 생각해 보자. 판도라의 비틀즈 재생목록은 무작위로 만들어진 것이 아니다. 비틀즈 노래 하나하나에 대해 대중이 어떻게 생각하는지 분석하여 만들어진 것이다. 혹은 당신과 비슷한 음악적 취향을 가진 이들이 어떤 음악을 듣는지, 언제 듣는지, 그리고 얼마 동안 듣는지 등을 기반으로 만들어진다.

이처럼 다양한 대중의 의견을 모으면 세상을 정확히 묘사할 수 있을까? 다음 장에서 언급하겠지만 그것은 가능하다. 알맞은 조건하에 대중의 의견을 수집하고 조율하여 평균화한다면 전문가에게 의존하는 방식보다 더 정확한 결과를 도출할 수 있다.

젊은 세대는 이전과 다른 것을 원한다: 그리고 그들이 옳다

옛날부터 상사들은 "요즘 젊은 사람들은 바라는 게 너무 많다"면서 투덜거렸다. 젊은 직원들이 전통적 방식과는 다르게 자신의 방식대로 일하고 싶어하기 때문이다. 신입사원이 커피를 타거나 문서출력 등 잔심부름을 하며 8년의 수습기간을 보내던 시대는 지났다. 밀레니얼 전 세대 역시 비슷한 말을 하는데, 밀레니얼 세대와 그 전 세대 간의 차이를 간과해서는 안 된다. 그 차이는 젊음의 패기 이상으로 중요한 의미를 담고 있다.

1st
이제 잔심부름성 업무는 현대 조직에서 찾기 어렵다
기술의 발전으로 복사, 우편물 발송 등은 현저히 줄었다. 상사들은 본인이 직접 자판기나 커피머신에서 음료를 뽑아 마신다. 팩스보다 이메일을 사용하며 시설관리(유지·보수 혹은 청소)는 외부 대행업체를 활용한다. 그러므로 사무직 신입사원들은 자신의 선배보다 전문적이고 의욕적이며 민첩해야 한다. 그래야만 괜찮은 직업을 가질 수 있다(공공·교육 분야의 직종은 말할 것도 없지만, 설명의 편의를 위해 이 책에서는 사무직을 예시로 든다).

밀레니얼 세대는 회사에 맹목적으로 충성하지 않는다

이제 그들이 회사에 충성할 마땅한 이유가 없어졌다. 회사에 헌신했던 그들의 부모 세대는 경기침체가 닥칠 때마다 해고당했다. 그렇다고 밀레니얼 세대가 적극적으로 회사에 불성실한 태도를 보인다는 말은 아니다. 그들은 업무를 계약의 관점에서 바라보기 때문에 자신들의 요구사항이 충족되는 한 회사에 기여한다. 또한 상사나 회사보다는 팀원과 동료들에게 더 충실한 모습을 보인다.

밀레니얼 세대는 금전적 보상 이상의 무엇을 기대한다. 그들에게 고용안정을 추구하라는 것은 고리타분한 이야기다. 밀레니얼 세대는 20년간 경력을 쌓는 동안에 수많은 회사를 거쳐가리라고 생각한다. 그렇기 때문에 그들은 한 회사에서의 고용안정보다 더 많은 것을 추구한다.

일과 삶의 균형을 넘어서

밀레니얼 세대 직원들은 일과 삶의 균형이 중요하다는 논쟁의 포인트를 완전히 바꿔 버렸다. 이들은 일과 삶의 균형 work & life balance을 유지하는 데 집착하지 않는다. 일과 삶을 명확히 구분하지 않기 때문이다. 이들의 업무시간과 개인시간은 뒤섞여 있다. 그렇기 때문에 직장 내 관계와 업무를 언제 어디서든지 할 수 있는 자율권을 중요시한다. 같은 맥락에서 밀레니얼 세대는 업무에서 의미와 목적을 찾고자 한다. 업무에 목표의식과 의미를 부여하는 강력한 방법 중 하나는 회사의 핵심가치를 사회적 인정 프로그램social recognition program과 연계하는 것이다. 이렇게 함으로써 밀레니얼 세대는 회사를 큰 그림 안에서 이해하며 목적의식과 성취감을 느끼게 되고, 일상 생활에서 회사의 핵심가치에 따라 행동하는 것이 중요함을 인지하게 된다.

무엇보다 의미 있는 일을 하고 싶어한다. 미션 달성하기, 탁월한 제품 개발하기, 고객을 위해 봉사하기, 개인적 성취와 열정 느끼기, 여행하고 경험하기, 인정받기 등을 원한다. 밀레니얼 세대에게 이러한 기회를 제공할 수 있는 회사가 우수한 인재 채용에 성공할 수 있다. 밀레니얼 세대는 원하는 것이 무엇이든지 간에 — 금전적 보상이나 명성이든 혹은 개인적 자부심이나 완성도 높은 업무이든 간에 채용시장에서 자신들이 가장 만족할 수 있는 곳으로 이동하는 경향이 있기 때문이다.

밀레니얼 세대는 기성세대와 다른 경험을 가졌다

첨단기술에 익숙하고 미디어에 항상 노출된 오늘날의 직원들은 기성세대와는 근본적으로 매우 다른 경험과 역량을 보유했다. 그들은 6살부터 컴퓨터를 사용했고, 8살에 〈심즈〉Sims와 같은 게임을 통해 가상세계를 접했다. 인터넷, 이메일, 메신저, 3백 개 채널의 케이블 TV가 없던 시절은 그들의 기억 속에 존재하지 않는다. 학교, 운동장, 교회 등에서 면대면으로 만나는 전통적 방식의 관계도 형성하지만, 페이스북 같은 소셜미디어를 통해서도 관계를 구축하고 유지한다. 밀레니얼 세대는 온라인상에서 학습하고 데이트하고 놀고 일한다. 스카이프Skype와 스마트폰은 시간과 거리에 대한 그들의 감각을 기성세대보다 유연하게 만들었다.

기성세대는 정보를 활용하고 일할 때 차례대로 하나씩 '마무리' 짓도록 훈련받았다. "이 업무를 먼저 처리하세요", "이 일을 끝내지 못하면 다른 일을 시작하지 마세요", "그전에 식사를 마저 합시다" 등의 말을 들으며 말이다. 여기서 '마무리'는 새로운 자원으로 넘어가기 전에 이미 가진 자원을 소진하는 방식을 의미한다.

하지만 정보과부하 상황에서는 보이는 모든 업무를 끝내는 것이 사실상 불가능하다. 이제 우리는 새로운 환경에서 자란 밀레니얼 세대에게 일하는 방식을 배워야 한다. 밀레니얼은 대부분 어떤 일이 완료되어야 하고 어떤 일이 지속적으로 진행되어야 하는지 판단할 줄 안다. 오늘날의 무한한 정보세계에서 정보를 이해하고 가공하는 작업은 최우선 과제가 아니다. 마치 모든 이메일과 채널 콘텐츠를 읽는 것이 더 이상 중요하지 않은 것처럼 말이다. 적절한 정보를 신속하게 확보하는 것이 가장 중요하다.

새로운 업무환경에 익숙한 밀레니얼 세대는 정보흐름에 뛰어들어 정보를 창조하고 소비하는 일 모두에 참여한다. 이런 업무방식은 성과관리에 매우 유용하게 활용될 수 있다. 밀레니얼 세대의 새로운 방식은 더 나은 성과평가를 가능하게 하는 중요한 요소가 된다.

Research Insight

'집단지성', '크라우드소싱', '영리한 군중'smart mob, '글로벌 브레인'global brain 등의 용어를 들어본 적이 있는가? 목표달성을 위해 온라인상에서 협업하는 방식을 뜻하는 용어들이다. 인터넷 연구원이자 소프트웨어 디자이너인 프레드 스투츠먼Fred Stutzman은 네트워크 커뮤니케이션으로 협업하는 능력을 갖춘 사람들의 미래가 밝다고 주장한다.

"오늘날 콘텐츠를 공유하고 트위터에 글을 올리거나 자신의 상태를 업데이트하는 행위는 즉각적 상시적 협업방식을 대비하는 활동이다. 이처럼 소셜 네트워크에서 습득하는 커뮤니케이션 능력은 미래의 핵심역량이다. 미래 업무는 매우 역동적이고 지역의 경계도 없을 것이다. 또한 다양한 사회적 매개 기술socially mediated technology로 연결된 자율적 협업 팀이 주도할 것이다."
- 잔나 퀴트니 앤더슨·리 레이니, 〈인터넷과 미국인의 삶 프로젝트〉, 퓨리서치센터[2]

업무흐름을 실시간으로 기록한다면

직장은 끊임없는 대화, 이메일, 업무, 사건, 팀워크, 개인적인 일, 다급하고 사소한 업무의 연속이다. 이것이 직장에서의 삶이다. 눈치가 없는 사람조차 이런 흐름에 동참해야 한다. 사람들은 함께 일하며 옆의 동료가 하는 일을 관찰하고 관계를 맺는다. 그리고 그 안에서 본인들의 의견을 형성해간다. 이 과정을 거쳐 각자의 마음에 직장에서의 삶과 이야기를 써 내려간다.

직장에서 경험하는 다양한 순간을 실시간으로 포착하고 기록해 큰 그림을 그린다는 개념이 애매하거나 새롭게 느껴져 이해가 어려울지 모른다. 하지만 이는 매우 중요한 개념이다. 직원 개개인의 업무방식을 기록하고 동기부여하며 반복하게 하여 성과향상을 유도할 수 있기 때문이다.

지난 수십 년간 경영 컨설턴트는 이런 일을 해왔다. 경영 컨설턴트들은 직원의 행동과 그 결과를 관찰하고 파워포인트로 만든 '모범사례'best practice를 경영진에게 제시하곤 했다. 보고서는 직원들의 어떤 행동이 좋은 결과로 연결되고 어떤 행동이 그렇지 않은지에 대한 정보를 담고 있다. 또한 컨설턴트들은 팀 다이내믹스team dynamics를 연구해왔다. 팀 다이내믹스는 사람들이 함께 일하는 방식, 특히 다른 사람의 행동에 개인들이 어떻게 반응하는지 분석한다.

사회나 조직의 제도 개선은 굉장히 복잡하고 어려운 문제로 경영 컨설턴트와 같은 전문가가 전담해왔다. 그러나 이제 경영 컨설턴트가 수행하던 업무의 일부는 임직원에게 이관이 가능하다. 실제 업무 속에서 일상의 현실을 기록하려는 직원들의 의지만 있다면 지속적으로 모범사례를 발굴하는 체계를 구축할 수 있다.

정보관리 시스템은 이런 변화가 일어나도록 돕는 기술이다. 예를 들어 요즘 이메일 시스템은 사용자가 이메일을 어떻게 사용하는지 학습해 사용자의 행동에 맞춰 메시지의 우선순위를 정한다. 예컨대, 항상 신시아의 이메일에 우선적으로 답장해왔다면, 시스템은 이를 학습해 신시아의 이메일을 다른 메일보다 먼저 보이도록 배치한다. 시스템은 시간이 지남에 따라 신호(당신이 원하는 정보)를 소음(당신이 원하지 않는 정보, 혹은 급하지 않은 정보)으로부터 분리해내는 방법을 터득한다.

트위터나 다른 소셜 미디어 덕분에 직원들은 자신들을 둘러싼 현실을 지속적으로 인식하고 기록하는 데 익숙하다. 적절한 성과관리를 위해서는 직원들의 업무성과와 동료와의 업무흐름을 기록한 정보가 필요하다. 직원들이 자발적으로 이런 기록을 하도록 강요할 필요는 없다. 대부분의 경우 직원들에게 필요한 것은 동기부여가 아니라 도구다. 도움이 되는 약간의 도구만 주어지면 새로운 성과관리 방식은 자연스럽게 시작될 수 있다.

만약 새로운 성과평가 시스템이 적절한 정보를 담고, 쉽게 검색이 가능하며, 건강한 조직문화의 가치를 반영한다면, 그리고 모든 임직원이 이용한다면, 이 시스템은 새로운 업무환경에 맞는 개인성과 관리도구가 될 것이다. 시스템은 모든 임직원으로부터 크라우드소싱 기반의 업무성과 정보를 실시간으로 수집한다. 그리고 이 성과 정보들은 정보의 타당성을 가장 잘 확인할 수 있는 직원들이 스스로 걸러낸다.

변화속도에 압도당하는 HR

오늘날 모든 경영관리 방식은 정보과잉화 속도에 발맞추기 위해 고군분투하고 있다. 빠른 정보흐름은 기존의 경쟁우위를 빠르게 사라지게 하고, 새로운 경쟁압박을 가중시킨다. 상품출시 리드타임 단축, 맞춤형 서비스, 혁신, 글로벌 경쟁업체 출현, 모방과 진입장벽이 낮아지는 속도의 가속화 등 효율성과 생산성에 대한 압박 역시 심화되고 있다.

이제 우리는 고객에 관한 중요한 정보를 쉽게 얻을 수 있다. 모든 제품과 서비스에 대한 고객 피드백이 웹에 게시된다. 제품의 개선점을 파악하고 고객을 이해하기 위해 실시하는 고객만족도 조사를 통해서도 고객 피드백이 수집된다. 매일매일 일어나는 고객, 공급업체, 동료직원 간 상호작용은 엄청난 양의 데이터를 생성한다. 사내 이메일은 빙산의 일각에 불과하다.

이것은 지난 세대의 비즈니스에서는 상상할 수 없었던 종류의 정보들이다. 데이터베이스 분석 소프트웨어가 수많은 데이터 중 유용한 데이터를 추출해낸다. 해외 오지의 고객들이 선호하는 목욕가운 색부터 직원들이 비용정산 보고서를 작성하는 데 걸리는 시간까지 모두 정보를 분석해서 얻어낼 수 있다.

이와 같이 비즈니스, 마케팅, 경영관리 등에서 정보분석을 적극 활용하는 데 반해 HR은 임직원의 행동에 관한 정보를 수집하고 분석하는 데 소홀했다. 이미 HR은 변화에서 뒤처지고 있다. 직원들의 이메일이나 생산적 결과물을 파악할 수는 있지만 사람들이 어떻게 상호작용하는지에 대한 기록이나 이해가 부족하다.

'인간'이라는 복잡하면서도 중요한 자원의 성과를 평가하고 개선시키는 데 있어 특히 그러하다. 개인성과에 대한 데이터는 주관적이고 매우 적다. 사람들은 '잠재력 보유', '보통', '전문성 보유' 등의 카테고리로 대충 분류된다. 물론 직원들의 성향분석temperament analysis이나 평가자들의 눈높이를 맞추는 일 등 좀더 정교한 방법론을 사용하기도 한다. 그러나 이 역시 몇 가지 특성이나 바람직한 기준을 정의하고 이에 적합하게 업무를 수행하는지 '관찰'하는 것이 가장 좋은 방법이란 생각에 근거한다.

성과관리는 이러한 구시대적 사고의 전형이다. 조직에서 사람들이 어떻게 성과를 창출하는지 알아내는 것은 중요하고 필요한 일이다. 하지만 지금까지의 성과관리는 직무기술서, 업무에 대한 목표와 산출결과라는 사전에 정의된 요소에 의해 결정되었다.

만약 성과평가가 실시간 정보를 기반으로 이루어진다면 어떻게 될까? 만약 필요할 때마다 대규모 데이터베이스에 접근하여 개인 혹은 팀의 성과에 대한 실질적 정보들을 검색할 수 있다면 어떨까? 고성과 창출 집단을 사전에 정의하기보다는, 현재로서는 불확실하지만 중요한 그 무언가를 발굴하기 위해 모든 팀의 성과목표에 대한 업무수행을 관찰하는 방식은 어떨까?

이런 변화를 성과관리에 적용하기 전에 먼저 기존 성과관리 체계의 문제점을 살펴보도록 하자.

전통적 성과관리의 문제점들

전통적 성과평가 제도에 내재된 결함은 개선이 가능하다. 따라서 제도를 송두리째 폐기할 필요는 없다. 새로운 방식을 상상하기에 앞서, 비즈니스에 중요한 가치를 제공한 전통적 성과평가 제도의 '긍정적 측면'을 살펴보도록 하자.

- **법규 준수** Legal Compliance 기업은 고용, 평가, 해고를 함에 있어 법을 준수해야 한다. 성과평가 제도는 회사의 기대와 개인의 기여를 문서화함으로써 근거를 남긴다.

- **최소한의 관리기준과 틀** Manager Guidance 관리자도 처음부터 그 자리에 있었던 것은 아니다. 평가하기에 앞서, 깊이 있는 훈련을 받는 관리자는 거의 없다. 전통적 성과평가는 직원들에게 기대할 사항은 무엇이고, 어떻게 요구해야 하는지에 대한 기준을 제공한다(물론 아무것도 없는 것보다 무엇이든 있는 게 낫다고 보는 차원에서 긍정적일 뿐이다).

- **차별적 인재관리의 필요성** Need to Differentiate 모든 사람이 상을 받을 수는 없다. 높은 몰입수준과 성과를 파악하여 보상하지 않는다면, 장기적으로 핵심인재를 모두 잃게 되고 기업은 존속하기 어려울 것이다. 성과가 낮은 직원들을 그대로 두는 것은 그들과 조직 모두에게 좋지 않다. 업무능력의 향상이 필요한 이들을 찾고, 교육하고, 동기부여해야 한다.

- **인재육성의 필요성** Need to Advance 　전통적 성과평가에 사용된 특정 요소들은 높은 잠재력을 가진 직원들이 성과를 향상시키는 데 필요한 역량을 습득하도록 돕는다. 이는 장기적 관점에서 개인의 경력개발, 미래리더 양성, 승계후보군 관리에 도움이 된다.

- **성과관리 활성화의 필요성** The Need to Encourage Performance Management 　전통적 성과평가는 평가자의 직감, 혹은 기분에 따라 직원들을 평가하는 것을 막기 위해 고안되어 발전했다. 여전히 빈번한 평가자의 오류 문제에도 불구하고, 프로세스를 통해 리더와 구성원이 성과에 대해 논의할 기회를 의무적으로 가지는 점은 분명하다. 이 역시 아무것도 없는 것보다는 낫다.

- **측정의 필요성** The Need to Measure Something 　전통적 성과평가에서 사용하는 데이터는 완벽하지 않다. 그러나 직원의 강점과 약점을 전반적으로 관찰할 수 있고, 개인의 성과와 회사의 재무적 성과를 연계시킬 수 있도록 돕는다. HR은 종종 이러한 사항들을 계량화하라고 요구받았지만, 지금까지는 그다지 성공적이지 못했다. 다행히 전통적 성과평가를 통해 일부의 정량적 데이터를 얻을 수 있었다.

전통적 성과평가 제도는 수십 년 동안 큰 변화 없이 이어지고 있다. 그것이 지속될 수 있었던 것은 기존 관행을 따르는 것이 더 편했기 때문이다. 평가자들과 HR 부서 모두 전통적 성과평가 방식에 익숙했고, 그에 맞춰 훈련받아 성과관리를 진행해왔다. 전통적 성과평가는 우리가 고안해낼 수 있는 가장 완벽한 제도는 아니나, 누구나 이해할 수 있고 오랜 시간 동안 활용할 수 있는 하나의 관행이 되었다. 이러한 관행 안에 숨어 있는 전통적 성과평가 제도의 단점을 살펴보자.

- 평가자 한 명의 오류로 인한 제도의 실패가능성이 잠재해 있다.
- 한 해 동안 논의되어야 할 수많은 업무활동을 사전에 정의함으로써 행동을 제한한다.
- 구조적으로 매우 좁은 범위의 정보에 국한되어 있다
- 구성원 행동의 일부만 관찰하여 평가한다.
- 조직의 규모가 커질수록 평가자 부담이 급격히 증가한다.
- 직원몰입을 향상시키는 데 도움이 되지 않는다.

이와 같은 전통적 성과평가 제도의 결함은 새로운 기술적 환경에서 더욱 증폭된다. 때론 제도의 운영 목적 자체를 무력화하는 극단적 해석을 불러일으키는데, 이 장의 마지막 부분에서 자세히 알아보도록 하자.

"전통적 성과평가는
인력의 우수함을
정확하게 묘사한다."

연례 인사고과가 직원들의 업무를
정확하게 평가한다고 생각하는지에 대한
글로보포스 및 SHRM 설문조사에서
오직 55%의 HR 전문가들이
'그렇다'라고 응답했다.

오해 그리고 **진실**

관리자 역량에만 의존하기엔
실패의 대가가 크다

전통적 성과평가는 대체로 한 명의 평가자가 지닌 직관과 관찰에 의해 실시된다. 이로 인해 평가자는 프로세스 전체를 실패로 이끄는 잠재적 원인potential single point of failure이 되기도 한다. 평가에 참여하는 단 한 명의 책임자로서, 성과를 등급화하고 공평하게 순위를 매기는 전문가여야 하며, 동시에 효과적 코치와 훌륭한 소통자의 역할을 수행해야 한다. 과연 얼마나 많은 평가자들이 이에 부합할까?

평가자의 공식적 의견은 직원들에게 매우 중요하다. 직원들의 경력과 평판은 시간이 흐르며 축적된 평가결과에 따라 좌지우지된다. 따라서 정확하지 않거나, 대충 작성하거나, 편견을 가지고 의견을 기술했다면, 실제와 다른 평판이 만들어지는 셈이다.

부정적 평가는 직원의 평판에 악순환을 불러일으킨다. 부정적 평가를 받은 직원은 상대적으로 그렇지 않은 직원에 비해 낮은 기대치와 제한된 기회를 제공받는다. 승진과 보상에 손해를 보는 것은 물론, '열등함'의 낙인으로 인해 경력이 제한된다. 악순환의 고리를 끊어내지 않는다면 해당 직원의 실패는 예정된 수순이고, 이는 채용, 교육, 관리시간을 포함한 회사의 투자손실로 이어진다.

그렇다면 부정적 평가는 항상 정당하지 않은 것일까? 전혀 그렇지 않다. 하지만 한 명의 평가자로 인한 오류는 전체적 평가 프로세스를 위험에 빠트릴 수 있는 구조적 문제가 된다.

이에 대비해 지나치게 관대한 평가의 문제점들을 생각해 보자. 업무 능력은 보통이지만, 매우 정치적인 직원이 있다고 상상해 보라. 그 직원은 본인이 맡은 업무를 과장하여 드러내고 관료주의적 형식과 아첨에 능하며, 상사의 이익만을 위해 일한다. 이런 직원들은 실제 자신이 기여한 것보다 더 큰 보상을 받을 수 있다. 열심히 일하지만 표현이 서투르고 자신의 기여를 적극적으로 알리지 못한 사람들이 알면 화나지 않겠는가? 노련한 HR 전문가가 아니더라도, 우리 모두는 이런 사람들을 너무 잘 알고 있다! 이런 흔한 상황은 조직 내에 냉소와 불신을 낳고, 직원들의 사기를 저하시킨다. 이를 방치하면서 더 나은 일터를 만들겠다고 할 수 있는가?

관리자들은 대개 자신의 전문분야에서 능력을 발휘하며 승진해온 사람들이다. 해당 분야의 전문성이 높을수록 일반적 관리역량이 취약할 가능성도 있다. 더구나 평가에 관해 체계적 교육이나 경험의 기회가 부족하고, 경험 많은 리더로부터 조언조차 들어보지 못했는데도 실제로는 평가를 잘하는 전문성 높은 관리자를 찾는다는 것은 매우 어려운 일이다.

평가자, 코치, 멘토로서의 덕목을 모두 갖춘 관리자는 흔치 않다. 많은 관리자들은 공식적이고 형식적인 제도의 절차와 양식에 얽매여 평가를 진행한다. 이런 관리자들은 건설적 피드백을 위한 소통 스킬이 부족한 경우가 많으며, 심지어 자신의 전문분야 외에는 통찰력이나 공감 능력, 이해력이 부족하기도 하다.

관리자들은 연 1회, 혹은 2회 직원들의 성과를 검토하고 평가한다. 평가 후에는 다시 일상적 관리업무를 수행한다. 대부분의 경우 평가는 사후적이며 또 하나의 일이다. 관리자는 전지전능한 존재가 아니기 때문에, 그들이 1년 내내 모든 직원을 관찰하고 그 내용을 꼼꼼히 기록으로 남기는 것은 불가능하다.

때로는 관리자의 개인적 기질이나 성향이 평가를 왜곡하기도 한다. 2010년 실시된 월드앳워크WorldatWork · 십슨WorldatWork/Sibson의 설문조사에 따르면, 응답자의 63%가 "관리자가 직원들에게 평가 피드백하는 것을 어려워하거나 꺼리는 것"을 가장 심각한 문제로 꼽았다. 직원들은 업무나 성과에 대한 피드백이 일관되지 않을 뿐 아니라, 적절한 시점에 제공되지 않는다고 느꼈다.[3]

한 명의 평가자 때문에 발생하는 제도의 실패를 해결하기 위해서 HR은 자동화 · 표준화된 시스템 구축에 매진해왔다. 또한 관리자를 교육하고 격려하여 평가의 타당성과 신뢰도를 높이려고 했다. 혹은 360도 다면평가multi source appraisal 등과 같은 복잡한 방법을 활용하기도 한다. 그러나 이는 근본적 문제를 해결하기보다는 문제를 최소화하고자 하는 노력이다. 전통적 성과평가는 결함 있는 제도이기 때문이다.

하루에도 수많은 일들이 발생하고 업무로 이어지는 일터에서, 연 1~2회 평가는 이미 시대에 뒤떨어지는 제도다. 시대는 변화하고 나아가는데, 제도는 과거에 머물러 있다.

전통적 평가의 정보는 제한적이다

제도와 시스템을 통해 관리자의 역량부족을 보완한다고 해도, 전통적 성과평가의 구조적 결함은 존재한다. 구성원의 업무와 행동 범위에 비추어 극히 제한된 정보만 제공한다는 점이다. 게다가 평가주기에 제한된 정보는 시의적절하지도 않다. 또한, 너무 제한된 정보만 제공하기 때문에 경영진이 회사의 전략적 인재평가나 인력계획에 활용하기에도 한계가 있다.

경영진은 연례 혹은 반기 평가를 통해 특정 시점에 측정된 결과를 보고받는다. 평가의 결과가 100% 정확하다고 하더라도(물론, 그럴 가능성은 없지만), 현재의 제도가 다음과 같은 질문들에 답할 수 있을까? 어떻게 지금의 성과를 지속 가능하게 할 것인가? 어떻게 하면 좀더 나아질수 있을까? 정말 몰입하여 업무를 수행하는 사람은 누구인가? 누구의 업무가 회사의 핵심가치와 전략에 부합하며, 그렇지 않은 직원은 누구인가? 뛰어난 성과를 보이지만 충분히 인정이나 보상을 받지 못하는 사람은 누구인가? 관리능력이 훌륭한 관리자는 누구이며, 반면에 단지 운이 좋은 관리자는 누구인가? 평가제도가 제공하는 데이터를 회사의 재무적·전략적 성과개선에 활용할 수 있겠는가?

대부분의 전통적 성과평가 제도는 위의 질문들에 명확하게 답하지 못한다. 위의 질문에 대한 답변들이 조직의 잠재력을 일깨울 수 있는데도 말이다.

'객관성'의 환상에서 벗어나라

전통적 성과평가는 늘 객관성을 추구한다고 하지만, 실제로는 평가자의 대략적 판단에 의존한 주관적 해석이다. 직원들은 그들의 평판이 실제 데이터보다 평가자의 의견에 좌우된다는 것을 안다.

전통적 성과평가에서 상사와 부하직원 간 권한의 차이는 명확하다. 상사는 직원들의 성과등급을 결정하고 서열화할 수 있는 권한을 갖는다. 반면 직원들은 자기 자신의 성과나 상사의 성과를 평가하거나 서열화할 권한이 없다. 평가정보의 객관성에 대한 의문이 생기는 것은 자연스러운 일이다. 평가자가 자신이 좋아하는 직원에게만 좋은 평가를 주는 것은 아닐까? GE의 최고경영자였던 잭 웰치Jack Welch는 그의 저서 《승자의 조건》Winning에서 이와 같은 문제를 날카롭게 지적한다.

"의심할 여지없이, 많은 회사에서 성과차등화는 연줄과 편애로 본래 목적을 상실했다. 상위 20%는 상사의 말에 무조건적으로 고개를 끄덕이거나 친분이 있는 이들이며, 하위 10%는 어려운 질문을 던지고 현재의 문제점을 거침없이 떠벌리는 이들이다. 중간에 있는 70%는 갈등을 회피하거나 묵인하는 사람들이다. 매우 불쾌하겠지만, 이것이 현실이다. 이런 문제가 발생하는 것은 리더가 생각이 부족하거나, 진실성이 없기 때문이다. 혹은 둘 다에 해당할지도 모른다. 이렇게 아무런 장점이 없는 제도에 대해 유일하게 긍정적으로 평가할 수 있는 측면은, 이대로 가면 결국 그 제도는 언젠가 스스로 무너져 내릴 것이라는 점이다."[4]

360도 다면평가는 상사뿐만 아니라 본인, 동료, 부하 등의 다양한 의견을 반영해 주관적 평가의 문제를 해결하려 한다. 하지만 추가적 의견 역시 전체가 아닌 선별된 소수의 의견이기에 한계를 갖는다.[5] 또한 360도 다면평가 과정에서 구성원 간 미묘한 경쟁, 결탁 등 정치적 행위들이 나타나기도 한다. 360도 다면평가 역시 완벽하지 않다.

심지어 다면평가로 인해 혼란이 가중되기도 한다. 2012년 관련연구에 따르면, 평가대상자의 동일한 성과에 대해 상반된 메시지를 전달하는 다면평가는 오히려 의사결정을 어렵게 만든다. 특히, 승진이나 연봉 인상에 대한 의사결정과 연계될 때 이러한 문제는 더 심각해진다. 외교적 태도를 취한 응답, 솔직하기보다 무난한 평가가 모이면 평가대상의 특색이 사라진 흐릿한 정보만이 결과로 남는다.[6]

평가의 객관성을 무너뜨리는 또 하나의 문제는 평가제도에 대한 평가자의 신뢰와 활용도가 제각각이란 점이다. 어떤 평가자는 5시간 동안 평가를 준비하고, 모든 직원과 한 시간 정도 면담과 피드백을 진행하며 평가제도의 목적에 최대한 부응하려고 노력한다. 반면 어떤 평가자는 본인의 직감에 의존해 10분 만에 평가양식을 채우고는, '나는 내 직원들이 무엇이 필요한지 안다. 또 누가 잘하고 못하는지도 뻔히 보인다'라는 태도를 보인다.

물론, 객관적 평가가 이상적 평가를 의미하는 것은 아니다. 우리는 누구나 특정한 가치와 노력, 목표와 결과에 대해 주관적 의견을 가진다. 또한 완벽하게 객관적인 기준에 따라 평가할 수 있는 직무는 극소수이기에 평가자의 주관적 견해가 담기는 것을 피할 수 없다. 하지만 오늘날 대부분의 직무가 갖는 복잡성으로 인해 발생하는 문제는 비단 평가자의 주관에 관한 것만이 아니다. 또 다른 문제를 야기한다.

상사·부하 간 경험이
모든 것을 말해 주지 않는다

전통적 성과평가의 구조는 일에 대한 구시대적 패러다임을 반영한다. 업무와 성과를 사전에 정의하고 계량화할 수 있다는 시각 말이다. 그러나 일 자체가 변화하고 있다.

과거에는 생산라인 관리자가 직원 한 명당 한 시간 내에 생산할 수 있는 제품의 수가 몇 개인지까지 파악할 수 있었다. 이는 생산 프로세스의 효율성이나 공정의 완결성과 관계없는 1차원적 측정의 결과였다. 하지만 이제는 옛날이야기일 뿐이다. 오늘날에는 신입사원들이 수행하는 업무조차 복잡하고 예측이 어렵다. 이제 업무는 문제해결능력, 팀워크, 창의력, 변화에 대한 적응력과 같이 측정하기 어려운 역량을 필요로 한다.

'주도성'이나 '팀워크'를 어떻게 측정할까? 평가자들은 해당 직원이 이런 역량을 보인 어떤 사건을 떠올림으로써 이 개념을 계량화하려고 시도한다. 한편, 직원들은 평가면담 시 스스로 문제해결능력이나 팀워크를 발휘한 사례를 제시하도록 요구받는다. 특정 사례나 일화가 평가자의 기억을 되살려 해당 역량을 평가하는 데 도움을 주기도 한다.

하지만 이런 접근방법은 보통 커뮤니케이션 스킬이 좋은 직원을 더 후하게 평가하는 편향을 낳는다. 결론적으로, 평가제도를 이해하고 자신에게 유리하게 이용하는 직원이 좋은 평가를 받는다. 이런 상황에서 실제성과와 평가결과가 연관되어 있다고 볼 수 있을까? (이것은 모든 채용담당자들이 직면하는 문제와 비슷하다. 후보자들 중 가장 유능하고 적합한 사람이 항상 채용되는 것은 아니다. 수려한 언변으로 자신을 잘 표현하는 사람이 채용되곤 한다.)

상사·부하 간의 경험과 관계에만 의존하지 않는 새로운 평가제도가 필요하다. 피평가자 주변에는 일상적으로 업무를 수행하면서 협업하고 관찰하며 피드백을 주고받는 수많은 구성원들이 있다.

조직이 커질수록 문제도 커진다

대부분의 전통적 성과평가 도구와 방법은 실질적 활용도가 낮다. 관리자는 직원 개개인의 목표를 설정하는 데 충분한 시간과 노력을 쏟지 않는다. 이론적으로는 관리자가 평가에 시간과 노력을 투자하는 것이 당연하게 느껴질 것이다. 그러나 현실적으로 평가는 수많은 업무의 하나일 뿐이고 바쁠수록 부담으로 느껴진다. 조직이 커지면 평가자의 관리 범위가 늘어나고 구성원에 대한 관찰가능성은 저하된다. 관찰범위를 좁히려면 관리자가 많아져야 하고, 눈높이에 따른 편차와 오류의 가능성이 커진다. 2만 명의 직원들이 근무하는 회사를 상상해 보자. 평균적으로 몇 명을 평가하는 몇 명의 관리자가 필요할까? 그 평가기록이 신뢰할 수 있다고 기대하려면 HR은 얼마나 많은 일을 해야 할까?

모든 관리자들은 적절한 평가자 교육을 받아야 하며, 평가자로서 그들의 전문성은 지속적으로 모니터링되어야 한다. 하지만 현실적으로 HR에서 담당하는 업무의 종류는 많아지고, 시급성에 따라서 평가자 교육과 지속적 모니터링은 우선순위에서 멀어지는 것이 다반사다.

지금의 성과관리가 구성원 몰입에 도움이 되는가?

경영진에게 직원몰입은 매우 중요한 사안이다. 몰입도가 높은 직원은 누가 요구하지 않아도 최선을 다해 업무를 수행하고, 이를 통해 추가적 비용 없이 생산성과 이익을 향상시킬 뿐만 아니라 경쟁우위 확보를 가능하게 한다. 전통적 성과평가는 때론 몰입의 가치를 인정해 주지만, 몰입을 유발하고 촉진하기엔 역부족이다.

우리는 일터에서 몰입, 에너지, 절박함과 같은 행동을 관찰할 수 있다. 이러한 행동은 일상의 업무과정 중에 자연스럽게 경험하는 것이지, 연초 목표기술서에 적었기 때문에 발현되는 것은 아니다.

마케팅팀에 케빈이라는 직원이 있다고 가정해 보자. 동료들이 모두 퇴근한 어느 날 저녁에 케빈은 남은 업무를 처리하느라 혼자 사무실에 남아 있다. 그런데 퇴근 준비를 마치고 막 나가려는데 옆자리 전화기 벨이 울리며 고객의 번호가 표시된다. 그에게는 두 가지 선택지가 있다.

"우리 직원들은
회사의 제도를 신뢰한다.
회사의 제도가 객관적이고
모든 이에게 일관적으로
적용되기 때문이다."

성과평가 제도의 표준화가
신뢰감을 주는 이유인가?
2010년 HR 전문가들이 진행한
설문조사에 따르면, 응답자의
30%만이 성과평가 제도를
신뢰한다고 응답했다.

오해 그리고 **진실**

조금 더 늦은 시간까지 일하는 것을 감수하고 전화를 받거나, 보는 사람도 없고 자신의 일도 아니므로 그냥 무시하고 퇴근하는 것. 결국 케빈은 전화를 받았고, 한 시간 동안 고객이 문제를 해결하도록 도움을 주었다.

케빈의 무엇이 전화를 받게 만들었을까. 단순히 개인적 특성이 아니라면, 케빈은 회사의 핵심가치와 문화에 따라 행동한 것이다. 케빈은 '자발적 서비스'self-motivated service라는 회사의 행동규범에 몰입하여 추가적 헌신을 기꺼이 받아들였을 것이다. 만약 그가 정치적이며 고객을 존중하지 않는 문화가 일상적인 회사에서 일했다면, 전화를 받지 않고 퇴근하는 것이 당연했을 것이다. 연초에 케빈의 상사가 "당신의 업무는 아니라도 언젠가 퇴근시간이 지난 후에 고객이 전화를 걸어오면, 그 전화를 받고 고객을 도와줬으면 해. 아무도 그 사실을 모른다고 해도 말이야"라고 말한 적이 있을까.

케빈의 행동은 '산출물'이나 '목표'로 다룰 수 없는 것이다. 그저 태도일 뿐이다. 그리고 태도는 회사의 문화에 녹아 있다.

Research Insight

기업의 성과를 향상시키는 핵심은 중간성과자들의 몰입을 높이는 데 있다. 일반적으로 조직의 60% 이상을 차지하는 이들은 때때로 고성과자들의 몰입과 성취동기를 약화시킨다. 대다수 중간성과자의 몰입도 향상은 그 자체의 생산성 향상은 물론, 동료그룹인 고성과자들의 성과 유지에도 도움이 된다.

- 왓슨 와이어트 월드와이드, 2008 / 2009, 〈워크 USA 리포트〉

다수의 전통적 성과평가 제도는 회사의 핵심가치를 결부시켜 바람직한 행동을 유도하려 한다. 하지만 연간 평가에 근거한 전통적 성과평가 제도를 통해서는 형식적 연계 이상을 기대하기 어렵다. '고객지향'이나 '헌신' 등의 표현은 없는 것보단 낫지만, 구성원들이 다양한 업무상황에서 어떤 행동을 통해 몰입을 보였는지 구체적으로 기록하고 인정하기엔 부족하다.

회사의 핵심가치에 근거하여 건강하게 몰입하는 문화, 이것이야말로 평가제도를 통해 실현해야 할 궁극적 지향점이다.

기술 활용의 실패

오늘날 기술technology의 발달은 번거로운 수작업으로 이뤄지던 전통적 HR 프로세스를 자동화하는 방식으로 바꾸어 놓았다. 이전보다 데이터를 취합하는 것이 편리해졌지만, 1천 개의 문서기반 형식이 1천 개의 웹 기반 형태로 바뀌었을 뿐 전통적 성과평가의 단점은 여전히 남아 있다.

평가자들의 편의를 높이거나 오류를 보완하기 위한 기술이 오히려 의도치 않은 새로운 문제를 야기하기도 한다. IT 시스템에서 자동으로 집계된 평가결과가 마음에 들지 않는 평가자들은 개별 항목의 결과를 바꿔가며 역산하는 번거로움을 마다하지 않는다.

최근에는 많은 문장을 직접 작성하는 수고를 줄여 주기 위해 사전에 정의된 텍스트를 가져다 쓸 수 있는drag-and-drop 기술도 활용되고 있다. 이는 관점과 생각을 확장하는 데 도움을 주지만, 이를 통해 의견을 기술하는 데 고심하는 평가자들은 많지 않다. 시스템 내에 정의된 텍스트를 평가양식에 끌어다 놓거나 매년 비슷한 평가의견을 복사해가며 붙여 넣는다. 이러한 기술 활용은 피평가자에 대한 관찰결과를 지나치게 단순화시킨다. 업무에서 관찰된 다양한 행동은 일반적 문구로 통일된다. 더불어 직원들 간 성과의 구체적 차이는 사라진다.

스택랭킹, 극단적 성과주의가 조직을 망친다

전통적 성과평가 제도의 문제점은 '스택랭킹'stack ranking이라 불리는 기계적 차별화에서 극단적으로 나타난다. 이 제도를 통해 평가자는 구성원들을 세 그룹으로 분류한다. 즉, 소수의 고성과자, 대부분의 직원들이 속한 중간성과자, 소수의 저성과자가 나뉜다. 아무리 우수한 조직이라도 저성과자가 지목되어 퇴출되고, 그저 그런 조직이라도 고성과자가 출현한다.

"평가의 획일성은
정확성과 공정성을
보장한다."

일률적 성과평가 제도는
행정적 편의를 위해 만들어졌다.
공정함이나 양질의 데이터를 도출하기
위해서 만들어진 것이 아니다. 전 조직이
일관된 목표, 직무기술서, 피드백, 업무환경을
가진 것이 아니다. 단일한 성과평가 제도가
정확성과 공정성을 보장할 수 있을까?

오해 그리고 진실

GE의 전 CEO 잭 웰치는 그 누구보다 스택랭킹을 통한 차별적 인재관리 확산에 기여했다. 그가 직원들을 상위 20%, 중간 70%, 하위 10%로 분류하고, 이에 따라 고성과자에게는 보너스를, 중간성과자에게는 코칭을 제공하며, 저성과자들은 해고하라고 주장한 것 또한 사실이다. 그러나 제도의 엄격한 실행원칙으로 강조했던 관리자의 솔직함과 진심 어린 코칭, 과정의 투명성은 실무자들 사이에서 종종 잊혀졌다. 이 제도가 GE에서 신뢰감을 얻어 효과를 얻기까지 10년이 넘는 시간이 걸렸다. 잭 웰치는 특히 대다수의 중간성과자에 대해 이렇게 말했다.

"중간그룹에 속하는 70%의 구성원은 어느 회사에서나 소중한 인적 자원이다. 그들의 능력, 에너지, 헌신 없이는 회사를 운영할 수 없다. 따라서 20-70-10 방식을 도입하는 것은 큰 도전과 위험을 수반한다. 그럼에도 이 방식을 도입한다면 핵심과제는 '어떻게 70%의 직원들을 동기부여하고 몰입하도록 하는가? 그리고 어떻게 이들에게 소속감을 줄 수 있는가' 이다."[7]

2012년 베니티페어Vanity Fair는 스택랭킹이 잘못 운영된 사례를 소개하였다. "마이크로소프트는 어떻게 스스로의 매력을 잃어버렸나"How Microsoft lost its mojo라는 제목의 기사는 주가가 고공 행진하던 1999년에서 2012년까지의 행적을 담고 있다. 해당 기사는 마이크로소프트의 잘못된 판단, 새로운 기회의 상실, 혁신의 부재를 비판했다. 그리고 이러한 모든 종류의 형편없는 선택 뒤에는 스택랭킹 기반 관료주의가 팽배해 있음을 지적했다.[8]

또한 잭 웰치의 주장을 잘못 해석했을 때 일어날 수 있는 치명적 결과들을 소개했다. 종형곡선bell curve이라 불리는 평가의 강제분포는 성과와 무관하게 제도를 악용하는 결과를 낳았다. 직원들은 경영진의 관심과 인정을 얻기 위해 서로 치열하게 경쟁했다. 우수한 팀에서 좋은 성과를 내는 것보다 형편없는 팀에서 고성과자가 되는 편이 수월했다. 직원들의 관심은 다른 기업과의 경쟁이 아니라, 동료와의 경쟁이었다. 그리고 이러한 근시안적 사고는 습관이 되었다.

스택랭킹은 그 이전의 평가관대화 문제grade inflation를 해결하고자 했다. 과거 관리자들은 대부분의 직원들에게 5점 만점에 4점을 줬다. 누구도 2점 이하의 부정적 의견을 제시하지 않았다. 그것은 마치 자신의 팀이 저성과자들로 구성되었다고 말하는 것과 같았다. 평가의 상향평준화가 만연할수록 실제로 높은 잠재력을 가진 인재를 구분하고 육성할 수 있는 방법은 사라졌다.

하지만 스택랭킹을 통해서도 문제를 해결하지 못했고, 의도치 않은 부정적 결과는 오히려 커졌다. 불확실성이 높은 비즈니스 환경에서 과거보다 복잡하고 다양한 역량을 가지고 일하는 구성원들을 관리하기에 스택링킹은 유연성이 부족한 제도임이 분명하다.

전통적 평가를 넘어서

전통적 성과평가가 가진 문제점들은 해결할 수 있다. 더 나은 평가제도의 모습은 다음과 같다.

- 한 명의 평가자가 관찰하고 평정하는 체계가 갖는 잠재적 판단 오류의 문제single point of failure를 해결한다.
- 관리자의 성과책임과 권한은 유지한다.
- 성과목표를 직무기술서의 범위에 한정하지 않는다. 불확실한 비즈니스 환경에서 기대역할과 업무의 변화를 유연하게 목표로 전환할 수 있어야 한다.
- 직원몰입과 조직문화에 도움이 되는 제도를 지향한다.
- 직원들의 성과를 다양한 관점에서 이해하고 평가한다. 상사, 동료, 부하, 외부 관계자 등 일상의 일터에서 확보할 수 있는 크라우드소싱 기반 데이터를 활용한다.
- 창의성이나 자기관리self-discipline처럼 계량화하기 어려운 요소들을 관찰하고 측정할 수 있어야 한다.
- 개인, 팀, 부문 차원의 성과가 어떤 관계를 가지는지 구체적으로 분석하고, 이를 회사 차원의 지표와 연계할 수 있어야 한다.
- 전통적 성과평가 제도의 장점은 그대로 유지한다.

직원들이 서로의 탁월한 성과를 격려하는 사회적 인정은 전통적 성과평가의 단점을 완화한다. 이는 전통적 성과평가를 완전하게, 혹은 급진적으로 대체하는 것은 아니다. 앞서 언급한 바와 같이 전통적 성과평가 방식에는 단점도 있지만 장점도 존재한다. 우리에게 필요한 것은 제도 안에서 전통적 성과평가와 사회적 인정의 균형을 이루는 것이다.

형식과 일정을 갖춘 일대일 방식의 전통적 평가방식과, 형식에 구애받지 않고 다양한 원천으로부터 상시적으로 성과 정보를 취합할 수 있는 새로운 평가방식을 결합해 보자. 이 장의 도입부에서 살펴보았듯 정보의 원천과 양은 성과평가의 영역을 넘어 글로벌한 차원에서 폭발적으로 증가하고 있다. 정보혁명은 평가에 어떤 영향을 미치게 될까? 이를 이해하기 위해서는 다양한 정보원천으로부터 나온 데이터를 수집하고 유의미하게 분석하여 결과를 도출하는 법을 터득해야 한다. 정보혁명 시대의 다음 단계는 정보과부하에 선제적이며 능동적으로 대응하는 것이다.

02

크라우드소싱을 결합해 혁신하라

Crowdsourcing and Human Resources

하이드로랩의 CEO 트레버Trevor와 HR 총괄 부사장 레베카는 관리자들이 새로운 평가 방식을 제대로 이해하길 원했다. 이를 위해 설명회를 개최하고 모든 관리자들이 모이도록 했다. 모두가 주목하는 가운데 레베카 부사장은 새로운 평가방식에 대한 발표를 시작했다.

"올해부터 새로운 평가 프로세스가 실행됩니다. 여러분들이 흥미를 느낄 만한 가장 중요한 내용부터 말씀드리겠습니다. 올해 여러분들은 평가와 성과보상에 관해 더 많은 권한을 갖게 될 것입니다. 어떻게 더 많이 갖게 되냐구요? 가지고 계신 권한을 양보하고 나눠 주면 더 큰 권한을 갖게 됩니다!"

이해가 안 된다는 표정을 보이는 관리자들에게 레베카 부사장은 단순한 네트워크 이미지를 보여주며 발표를 이어갔다.

"엔지니어들은 네트워크가 확장되면 그 힘과 영향력이 기하급수적으로 커진다고 말합니다. 올해 평가 프로세스는 이러한 네트워크의 운영 원리를 도입하는 것입니다. 앞으로 우리는 평가를 크라우드소싱 방식으로 전환합니다. 모든 직원들이 평가과정에 참여할 수 있으며, 직접적 발언권을 가질 수 있습니다.

자, 출근해서 퇴근할 때까지 만나는 모든 사람들을 떠올려 보세요. 같은 팀이 아니더라도 많은 사람들을 만날 겁니다. 이 모든 사람들이 당신 또는 팀의 성과에 대한 발언권을 가졌다면 어떨까요? 그리고 당신에게 지속적으로 피드백을 전해 준다면 어떻겠습니까? 이러한 평가 프로세스의 변화가 당신과 당신의 팀에 어떤 의미가 있을까요? 여러분은 지금보다 훨씬 더 많은 사람들의 의견과 정보를 얻게 될 것입니다."

최근 10년간 크라우드소싱은 흥미로운 주제였다. 이제는 분야를 막론하고 하나의 트렌드가 되었다. 크라우드소싱은 여러 자료와 사람들로부터 도출된 수많은 데이터를 한데 결합하는 방식이다. 최근에는 많은 사람들이 이를 활용하여 완전히 새로운 방식으로 의사결정을 한다. 크라우드소싱을 비즈니스에 접목하여 새로운 의사결정을 돕는 사례는 쉽게 찾아볼 수 있다. 세계적 전자상거래 회사인 아마존이나 레스토랑 가이드인 자갓, 여행정보를 제공하는 트립어드바이저 같은 서비스 플랫폼들이 제공하는 별점평가가 가장 대표적인 사례다.

이제 사람들은 다른 이들의 의견을 참고하여 의사결정을 한다. 또한, 크라우드소싱을 통해 얻은 결과는 소수의 전문가 의견보다 더 정확하고 믿을 만하다. 때로는 전문가 의견을 보완하고 보충할 목적으로 활용한다. 이와 동일한 시기에 SNS가 확산되었다. 페이스북, 링크드인 등과 같은 온라인 서비스는 이러한 집단 커뮤니케이션이 비즈니스 세계로 확산되는 계기를 만들었다.

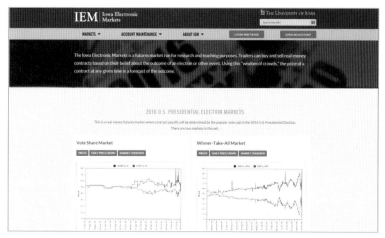

미래 사건에 의해 손익이 결정되는 주식이 거래되는 아이오와 가상시장의 홈페이지.
2016년 미국 대선 때는 특정 후보의 당선 여부에 따라 손익이 결정되는 계약이 거래되었다.

    칼럼니스트인 제임스 서로위키James Surowiecki는 자신의 2004년 베스트셀러인《집단의 지혜가 비즈니스와 경제, 사회에 미치는 영향》The Wisdom of Crowds에서 무척 흥미로운 주장을 했다.

    "적절한 상황이 갖춰지면, 집단은 놀랄 만큼 영리하다. 대부분의 경우 집단에서 가장 똑똑한 개인보다 집단지성wisdom of crowds이 더 우수하다."[1]

    서로위키는 여러 사례를 통해 한 명의 전문가에게 의존하는 것보다 집단지성이 문제를 더 정확히 해결할 수 있음을 증명했다. 거대한 집단에 속한 개개인의 다양한 느낌, 의견, 신념, 그리고 예측을 모으고 분석하는 방식이 더 낫다는 사실을 밝혀낸 것이다. 그는 자신의 가설을 증명하고자 19세기 영국의 대학자인 프랜시스 갈튼Francis Galton의 실험을 인용한다. 갈튼은 마을축제에서 사람들이 황소 무게를 눈대중으로 맞추려는 광경을 목격했다. 많은 사람들이 추정한 무게의 평균치는 그 어떤 개인의 추정치보다 실제 황소 무게에 가까웠다. 최근에도 유사한 실험이 있었다. 56명의 학생에게 항아리에 들어 있는 콩의 개수를 어림잡아 보게 했는데, 전체 추정치 평균은 871개로 실제값인 850개에 거의 근접했다. 이 실험에서도 평균값보다 더 정확히 예측한 개별 추정치는 없었다.

집단지성은 여론조사와는 다르다. 단순히 많은 사람들의 의견이 아니라, 적극적 관심을 갖고 참여하는 일정 규모 이상의 구성원 의견이어야 한다. 이러한 '적절한 상황이 갖춰질 때' 다수를 통해 수집된 데이터가 잘못 해석될 가능성도 줄어든다.[2] 페이스북, 트위터 같은 기업들은 집단지성을 최대한 활용하기 위해 새로운 가상세계를 만들었다. 사람들은 그 가상세계에서 즐거운 시간을 보내거나, 통찰력과 정보를 얻을 수 있다. 아이오와 가상시장Iowa Electronic Market 같은 가상의 주식거래소는 크라우드소싱을 활용해 선거결과나 통화정책을 예측한다.[3]

비즈니스 세계를 변화시키는 크라우드소싱

집단지성에 대한 대중의 관심이 커진 지 채 10년도 되지 않아, 많은 기업들이 집단지성을 비즈니스에 적용했다.

- 크라우드펀딩crowdfunding 개인이 비즈니스나 비영리 활동에 대한 아이디어를 온라인상에 올린 후, 이에 투자하거나 후원할 의향이 있는 사람들을 모집한다. 다수의 선택과 판단으로 어떤 아이디어가 최상의 투자가치가 있는지 결정한다(예: Kickstarter.com, DonorsChoose.org).

2004년 파산위기에 몰렸던 레고LEGO는 고객들이 상품개발 아이디어를 크라우드소싱 정보로 제안하게 하여
혁신적 상품들을 내놓으며 부활했다. 사진은 '2014 크라우드소싱 위크 유럽'에서 레고의 사례 발표 장면.

■ 크라우드솔빙crowdsolving 하나의 공개된 문제에 대해서 많은 사람들이
해결방안을 탐색하고, 최적의 해결책을 만들어낸다. 2012년에 GE가
일반대중을 상대로 개최한 공개 경진대회가 대표적 사례이다. 이 대
회에서 GE는 데이터를 기반으로 여객기가 활주로와 게이트에 도착
하는 시간을 예측하는 문제를 풀고자 하였다(예: Phylo, Kaggle.com).

■ 크라우드빌딩crowdbuilding 복잡하고 큰 문제나 프로세스를 작은 단위로
분할한 후, 각각의 파트를 사람들 간의 경쟁 또는 협력으로 설계하는
방식을 의미한다. 일반적 외주와 비슷한 방식이지만, 실제 작업자의
이름이 결과물에 남는다는 점이 다르다(예: Linux 개발).

■ 크라우드크리에이팅crowdcreating 로고·의상 디자인 등의 창의적 작업에
고객이나 일반인들이 함께 참여 상품가치를 높이는 방식이다(예:
99design.com, threadless.com).

많은 사람이 모이면 교통체증이 발생하듯이 다수의 의견이 항상 지혜롭거나 정확한 것은 아니다. 집단지성이 발현되기 위해서는 몇 가지 조건이 갖추어져야 한다. 이 조건들은 건강한 조직문화의 특징이기도 하다.

- **다양성** 서로 다른 생각과 관점, 의견이 의사결정을 뒷받침할 수 있어야 한다.
- **독립성** 집단에 순응한 생각이 아니라, 각 개인이 내린 최선의 판단을 바탕으로 참어할 수 있어야 한다.
- **정보의 분권화** 정보가 최대한 풍부하게 수집될 수 있어야 한다.
- **의미 있는 통합** 목적과 맥락에 부합하는 정보를 선별, 정확히 해석할 수 있어야 한다.

오늘날 인터넷 기반 기술은 다양하고 독립적인 정보를 풍부하게 수집하는 데 도움을 준다. 자유롭고 유연한 방식으로 연결된 사람들은 이 데이터를 통해 현실을 다채롭게 해석해낸다. 이 같은 시장의 원리를 비즈니스에 활용하는 것이 크라우드소싱의 핵심이다. 제임스 서로위키는 지금까지 기업이 시장의 특성과 다르게 움직였다는 점을 인식해야 한다고 주장한다.

"기업은 직원들에게 갖고 있는 기대치를 기준으로 그들에게 보상하려고 한다. 반면, 시장에서는 기대치가 아니라 실제로 무엇을 했는지에 따라서 보상받는다. 기업에서 구성원들은 정보를 숨기려고 한다.

> "크라우드소싱 기반 평가는 모든 구성원들이 참여하는
> 일종의 조직 내 시장을 만든다. 이 새로운 시장에서
> 사회적 인정은 제도를 활성화하는 원동력이 된다."

반대로 시장은 사람들이 새롭고 가치 있는 정보를 찾도록 장려하며, 그 정보를 모든 사람들이 알 수 있게끔 한다. 이러한 시장 메커니즘이야말로 기업이 추구해야 할 방향성이다. 기업은 이제 구성원들이 사적 정보를 서로 공유하고 이를 적극 활용하도록 장려하는 방법을 모색해야 한다."[4]

직원들이 누군가에 대해 가지는 사적 정보는 단순히 사실 그 자체만을 의미하진 않는다. 자신만의 해석과 분석, 심지어는 직관까지도 포함할 수 있다.[5] 누군가의 바람직한 행동에 집중하면, 그들의 행동이 성과에 어떻게 연결되고 기여하는지 찾아낼 수 있다. 이 과정에는 단순한 사실의 집합이 아니라 관찰에 대한 해석과 분석이 수반된다. 이 정보들을 조직 내에 공유하고 이를 통해 평가하는 새로운 시장원리 기반 평가를 위해서는 무엇이 필요할까? 바로 '사회적 인정'이다.

사회적 인정은 구성원들이 서로에게 관심을 가지고 반응을 보이는 계기를 만든다. 그렇지 않았다면 주의 깊게 관찰되지 않거나 무시되었을 정보들이 평가의 근거로 활용된다. 기존의 위계중심 조직을 시장원리 중심의 조직으로 변화시킨다. 이 새로운 시장에서 사회적 인정은 거래의 원동력이다. 그리고 성과에 대한 정보는 화폐 같은 역할을 한다.

새로운 평가제도에 활용할 수 있는 개념과 상관관계를 요약해 보자.

사회적 인정 데이터를 활용한 구성원 성과 판단

| 구성원 상호작용 (사회적 인정) | 대규모 데이터 생성 (크라우드소싱) | 데이터 의미 부여 (집단지성) | 성과평가 근거 도출 (성과지표) |

- 사회적 인정은 바람직한 행동에 대한 데이터를 수집(크라우드소싱)하고, 이 정보를 바탕으로 성과에 관한 유의미한 결과를 도출(집단지성의 활용)하는 출발점이다.

- 크라우드소싱은 수많은 개인들의 참여input로 생성된 방대한 양의 데이터를 취합하는 것을 의미한다(앞서 예로 든 항아리 속 콩 개수 맞추기 사례를 떠올려 보라. 56명의 학생들이 항아리에 든 콩 개수를 개별적으로 예측하던 것이 이에 해당한다).

- 집단지성은 이러한 데이터들을 의미 있는 방식으로 가공하고 해석하는 것을 의미한다(학생들이 추측한 콩 개수를 모두 모아, 평균값을 구한 것이 이에 해당한다).

위의 그림을 보면 위의 3가지 개념이 활용되는 과정을 한눈에 확인할 수 있다. 그림과 같이 순차적으로 3가지 개념을 적용하여, 성과평가에 활용할 수 있는 의미 있는 결과값을 얻을 수 있다.

사회적 인정이 활성화된 조직을 상상해 보자. 구성원들은 다른 이가 노력하거나 성취한 순간에 공식적으로 인정한다. 구성원 간에 사회적 인정이 이루어지는 수많은 '인정의 순간들'에 구체적 크라우드소싱 데이터가 HR 시스템에 쌓여 축적된다. 직원들의 업무성과와 능력에 대한 다종다양한 데이터들이 쌓이기 때문에 결국 특정 직원의 평균적 성과 수준을 판단할 수 있다. 이러한 데이터는 개인 성과뿐만 아니라 조직의 성과를 평가하는 근거로도 활용 가능하다(7장에서 이에 관해 더욱 상세하게 다룰 예정이다).

네트워크를 확장하면
더 많은 정보를 얻을 수 있다

크라우드소싱 기반 평가는 다양한 사람들로부터 다양한 사람들에 대한 의견을 모으는 과정이다. 4가지 유형의 기본 커뮤니케이션 모델을 도식화한 그림을 보면 다수의 사람들이 어떻게 정보를 주고받는지 구조적으로 이해할 수 있다.

듣는 사람과 말하는 사람의 수를 기준으로 보자. 1사분면은 다수의 참여자로 이루어진 네트워크형 커뮤니케이션을 나타낸다. 반면 3사분면은 개인 간 대화형 커뮤니케이션 방식을 나타낸다. 당연히 네트워크형 커뮤니케이션 방식에 더 많은 정보가 있을 수밖에 없다.

이 모델을 평가모델로 바꾸어 보자. 4가지 유형의 기본 커뮤니케이션 모델을 성과평가 모델로 도식화하면 4가지 유형의 기본 성과평가 모델이 도출된다.

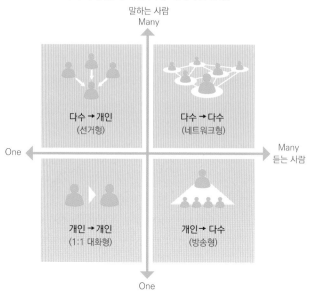

4가지 유형의 기본 커뮤니케이션 모델

말하는 사람
Many

다수 → 개인
(선거형)

다수 → 다수
(네트워크형)

One

Many
듣는 사람

개인 → 개인
(1:1 대화형)

개인 → 다수
(방송형)

One

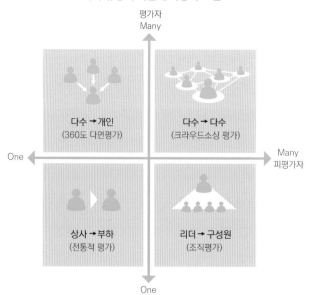

4가지 유형의 기본 성과평가 모델

평가자
Many

다수 → 개인
(360도 다면평가)

다수 → 다수
(크라우드소싱 평가)

One

Many
피평가자

상사 → 부하
(전통적 평가)

리더 → 구성원
(조직평가)

One

　3사분면은 평가자와 피평가자로 구성된 전통적 방식을 나타낸다. 이 방식에서는 2명의 정보에 의존하여 대화가 진행된다. 반면, 1사분면은 모든 구성원이 성과평가 정보를 제공할 수 있는 최적의 환경을 나타낸다. 2사분면의 360도 다면평가는 한 사람에 대해 다수로부터 평가정보를 획득하나, 보통 특정 시점에 HR에 의해 사전에 제한된 평가자가 참여한다는 측면에서 크라우드소싱 방식이라 보기 어렵다.

　이제 새로운 평가제도를 바로 도입할 수 있을까? 아직은 아니다. 새로운 제도하에서 정보의 양은 급격히 많아진다. 이 중 평가에 필요한 정보를 해석하고 이해 가능하도록 해야 한다. 사회적 인정 프로그램, IT 인프라, 관리자의 새로운 역할, 기업문화가 동반되어야 한다.

수많은 '주관'이 모여 '객관'을 형성한다

한 명의 판단에는 주관이 개입될 수 있다. 하지만 사회적 인정 프로그램은 수많은 주관적 생각들이 모여 객관적 결과를 이끌도록 한다. 사회적 인정은 대부분 공개적이다. 더불어 인정은 개념적으로 회사와 개인의 목표 및 가치가 연결된 순간에 일어난다. 이를 통해 관리자나 직원들이 가진 편견이나 주관적 시각은 점차 줄어든다. 사회적 인정을 통해 얻은 데이터는 평가자가 제대로 측정한 성과와 그렇지 못한 성과를 확인하고 균형을 찾도록 돕는다.

크라우드소싱 기반 평가가 제대로 작동한다면, 개인의 인식과 현실 사이의 차이를 볼 수 있다. 스스로 우수한 팀플레이어라고 자부하는 직원이 있다고 가정해 보자. 그는 다른 사람들이 자신을 좋아한다고 생각해서 스스로를 팀플레이어로 인식하고 있다. 하지만 크라우드소싱 기반 평가 결과, 그를 우수한 팀플레이어라고 인정한 동료는 없다면, 또는 다들 그의 개인적 성과나 스킬에 대해서는 인정했지만 아무도 그를 팀플레이어로 인정하지 않는다면 무엇을 의미할까.

이제 관리자는 객관화된 증거를 가지고 그와 함께 이 이슈에 대해 논의할 수 있다. 물론 해당 직원이 인정받지 못했을 뿐, 그가 적극적으로 협업하지 않았다거나 팀워크를 와해시켰다는 것을 의미하지는 않는다. 단지 경험이 많지 않은 리더가 협업의 중요성을 강조하지 않아 발생한 이슈일 수도 있다. 이에 대해 좀더 알아보기 위해, 관리자와 직원은 관련된 일화와 긍정적 피드백을 활용하여 풍성한 대화를 나눌 수 있다.

사회적 인정은 바람직한 행동에 대한 구성원 의식을 고취시킨다. 사람들이 무엇을, 언제 해야 하는지 감추는 대신 오히려 공개적으로 공유할 것을 장려한다. 수평적이고 자율적인 일터에 잘 어울리고, 조직문화의 잠재적 이슈를 해결할 수 있다.

제임스 서로위키는 수평적 조직의 경우에도 대부분 제한된 정보공유 이슈가 있음을 지적한다. 특정 집단의 유익한 정보가 다른 구성원에게 항상 공유되지는 않는다. 나름의 소통 시스템을 갖춘 경우에도 말이다. 사회적 인정이 이러한 문제점을 해결하는 데 기여할 수 있다. 그는 정보

공유의 이상적 상태를 다음과 같이 정의했다.

"구글 검색엔진이 작동하는 방식을 보자. 구글은 웹페이지를 만들어 내는 수백만, 수천만 명의 운영자들, 그리고 그 웹페이지에 참여하는 사람들 각각의 단편적 지식에 근거한다. 수많은 작은 정보와 지식이 모여 구글 검색엔진을 더 똑똑하고 빠르게 작동하게끔 한다. 조직 또한 마찬가지다. 개개인이 보유한 단편적 지식이나 사적 정보들이 시스템적으로 모이면 이상적 상태에 도달할 수 있다."[6]

집단지성으로 기업문화를 바꾸다

현재 우리는 경영방식의 혁명적 변화 앞에 서 있다. 전략적 리더들은 과거 철저하게 경영진 주도로 이루어지던 경직되고 위계적인 경영방식에서 탈피하고 있다. 팀 중심의 협업과 목표설정, 구성원들이 서로 자유롭게 정보를 주고받는 내부 정보시장 등이 주목받고 있다.

유능한 관리자들은 정보와 지식의 가치를 잘 알고 있다. 일터의 지식이란 단순히 사실을 암기하는 것을 의미하지 않는다. 사실, 경험, 직관, 이해, 통찰, 기억, 인상, 느낌 등의 모든 것을 능수능란하게 다루고 처리하는 것이야말로 진정한 의미의 지식이다. 지식은 교류를 통해 공유되며 말이 아닌 행동을 통해 선명하게 표출된다.

사회적 인정은 구성원들이 서로의 성과를 공개적으로 인정하도록 장려한다. 물론 인정을 위해서는 목표와 핵심가치를 고려해야 한다. 이런 판단은 사전에 만들어진 시나리오가 아니라, 지식의 모든 구성요소(경험, 직관, 통찰 등)를 활용할 때 정확히 이루어진다. 개개인이 통찰력을 발휘해 발굴한 사회적 인정은 직원과 관리자 모두에게 도움이 된다. 또한 시간의 흐름에 따라 축적된 조직 차원의 통찰 역시 큰 가치를 창출한다.

제트블루의 부사장이자 HR 총괄인 조안나 게라그티 Joanna Geraghty 는 다음과 같이 설명했다.

"집단지성은 당신에게 많은 것들을 알려 줄 수 있다. 이를 활용해 당신은 누가 영향력이 있는 사람인지, 누가 놀라운 성과를 달성하고 있는지 알 수 있다. 관련 데이터를 검토하고 해석하여 프로그램이나 제도를 설계하라. 감사Thank-you 프로그램이 됐든 보상제도가 됐든 상관없다. 집단지성을 조직에서 활용하면, 당신은 무궁무진한 일을 해낼 수 있다."[7]

HR은 집단지성의 메커니즘을 활용하여 평가를 비롯한 다양한 분야의 변화를 이끌 수 있다. 예를 들어 최적의 팀을 구성하는 데 활용할 수 있을 것이다. 스킬, 경험, 그리고 정보공유 의지나 진취적 성향과 같은 기질적 요소들을 종합적으로 고려하면서 말이다. 실제로 많은 HR 임원들이 이런 정보를 얻기 위해 평가도구나, 관리자들이 관찰한 내용, 그리고 업무결과를 살펴본다. 여기에 모든 직원들에 대해 세밀한 정보를 생성해내는 사회적 인정 시스템을 추가적으로 활용한다면, HR과 관리자들은 좀더 풍성한 데이터를 확보할 수 있을 것이다.

크라우드소싱 기반 평가는 기업문화의 측면에서 더 큰 변화를 이끌어낸다. 신뢰, 긍정, 책임의 공유로 대표되는 협업문화는 기존의 수직적 평가방식으로 촉진될 수 없다. 협업문화는 단순히 직원들의 기분을 좋게 하기 위해 있는 것이 아니다. 빠르게 변화에 적응하고, 창의적이며, 역동적인 조직을 위해 추구하는 것이다. 최근의 변화속도를 보라. 협업 없이는 따라갈 수 없다. 조직이 치열한 경쟁에서 살아남고 승리하기 위해서는 협업기반 조직문화가 필요하다.

크라우드소싱 기반 평가는 변화속도에 대응하는 구성원의 문화적 습성cultural habits과 적극적 참여를 강화한다. 1장에서 논의했듯이, 밀레니얼 직원들에게 새로운 평가방식은 SNS, 사회적 관습과 같이 자연스럽게 받아들여질 것이다. 이러한 참여와 의견 제시가 익숙하지 않거나 불편한 직원들을 위해 긍정적인 사회적 인정 프로그램에 집중하는 것이 바람직하다. 근본적으로는 자신의 생각을 터놓고 공유하고 동료들의 성과에 관심을 가지는 습관이 필요하다.

협업의 문화에서는 직원에 대한 확정적이며 최종적인 평가를 한 사람이 좌지우지할 수 없다. 구시대적 경영진과 통제에 익숙한 리더들은 이런 면을 달갑지 않게 생각한다. 집단지성이 그들이 가진 권한을 앗아갈 것이라고 생각하기 때문이다. 하지만 이런 생각은 오해다. 근본적으로 관리자는 직원들을 독려해 전체 목표를 달성할 책임이 있다. 그들은 사회적 인정을 통해 생긴 추가적 정보가 자신들에게 유익하다는 사실을 알아야 한다. 관리자들은 이 정보를 활용해 더 지혜로운 의사결정을 내릴 수 있다. A·B·C 등급을 넘어선 판단이 가능해진다. 또한 그들은 자신들이 몰랐던 직원들의 소소하고 가치 있는 면모를 확인할 수 있다.

협업은 일하는 방식을 변화시킨다. 일하는 방식의 변화는 HR 제도의 변화보다 더 큰 의미를 지닌다. 앞서 살펴봤듯이, 협업을 위해서는 기술적 지원과 동시에 관리자의 의사결정능력을 향상시키는 행동의 변화가 함께 필요하다.

사회적 인정은 기업문화에 기여하는 건강한 생활습관과 같다. 바람직한 행동을 장려하고, 불필요하거나 바람직하지 않은 행동은 저지한다. 또한 크고 작은 업무활동에서 긍정적 문화의 흔적들을 찾아낸다. 구성원의 노력수준이나 영향력 크기를 구분할 수 있게 되면, 각각의 행동에 대한 보상도 다르게 할 수 있다.

본질적으로, 사회적 인정은 성과관리를 참여적으로 변화시키는 것이다. 회사에서 일어나는 업무활동의 90%는 이를 지켜보는 관찰자가 있거나, 그 결과가 다른 구성원에게 영향을 미친다. 하지만 관리자는 일상을 목격하지 못하는 경우가 비일비재하다. 안타깝게도 실제로 업무수행 과정과 결과를 직접 목격한 관찰자는 성과를 인정하거나 보상할 책임과 의무가 없다. 이러한 측면에서 사회적 인정은 구성원 모두에게 성과향상을 위한 유인책을 제공하는 것과 같다. 즉, '일을 잘하는 누군가를 찾아낼' 권한을 전 직원에게 부여하는 것이다.

4장에서 우리는 문화적 측면에 대한 이야기를 나눌 것이다. 하지만 그전에 선행되어야 할 질문들이 있다. 무엇이 협력을 이끌어내는가? 어떻게 성과향상을 유도할 수 있을까? 정보화 시대에 창의성과 혁신에 박차를 가할 원동력은 무엇인가? 금전적 보상? 사회적 명성? 자부심? 이보다 훨씬 더 근본적인 가치는 무엇일까?

정답은 바로 행복이다.

행복이 성공을 이끌도록 하라

The Currency of Happiness

하이드로랩의 CEO인 트레버는 회사를 설립하며, 비즈니스의 성공은 물론 일하기 좋은 회사를 만드는 것을 목표로 삼았다. 이를 위해서 성공한 사업가들의 사례를 찾아 배우고, 조직심리학 교수의 자문을 받기도 했다. 설립 초기부터 다음과 같은 기본원칙을 세우고 지켜왔다. 덕분에 비즈니스 성과가 미진했던 시기에도 직원들의 사기는 높은 편이었다.

- 직원의 행복이 고객의 행복이다. Safe employees and safe customers.
- 결단력을 가지고 선택하고, 선택한 것에 집중하라. Show focus and determination.
- 신의성실을 매일같이 실천하라. Demonstrate integrity daily.
- 몰입·에너지·열정을 기르자. Nurture engagement, energy and enthusiasm.
- 실행 시 협력하라. Unite in execution.

작은 스타트업start-up으로 시작하여 이제는 글로벌기업으로 성장했다. 비즈니스는 성공하고 있었지만, 10여 년이 지나가며 4번째 기본원칙은 점차 와해되고 있음을 느꼈다. 50명 규모의 스타트업에서 구성원의 열정과 에너지를 찾고 확대하는 것은 어렵지 않았다. 그러나 8천 5백 명 규모의 글로벌기업에서는 쉽지 않았다. 급여와 복리후생 수준을 높였음에도 과거에 충만했던 에너지와 몰입수준을 되찾기에는 역부족이었다. 조직이 확대되고 직원 수가 늘어남에 따라, CEO 혼자의 힘으로 구성원을 보살피고, 기업문화를 유지하는 데 한계를 느꼈다.

트레버는 레베카를 HR 총괄 부사장으로 영입하고, '긍정의 힘이 가득한 직장'positivity dominated workplace을 위한 업무를 전담하도록 했다. 그리고 최근 대대적 평가제도 개편을 지시했다. 레베카 부사장은 기존의 제도 전체를 바꾸는 대신, '사회적 인정' 시스템을 평가에 연계하는 아이디어를 제시했다. 구성원 간의 인정이 조직문화에 도움이 될 것은 분명해 보였지만, 성과와 어떤 관련이 있는지 트레버는 궁금해했다. 레베카 부사장이 답변했다.

"인정은 전 직원이 기업성과에 기여하는 행동에 관심을 갖고 관찰하게 만듭니다. 이를 통해 조직 내 긍정적 분위기가 확산됩니다. 그리고 구성원들은 우수한 성과가 무엇인지 제대로 이해하게 됩니다. 일반적으로 사람들은 본인이 옳은 일을 했다고 느낄 때 기쁨을 느낍니다. 그리고 그 기쁨을 계속 느끼기 위해 옳은 일을 반복하려는 성향이 있습니다. 그렇기 때문에 누군가 옳은 일을 했을 때 인정해 주면, 그 행동이 강화되어 궁극적으로 성과를 달성하게 됩니다."

2012년 4월, 6백 명 이상의 정계·학계·종교계 리더들과 시민들이 국가발전의 새로운 패러다임을 논의하기 위해 UN 본부에 모였다. 이때, 세계 최빈국 중 한 나라에서 온 남자가 행복에 관해 연설하려고 연단에 섰다. 그는 부탄의 총리인 지그미 틴레이Jigmi Y. Thinley였다. 부탄은 국내총생산GDP: Gross Domestic Product을 대체할 새로운 국가 성장지표를 찾고자 했다.

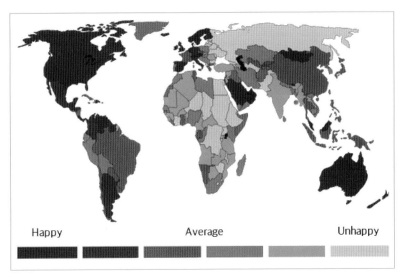

Happy　　　　　　　Average　　　　　　Unhappy

국민의 전반적인 삶의 질을 파악할 수 있는 GNH는 문화권이나 국가별로 다르게 나타난다.

　2005년부터 부탄은 시범적으로 국내총행복GNH: Gross National Happiness 을 측정해왔다. GNH는 GDP의 확장판이다. GNH는 GDP에서 놓치는 생태계의 활력, 교육성과, 건강, 국가 관리방식의 질과 수준, 감정적·정서적 복지, 생활시간까지 포함해 국가성장을 가늠한다. 시장거래에 국한된 통계수치인 GDP에 비해, GNH 지수는 국가 전반의 상황을 좀더 잘 반영한다.

　행복을 측정한다는 GNH의 개념이 비현실적으로 느껴질 수 있다. 그러나 GNH는 오랫동안 학문적 연구를 통해 새로운 국가 성장지표로 논의되어온 지표다. GNH에 따르면 행복은 측정 가능하다. GNH 모델에 관한 자세한 내용은 www.grossnationalhappiness.com에서 확인할 수 있다.

　일터에서도 행복에 대해 생각해 보아야 한다. 이윤은 비즈니스의 원동력이지만 목적 그 자체는 아니다. 보상은 일에 대한 대가이며 만족을 주지만, 사람은 금전적 안정의 욕구만으로 살 수 없다. 세상에는 수많은 불행한 부자들이 있다.

진정한 성공을 위해서는 행복이 필요하다. 행복은 과학적 연구가 진행되는 학문의 한 영역일 뿐 아니라, 최근 비즈니스 분야에서 떠오르는 주제다. 행복한 구성원이 이익을 창출하고, 조직의 성공에 오랫동안 기여한다는 사실은 많은 연구를 통해 증명되고 있다. 리더들 또한 기업의 견고한 경쟁력과 지속가능성에 행복의 가치가 필요함을 역설한다.

자포스Zappos는 '행복추구'라는 도전적 시도가 핵심가치에 어떤 영향을 주는지 알려 준 대표적 사례다.《딜리버링 해피니스》Delivering Happiness의 저자이기도 한 CEO 토니 셰이Tony Hsieh는 '행복한 기업문화'를 최우선시했다.[1] 사람들은 아무도 주목하지 않았지만, 자포스는 치열한 온라인 리테일 시장에서 영향력 있는 기업으로 성장했다. 이후 아마존이 자포스를 10억 달러에 인수하면서 행복한 기업문화에 대한 대중적 관심이 커졌다. 행복한 직장이야말로 최적의 근무환경을 의미한다.

탈 벤샤하르Tal Ben-Shahar는 행복을 연구하는 학자로, 그의 긍정 심리학과 리더십 강의는 하버드대 최고 인기 과목 중 하나다. 그의 연구에 따르면 사람이 행복이 느끼려면 몇 가지 조건이 지속적으로 충족되어야 한다.[3] 그가 제시한 요소 중 다음 3가지는 특히 성과관리와 관련성이 높다.

1st
즐거움과 의미가 함께할 때, 행복을 느낀다

자신의 일에 몰입한 사람들은 본인의 업무를 즐긴다. 단순히 즐거울 뿐만 아니라, 그 일이 자신에게 중요한 의미를 지닌다고 믿는다.

2nd
행복은 개인의 마음 상태에 달렸다

사람들은 매일 경험하는 수많은 일에 대해 긍정적 혹은 부정적 태도를 정한다. 그 인식 차이가 행복감의 수준을 결정한다. 만약 상사가 일을 잘했다고 칭찬하면 어느 직원이든 만족감을 느낄 것이다. 반면 상사가 비판적 견해를 갖고 피드백한다면 어떨까? 그 직원은 이를 실패에 대한 질책으로 볼 수도 있고, 성장과 발전의 계기로 삼을 수도 있다. 어떤 경우든 상사의 의도나 사실 자체보다 이를 받아들이는 직원의 해석에 따라 행복 여부가 결정된다.

3rd
감사를 표현하면 행복이 커진다

오래전부터 많은 전문가들은 "고맙습니다" 라고 말하는 것이 행복감을 증진시킨다고 주장해왔다. 최근의 심리학 연구들은 감사를 표현하는 것이 말하는 사람과 듣는 사람, 양쪽 모두에게 유익하다는 사실을 입증했다.

"남의 성취를 인정하고 감사를 표현하면,
받는 사람뿐 아니라 표현하는 사람의 행복도 증진시킨다."

하버드의 심리학자 댄 길버트Dan Gilbert는 그의 저서《행복에 걸려 비틀거리다》Stumbling on Happiness[4]에서, 목표를 달성해가는 가시적 과정 또한 행복을 증진시킨다고 주장한다. 직장에서 한 번쯤 경험했을 상황을 생각해 보자. 자정을 넘길 정도로 바쁜 일정이지만, 기존에 없던 새로운 것을 만들어낸다는 성취감에 동료들은 헌신적으로 일한다. 목표를 향해 전진한다는 생각, 현재보다 더 나은 무언가의 일부가 된다는 기대, 내가 누군가를 도울 수 있고 누군가 나를 돕고 있다는 가치는 행복을 느끼게 해준다. 이런 시기는 대체로 회사의 전설적 성장기에 자주 나타난다. 구성원들은 매 순간 목표를 향해 나아간다고 확신한다. 행복은 목표가 실현되는 종착지뿐만 아니라 이를 향해가는 과정에도 실현된다.

하버드 비즈니스 스쿨의 테레사 아마빌Teresa Amabile과 스티븐 크래머 Steven Kramer는 흥미로운 연구를 진행했다. 이들은 7개국 238명의 전문직 종사자들에게 근무시간 동안 느끼는 다양한 심리상태를 실시간으로 기록하도록 했다. 그들은 〈뉴욕타임스〉에 아래와 같이 연구결과를 요약하여 기고했다.

"압박이 성과를 향상시킨다는 것이 사회적 통념이다. 하지만 6만4천 건의 실시간 데이터에 근거한 우리의 연구를 살펴보면 사실은 정반대다. 사람들은 즐거운 마음으로 몰입할 때 더 나은 성과를 달성한다. 특히 의미 있다고 느끼는 일에서 진전을 이룰 때 몰입은 가장 커진다."[5]

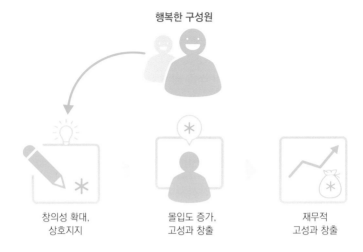

행복한 구성원

창의성 확대,
상호지지

몰입도 증가,
고성과 창출

재무적
고성과 창출

이 연구는 과정에 대한 인정의 중요성을 알게 해준다. 작은 진전이더라도 그 중요성과 의미를 알아봐 주고 인정하는 것이 필요하다. 상사나 동료 누구나 할 수 있다. 적절한 시점에 잦은 인정의 표현은 구성원 간 호감을 높이고 긍정적 분위기를 조성한다. 물론 전통적 방식대로 1년에 한 번의 평가를 통해 진척도와 달성도에 등급을 매기고 훈계할 수도 있다. 둘 중 무엇이 직원을 행복하게 할까? 생산성 향상에 무엇이 더 도움이 될까?

물론 모든 일에는 고통과 어려움이 있다. 모든 위대한 일에는 영광의 시간과 더불어 수많은 스트레스와 좌절, 혼란의 시간이 함께한다. 중요한 것은 행복을 느끼는 찰나의 순간이 아니라 스스로를 행복한 존재로 인식하는 굳건한 믿음이 있느냐이다. 비록 매 순간이 즐겁지 않더라도 서로 의지하고 힘을 북돋우는 구성원들은 스스로를 행복한 존재로 여긴다. 그들은 현재의 삶에 만족하고 자신감으로 충만하며 긍정적이다.

단순히 편안하고 힘들지 않은 생활이 사람들을 이전보다 더 행복하게 만드는 것이 아니다. 오히려 행복에 대한 진실은 이와 반대다. 수많은 기업가와 여러 사례들이 증명하듯, 사람들은 매우 불확실한 환경에서 큰 행복을 얻기도 한다. 마음을 다잡는 것 외에 별다른 방도가 보이지 않는 최악의 상황에서도 말이다. 그간의 많은 연구와 경험들은 일터에서의 행복이 얼마나 가치 있는지 말해 준다. 구성원들의 사기진작은 생산성 증대와 재무적 성과로 이어진다.

그렇다면 어떻게 행복을 증진시킬 수 있을까? 급여인상이 필요한가? 애초에 의욕이 넘치는 사람들을 채용해야 하는가? 성취에 방해되는 요소들을 모두 제거해야 하나? 구성원의 주도성을 높여야 하나? 물론이다. 이러한 조치들은 모두 '긍정의 힘이 가득한 일터'positivity dominated workplace 를 만드는 요소의 일부이다. 조직이 어떤 문화를 지향하든 구성원 모두가 서로의 행복을 증진시키는 데 기여할 수 있다면 말이다.

구성원의 욕구에도 단계가 있다

잘 알려진 에이브러햄 매슬로Abraham Maslow의 '인간욕구 5단계 이론'은 기업경영의 측면에서 인정의 효과에 대한 시사점을 제공한다. 매슬로에 따르면 인간의 욕구는 생존에 필요한 생리적 욕구에서 출발해 안전, 사회적 관계, 존경과 인정, 그리고 자아실현의 욕구로 나아간다.

조직 내 인정은 매슬로 이론의 고차원적 욕구들을 충족시킨다. 소속감과 사회적 관계를 넘어, 자존감과 자아실현을 성취하는 기폭제가 된다. 직장에서 이러한 욕구를 충족하는 사람은 본인의 일을 사랑하고,

그 일을 통해 자신의 정체성을 확립하며 만족감을 얻는다. 이런 구성원이야말로 해당 조직에 가장 적합한 인재가 된다.

　욕구의 단계가 올라갈수록 충족되는 형태나 모습은 개인에 따라 달라진다. 생리적 욕구는 누구나 비슷하다. 최소한의 음식과 물이 있다면 충족된다. 그다음 단계인 안전의 욕구도 마찬가지다. 생리적 욕구보다 개별적이지만, 기초적 안전 수준에 대해서는 어느 정도 공통된 합의가 존재한다. 즉, 낮은 차원의 보편적 욕구는 충족시키기가 상대적으로 수월하다. 반면, 욕구의 차원이 높아지면 양상이 달라진다. 사회적 관계 형성이나 존경, 자아실현의 욕구는 개개인마다 추구하는 모습이 다르다. 개인별로 원하는 형태나 조건이 다른 욕구라서 획일적 접근으로 충족시키기 어렵다.

매슬로의 인간욕구 단계 모델

**자아실현의
욕구**

존경의 욕구
명예, 권력, 성취 욕구

사회적 욕구
타인과의 관계, 인정, 소속 욕구

안전의 욕구
신체적, 감정적 안전, 위험회피 욕구

생리적 욕구
배고픔, 목마름 등 의식주에 대한 욕구

이러한 높은 단계의 사회적·정신적 욕구를 충족시키는 것이 바로 '인정'이다. 이는 구성원이 직무기술서에 언급된 것 이상의 업무를 수행하고 성과를 달성하게끔 만든다. 상사가 업무의 가치를 인정해 주고, 특정한 행동과 성과에 대해 보상하면 일터는 성취감을 느끼는 공간이 된다. 이러한 인정은 직원몰입도를 자연스럽게 향상시킨다.

비즈니스 소프트웨어 회사인 인튜이트는 리더십 모델의 일부로 직원욕구 단계 모델을 만들었다. 이 모델은 회사와 구성원 간의 관계를 매슬로의 욕구이론과 같이 계층적으로 설명한다. 즉, 안전과 정의에 대한 기초적 욕구에서 시작해 성취감과 소속감, 정체성 실현의 단계로 나아간다.

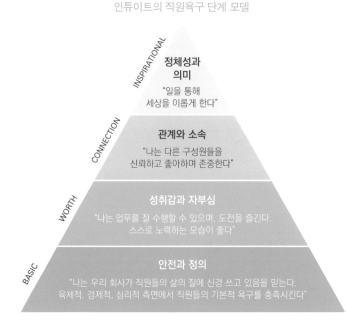

인튜이트의 직원욕구 단계 모델

INSPIRATIONAL
정체성과 의미
"일을 통해
세상을 이롭게 한다"

CONNECTION
관계와 소속
"나는 다른 구성원들을
신뢰하고 좋아하며 존중한다"

WORTH
성취감과 자부심
"나는 업무를 잘 수행할 수 있으며, 도전을 즐긴다.
스스로 노력하는 모습이 좋다"

BASIC
안전과 정의
"나는 우리 회사가 직원들의 삶의 질에 신경 쓰고 있음을 믿는다.
육체적, 경제적, 심리적 측면에서 직원들의 기본적 욕구를 충족시킨다"

인튜이트는 직원들의 욕구를 충족하는 길은 올바른 행동에 대한 인정에서 출발한다고 믿는다. 이런 믿음을 바탕으로, 그들은 직원들의 다양한 욕구를 만족시키기 위해 사회적 인정 프로그램을 활용했다. 그 결과, 인튜이트는 수년간 〈포춘〉Fortune이 선정하는 '일하기 좋은 기업'Best Place to Work에 이름을 올렸다. 인튜이트의 HR 부서에서 실시하는 설문조사 결과에 따르면, 직원의 93%가 "사회적 인정 프로그램이 지속적 고성과 창출에 동기를 부여해 준다"고 응답했다.

어떤 관리자들은 직원이 일자리를 얻었음에 감사해야 한다고 말하기도 한다. 실제로 고마움을 느낄 수도 있다. 하지만 이런 사고방식은 회사의 문화를 퇴행시킨다. 우수한 기업의 리더들은 감사를 받는 것이 아니라, 구성원에게 표현함으로써 그 힘을 활용한다.

구성원의 욕구를 충족하고 문화를 강하게 하는 '감사와 인정의 힘'은 무엇일까?

- **동기를 제공한다.** 사람들은 감사인사 받기를 좋아한다. 감사를 통해 직원들은 본인의 가치를 인정받는다고 느낀다. 더불어 그 행동을 바람직하다고 여기고 반복하게 된다.

- **인간적 관계를 강화한다.** 어떤 문화권에서든 감사인사는 사람들에게 힘과 용기를 준다. 또한 다시 받을 수 있다는 기대를 갖게 한다. 감사인사를 거절당하는 경우가 얼마나 있을까. 우리는 "고맙습니다"라고 말함으로써, 타인에게 인간적으로 다가갈 수 있다. 따라서 감사를 표현하는 능력은 리더에게도 중요한 자질이다.

- 구체적 피드백은 힘이 세다. "고맙습니다", 이 한 마디에는 많은 정보가 담겨 있다. 상호관계에서의 구체적 행동, 업적, 태도에 관한 반응이기 때문이다. 이 말은 특정 행동이 가치 있고, 중요하다고 믿게 한다.

- 자율적 문화를 만든다. 사람들에게 인정과 감사를 표현하는 것은 의무가 아니다. 개인 스스로가 판단하고 결정한다. 물론 감사받을 만한 행동을 하는 것 또한 본인의 몫이다. 감사는 직위고하와 관계없이 누구에게나 표현할 수 있다. 조직 내 계층을 관통하며 문화의 경계를 허문다.

- 그 자체로 강력하다. 모든 리더들은 감사를 표현하는 데 익숙하다. 국가지도자들은 군인들의 노고에 감사를 표하고, 시장은 위기상황에 빠르게 대응한 시민들에게 감사를 전한다. 현명한 경영자들은 공식적인 자리에서 회사의 성공을 직원들의 공으로 돌린다. 그만큼 감사를 통해 구성원들과의 강력한 심리적 유대관계를 형성할 수 있기 때문이다.

인정이 조직에 활기를 불어넣는다

많은 경영자들이 고객감정에 호소하는 브랜드의 힘은 인정하면서, 직원들의 감정이 갖는 힘을 간과하는 것은 아이러니하다. 그들은 소속감, 신뢰, 흥미와 같이 직원들에게 돈 이상의 의미를 지닌 일터의 가치에 대해 '배부른 소리'라며 쉽게 무시한다. 그러나 인적자원 관리의 본질은 직원들의 감정적 욕구와 에너지를 관리하는 경영 방법론이다. 즉, 경영자는 직원의 감정을 활용할 줄 알아야 한다.

관리자는 올바른 인정을 통해 인적자원 관리의 주요목표를 달성할 수 있다. 핵심인재의 이직률을 줄이고 성과를 향상시키는 것은 물론, 핵심가치에 부합하는 행동을 강화할 수 있다. 또한, 직접 인정받거나 곁에서 관찰하는 것만으로도 몰입과 긍정적 감정을 고양시키고 조직문화에 활기를 불어넣는다.

직원들에게는 돈, 그 이상이 필요하다

경영진은 조직문화가 중요하다고 역설하지만, 직원들은 '말로만 문화나 가치가 중요하다고 하지, 행동은 전혀 아니면서'라고 반응하는 조직, 혹시 이런 곳에서 일해 본 적이 있는가? 직원들의 이러한 냉소주의는 이미 만연하여, 전염병처럼 퍼져가고 있다. 많은 사람들이 무책임한 상사나 경영자에 대한 일화에 공감하며 비웃는 것은 이제 일상이 되어 버렸다. 그리고 실제로 이런 리더들이 2008~2009년 세계 금융위기를 야기했을 때, 대중은 격분하며 더욱더 냉소적으로 변해갔다.

반면, 잔인한 현실이라도 이를 직시하고 진정성 있게 행동하는 리더들은 정당하다고 인정받는다. 이러한 리더들은 아무리 작은 회사의 성장이라도 모든 구성원과 나누려 하고, 금전적 손해가 발생하더라도 문화와 가치를 해치지 않으려 한다. 경영진의 리더십과 권위의 견고함은 단순히 돈 위에 서 있지 않다. 직원들은 진실되고 개방적이며, 서로 감사할 수 있는 문화 안에서 숨 쉬며 일하고 싶어한다.

정체된 조직을 떠나는 사람들

당신은 직원을 그저 붙잡아 두고 있는가? 아니면 직원들의 충성심loyalty을 기르고 있는가? 이 둘의 차이점은 무엇인가? 미국의 컨설팅회사인 워크라이프 정책센터 The Center for Work-Life Policy가 실시한 설문조사 결과에 따르면, 2007년 6월과 2008년 12월 사이, 고용주에게 충성심을 가진 직원들의 비율이 95%에서 39%로 급락했다. 고용주를 신뢰하는 직원의 비율도 79%에서 22%로 떨어졌다.

또 다른 컨설팅회사 DDI가 실시한 조사에서도 유사한 경향이 나타났다. 절반 이상의 응답자가 본인의 직장을 '정체된 상태'로 인식했다. 이는 그들이 직장에서 전혀 흥미를 느끼지 못하고 승진가능성을 비관적으로 본다는 의미이다. 직장을 정체된 상태로 인식한 구성원들의 절반은 경기가 나아지는 대로 이직할 생각이었다. 경기가 좋지 않다면 이들은 현 직장이 아무리 싫더라도 그곳에 남아 있겠지만, 빨리 경기가 회복되어 이직할 수 있게 되길 바랐다.

구성원들의 이런 감정은 단기적 생산성과 장기적 경쟁력 모두에 커다란 타격을 준다. 이직의도를 가진 구성원의 대부분은 본인의 재능이 무시당하고 제대로 인정받지 못한다고 생각한다.[7] 경기가 나쁘거나 선택권이 제한되는 상황에서 직원들은 위험을 감수하기보다는 현 직장에 남는 쪽을 택한다. 이때 경영진이 직원의 충성심을 고취시키지 못하면, 경기가 좋아지고 또 다른 선택권이 주어지는 순간 이직률이 급등할 것이다.

긍정의 힘이 가득한 직장

HR 전문가들에게 '긍정의 힘이 가득한 직장'을 상상하도록 하면, 당장 고성과 조직을 떠올린다. 굳이 심리학 연구까지 인용하지 않더라도 전문가들은 긍정의 힘이 결국 재무적 성과와 연결됨을 알고 있다. 에너지, 생산성, 창의성 등이 촉진된 행복한 조직문화는 우수한 성과를 만들고, 궁극적으로 재무성과에 긍정적 영향을 미친다. 앞에서 언급한 바와 같이, 사회적 인정은 그 본질 자체가 긍정성을 기반으로 하기 때문에 긍정적 기업문화를 촉진한다.

필자는 사회적 인정 프로그램을 도입한 기업을 지속적으로 관찰했는데, 이것이 성공적으로 실행되면 고성과 문화가 확산·촉진·강화되는 선순환 구조를 보였다. 조직 구성원은 긍정적 상호작용과 호의를 갈망한다.

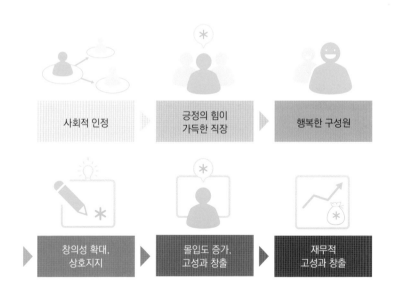

기업이 이러한 분위기를 확산하고 강화하려고 노력할수록 구성원들의 관심도 역시 높아진다.

우리는 조직에 존재하는 모든 부정적인 것들을 제거할 수는 없다. 그러나 긍정의 힘이 가득한 직장이 갖는 이점이 조직에 뚜렷하게 나타날수록 부정적인 힘의 영향력은 점차 상쇄된다. 사회적 인정에서 '사회적'social이란 표현이야말로 긍정의 힘이 가득한 직장을 만드는 데 핵심적 부분이다. 조직 구성원이 상호작용하며 서로에게 감사를 표현하는 것, 바로 이것이 행복한 조직을 만드는 비결이다. 또한 이것이 바로 '사회적'에 부합하는 모습이다.

다음 장에서는 크라우드소싱 기반의 긍정적 기업문화를 통해 어떻게 성과를 인정하고 향상시키는지 살펴보도록 하자.

사회적 인정을 활용한
크라우드소싱 성과관리를 시작하라

Crowdsourcing Performance
with Social Recognition

하이드로랩의 제품개발팀장 리즈는 직감에 의존하지 않는 편이다. 그녀는 데이터에 근거한 관리를 선호하며, 측정 가능한 것을 관리할 수 있다고 믿는다. 평소에도 직원들에게 사실에 근거한 정보가 좋은 관리의 시작이라고 강조한다. 하지만 결코 냉정하고 기계적인 사람이 아니라 그 누구보다 팀원들에게 인간적 관심을 가진 리더라고 여겨진다.

최근 하이드로랩은 최대 경쟁사였던 지오클린GeoClean을 인수했다. 우호적 합병이었지만 이에 따른 여러 과제들을 해결해야 한다. 대표적으로 변화된 비즈니스 환경을 반영하여, 모든 직원들의 성과목표와 업무의 우선순위를 수정해야만 한다. 이번 인수로 인해 조직의 주요목표와 업무는 완전히 바뀌었다. 연초 경쟁사인 지오클린에 타격을 주는 것이 목표였다면, 이젠 인수된 직원들을 환영하고 제품을 통합시키는 것이 주요 업무가 된 것이다.

리즈 팀장은 변화관리 계획을 스케치하기 시작했다. 새로 만들어진 통합 팀에 대한 단계적 프로그램과 새로운 업무목표를 설정하는 과제들을 몇 달 안에 모두 완료해야 한다. 누구에게 어떤 일을 맡겨야 하는지에 대한 결정은 쉽지 않았다.

리즈 팀장이 가장 먼저 한 일은 팀원들의 사회적 인정 그래프를 살펴보는 것이었다. 이를 통해 어떤 직원이 통합업무를 성공적으로 이끌 자질이 있는지 검토해 보고자 했다. 예상치 않게 프로젝트 관리팀의 막내 팀원인 다나의 영향력이 두드러졌다. 리즈 팀장은 다나가 유능한 직원이라고 생각했지만 그녀가 리더십이 있다고는 생각해 보지 않았다. 그러나 다나의 동료들은 계속해서 그녀의 집중력과 리더자질에 대해 언급했다. 리즈 팀장은 앞으로 다나가 중요한 역할을 할 수 있을지도 모른다고 생각했다.

한편, 프로그램 관리자 역할에는 로버트Robert가 적격이었다. 리즈 팀장은 로버트의 정확한 업무처리 방식을 좋아했으며, 지오클린과의 M&A 후에 많은 세부정보 관리가 필요했다. 이에 따라 이미 로버트가 관리자 역할을 수행하는 것에 대해 공식적으로 말해 놓은 상태이기도 했다.

사회적 인정 그래프를 살펴보던 중, 리즈 팀장은 생각지 못한 또 다른 후보를 발견했다. 바로 엔지니어링을 담당한 토니Tony라는 팀원이었다. 그녀는 토니를 후보로 추천하기에 앞서, 사회적 인정 시스템을 활용해 그의 기록을 좀더 지켜보기로 했다.

리즈 팀장은 약 한 시간 동안 팀원들의 사회적 인정 점수와 코멘트들을 살펴보았다. 시스템에 나타난 28명 팀원들의 업무기록과 패턴은 놀라웠다. 그녀는 꽤나 잘 운영되는 부서에 대한 이야기를 읽고 자부심을 느끼며, 올해 말이면 성공적 통합을 위한 준비가 마무리되리라고 확신했다.

고든 벨Gordon Bell은 마이크로소프트의 수석 컴퓨터엔지니어다. 이 과학자는 당신이 그에 대해서 알고자 한다면 자신의 모든 것을 자세히 이야기해 줄 수 있다. 왜냐하면 지난 14년 동안 나눈 모든 대화와 통화내용을 저장했기 때문이다. 벨이 목에 걸고 있는 디지털 카메라는 60초마다 사진을 찍는다. 그는 1998년 이후에 자신이 읽은 모든 문서와 웹페이지를 보관하고 있으며, 심지어 GPS를 활용하여 자신의 동선을 수년간 기록했다. 그가 지난 생일에 어디에서 무엇을 했는지 궁금한가? 그렇다면 그는 이 기록들을 활용해 상세하게 답할 수 있을 것이다.

벨은 '라이프로거'Lifeloggers라고 불리는 흥미로운 단체를 후원하는 유명인사다. 이 단체에 소속된 사람들은 삶의 모든 순간을 기록한다(이들 중에서 인터넷에 자신의 모든 대화와 생활 동선을 공개하는 사람들을 '라이프블로거'lifebloggers라고 부른다). 생활을 기록한다는 것은 물건을 모으는 데 집착하는 저장강박증과는 다르다. 그들은 인간의 사고와 기억에 대해 일종의 장기적 실험을 하고 있다. 실험을 통해서 벨이 증명하고자 하는 명제는 다음과 같다. "만약 인간이 아무것도 기억할 필요가 없다면 어떻게 될까?" 이 명제는 빅데이터Big Data 개념을 개인의 삶에까지 적용한 것이다.

라이프로거들은 항상 카메라와 스마트폰, 태블릿 PC를 들고 다닌다. 이들 중 일부는 몸무게나 심장박동과 같은 신체정보도 기록한다. 이 모든 기기들은 용량이 무한한 저장공간에 연결된다. 즉, 그들 삶에서 발생하는 모든 사건이 거대한 데이터베이스에 자동적으로 저장되는 것이다. 벨은 이 거대한 정보를 검색하고 분석함으로써, 인류가 완전히 새로운 경험을 하게 되리라고 믿는다.[1]

그가 믿는 새로운 미래를 한번 상상해 보자. 만약 지난 10년 동안 행복했던 모든 순간들이 사진과 기록으로 한데 모여 있다면 어떨까? 그리고 기억의 변화나 습관에 방해받지 않은 채, 그 행복했던 순간들을 하나의 이야기처럼 감상할 수 있다면 어떨까? 이 정보들을 활용해서 당신은 무엇을 할 것 같은가?

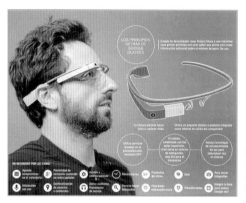

생활의 모든 것을 기록하는 라이프로그
실험에 구글도 참여하고 있다. 사진은
안경처럼 착용하고 HD 동영상을
녹화할 수 있는 프로젝트 글래스.

　빅데이터 선두기업인 구글 역시 라이프로그Lifelog 실험에 뛰어들었다. 구글은 2013년에 '프로젝트 글래스'Project Glass를 통해 안경처럼 착용 가능한 소형카메라를 출시했다. 형태도 단순할 뿐 아니라 안경렌즈에는 작은 화면까지 담았다. 이 안경을 착용하고 음성으로 필요한 정보를 요청할 경우, 장소나 사물에 대한 정보를 즉시 확인할 수 있다.

　소비자들은 프로젝트 글래스를 그저 참신한 사치품 정도로 생각할 수 있다. 하지만 데이터를 활용해 창의적인 일을 해내는 구글의 놀라운 능력을 고려할 때, 가까운 미래에 대중적으로 상용화될 것이다. 많은 사람들이 클릭 한 번, 음성 명령만으로도 모든 기억을 완벽히 떠올릴 수 있게 되는 것이다. 더 나아가 사람들은 이 기술을 활용해 자신들이 무엇을 더 해낼 수 있을지 구상하게 될 것이다.

　기업은 라이프로깅 같은 개념을 어떻게 활용할 수 있을까? 당신의 조직에서 일어난 모든 혁신의 순간들을 기록할 수 있다고 상상해 보자. 혁신이 나타난 순간부터 시작해, 무엇이 이를 가능하게 했는지 살펴볼 수 있을 것이다. 구매단가 절약과 같은 단순한 개선을 예로 들어 보자. 이런 단순한 개선마저 수많은 사건들, 대화, 이메일 교신, 계산, 구성원 간 상호작용의 산물이다. 만약 당신이 이러한 단순한 변화를 가능케 한 조건들이 무엇인지 확인할 수 있다면, 더 나아가 혁신이 발생하도록 조건을 맞춰 이를 되풀이할 수 있지 않을까?

모든 순간들을 불러올 수 있는 지능적 검색이 비즈니스를 어떻게 변화시킬지 생각해 보라. 경영진은 앞으로 "이번 프로젝트를 이끈 핵심인재는 누구인가?", "성공적 프로젝트에서 구성원들은 어떻게 상호작용했나?", "이후에 지속해야 할 성공요인은 무엇인가?", "이번 프로젝트가 그다지 성공적이지 않았다면, 무슨 차이가 있었는가?" 등을 질문할 수 있게 된다. 그리고 프로젝트가 종료된 후에도 일종의 '기억은행'memory bank에 남아 있는 데이터를 검색하여, 관련된 사람들에 대한 정보를 분석할 수 있다.

전통적 성과평가 방식은 이와 반대다. 기존 성과평가는 구성원 행동의 대부분을 기록하지 않는다. 평가결과는 기록해 두지만, 이 결과가 달성되기까지 발생한 행위들에는 큰 관심이 없다. 그 성과에 기여한 조직문화나 구성원의 마음가짐 역시 기록하지 않는다. 마찬가지로 관리자들이 다른 직원들의 모든 행동을 기억하는 것도 불가능하다. 다른 이를 관찰하고 수많은 행동을 기억하는 것이 관리자의 주요역할은 아니기 때문이다.

기껏해야 전통적 성과평가가 할 수 있는 것은 어떤 사건이 발생하고 6개월 또는 1년이 지난 후 직원들에게 "그 일을 어떻게 했습니까?"라고 묻는 것뿐이다. 이 질문만으로는 맥락도 세부내용도 파악할 수 없다. 더 큰 문제는 인간의 기억은 자신에게 유리하게 사실을 왜곡하기도 한다는 점이다. 일정 시간이 지난 후, 우수한 성과가 어떻게 달성된 것인지 떠올려 재구성한 기억은 제한된 정보만을 포함한다. 반면, 크라우드소싱 기반의 사회적 인정 방식은 특정 성과에 공헌한 실제 모든 행위들을 기록하고 연계시킨다.

어떤 관리자들은 목표를 달성하는 방법이야 다양하며, 모든 과거 기록을 뒤져 성공요인을 규명하는 것이 굳이 필요하지 않다고 여긴다. 그 지적이 옳을 수 있지만, 성과를 향상시키는 데는 아무 도움이 되지 않는다. 사실, 실패에 이르는 방법이 더 다양하다. 목표에 어떻게 도달하거나 또는 미달했는지 정확히 파악하는 것만큼 중요한 건 없다. 이것이야말로 모범 사례 또는 실패로부터의 학습을 통한 성과향상의 핵심이라 할 수 있다.

제대로 된 성과평가는 과거의 사건이 현재의 상태에 어떤 영향을 미쳤는지 분석한 내용을 포함해야 한다. "이 일이 성공한 이유는 무엇인가?", "다른 일과는 무엇이 다른가?", "이를 통해서 무엇을 배웠으며, 다음에는 어떻게 적용할 것인가?"와 같은 질문들을 해야 하며, 성과평가 프로세스를 거치며 이러한 질문들 각각에 대한 객관적 근거를 찾아야 한다. 이러한 일종의 회귀분석 사고는 사실기반 fact-based 데이터에 근거한다. 이런 데이터는 조직 구성원들이 수많은 사건들을 실시간으로 관찰하고 기록함으로써 생성될 수 있다.

사회적 인정 프로그램은 이러한 객관적 데이터를 만들어낸다. 단지 데이터를 수집하는 메커니즘을 넘어, 전통적 성과평가가 보유한 문제점들에 대한 조직문화적 해결책이기도 하다. 성과관리의 궁극적 목적은 우수한 성과를 창출하고 지속 가능하게 하는 조직문화를 만드는 데 있다.

"성과관리의 궁극적 목적은 우수한 성과를 창출하고
유지하는 조직문화를 형성하는 것이다."

사회적 인정은 바람직한 행동을 촉진하고 활기 넘치는 일터를 구현하는 지름길이다. 또한 이러한 문화가 형성되면, 우수한 성과를 내는 바람직한 행동들을 구분하고, 성과에 미치는 영향에 따라 보상할 수 있다.

고성과 조직문화high-performance culture는 구성원의 만족감을 높여 더 나은 성과를 달성하도록 돕는다. 도브 사이드먼Dov Seidman은 자신의 베스트셀러 《How: 새로운 세계, 새로운 비전》How: Why HOW We Do Anything Means Everything[2] 에서 이를 자세히 설명했다. 그는 구성원들이 조직문화와 조화를 이룰 때 업무목표를 달성하며, 그 일을 의미 있는 것으로 받아들인다고 말한다.

고성과 조직문화는 직원들에게 업무와 성과목표 달성에 대한 자율권을 부여한다. 이는 기존 MBO 목표관리방식management by objective이나 성과급보다 구성원의 바람직한 행동을 강화하는 데 더 효과적이다. 모든 구성원이 다양한 관점에서 다른 이들의 긍정적 행동을 기록한다고 해보자. 이는 조직 차원의 라이프로깅과 같다. 모든 직원들은 서로에게 핵심가치 및 그에 부합하는 바람직한 행동의 중요성을 상기시킬 것이다.

누군가의 성과나 행동은 조직 내 다른 누군가에게 영향을 준다. 그리고 대부분의 모든 행동은 이를 바라본 관찰자가 있다. 하지만 유감스럽게도 그 관찰자가 관리자가 아닐 가능성은 무척 높다. 성과나 기여를 목격한 대부분의 사람들이 이를 인정하거나 포상할 책임과 권한이 없기 때문에 중요한 관찰은 사라진다.

사회적 인정은 평가의 권한을 모두에게 부여하는 것과 같다. 권한을 모두에게 부여함으로써 성과향상 과정에 전 직원을 참여시키며, 더 많은 정보의 도움을 받는 관리자는 과거와 다른 의사결정 정보를 얻게 된다.

변화에 대응하는 방법은 구성원이 더 잘 안다

전통적 성과평가는 연초에 달성할 목표와 계획을 수립하고, 연말에 달성도를 기준으로 평가하는 방식이다. 이는 사전에 예측이 용이한 목표를 평가하는 데 효과적이지만, 예상이 어렵거나 변화하는 목표에 대해서는 대응이 어렵다. 최근 비즈니스 환경은 빛의 속도로 변화하고 있다. 적응력이 부족한 조직은 '잘못된 목표를, 더욱더 효율적으로 달성할' 위험에 빠진다. 전통적 성과평가는 직원들의 성공기준을 고정시켜, 변화에 대한 대응능력을 경직시킨다. 이러한 변화에 직면한 관리자들은 심각한 딜레마에 빠진다. 아닌 것을 알면서 기존 제도에 억지로 맞추어 관리할지, 아니면 이를 무시하고 비공식적 관리를 해야 할지 말이다.

전통적 성과평가 제도하에서 1년 동안 어떤 일이 발생하는지 살펴보자. 연초 모든 직원들이 그해 달성할 목표를 설정한다. 모든 임직원은 매출성장에 초점을 맞춰 목표를 정한다. 하지만 몇 개월이 지난 후, 갑작스런 경기침체가 닥쳤다고 해보자. 이 기업은 매출성장에서 비용절감으로 전략을 수정해야 한다(2008년 9월 금융위기 때, 수많은 기업들이 실제로 이와 같은 상황을 경험했다). 이제 비용절감이 전사적 당면 목표가 될 것이다.

연초의 목표들은 더 이상 현실과 맞지 않게 된다. 물론 연말에 비용절감 지표를 추가해 평가할 수도 있다.

하지만 이러한 노력을 어떻게 정량적으로 측정해 반영할까? 비용절감은 이루었으나 매출성장 목표를 달성하지 못한다면 이는 어떻게 평가할 것인가? 연중에 목표를 수정하는 것이 어려우면, 시장상황 변화는 기존 평가제도를 마비시킬 것이다. 그렇다고 기업이 전략을 조금씩 수정할 때마다, 모든 구성원과 일일이 수정된 목표와 할 일에 대해 합의할 수도 없는 노릇이다.

이 같은 상황에서 사회적 인정 프로그램은 전통적 성과평가 방식의 한계를 보완한다. 새로운 목표가 설정되면 그 목표에 부합하는 행동과 기여를 즉각적이고 공개적으로 인정하며 상기시킨다. 구성원들은 변화한 우선순위를 자연스럽게 인지하고 강화한다. 변화한 환경에 적응하도록 서로 격려하는 조직문화는 목표기술서나 직무기술서를 통해 조성되는 것이 아니다. 사회적 인정을 통해 목표가 변화하기 전과 후에 개인들이 어떻게 적응하고 기여했는지 판단할 수 있고, 이는 평가의 타당성을 높인다.

사실, 관료적 비즈니스 프로세스보다 직원들 스스로가 무엇이 중요하고 우선순위가 높은지 더 잘 알고 있다. 또한 그들은 주변동료들이 중대한 성과를 달성하는 순간을 직접 목격할 수 있으며, 그들이 관찰한 것에 대해 인정할 수도 있다. 문서화된 목표의 틈 속에서 자율적 노력이 발휘되도록 해야 한다. 행정편의적 간섭에서 벗어난 이러한 자율성이 회사의 장기적 성공에 있어 더 중요하다. 비즈니스 세계에서 신속한 의사결정은 필수적이며, 현장의 직원들이야말로 급변하는 상황 속에서 어떤 일이 중요한지 가장 잘 알고 있다.

문화는 기업의 강력한 자산이기도 하지만 쉽게 손상될 수 있다. 신뢰와 강조, 전사적 지원을 통해 기업문화는 지속적으로 강화되어야 한다. 그러나 기존의 평가제도는 기업문화에 독이 되는 냉소주의를 키우기도 한다.

사회적 인정은 기업이 추구하는 조직문화에 두 가지 큰 역할을 수행한다. 우선 기존 평가제도와 마찬가지로 구성원의 성과를 구분하여 고성과 문화를 촉진한다. 데이터 분석을 통해 누가 고성과자인지 판별할 수 있다. 또한 기업의 핵심가치를 전파하는 역할을 수행한다. 모든 구성원들은 사회적 인정이 일어날 때마다 '그 행동이 우리의 가치에 부합하는가?'라고 질문할 것이다. 올바른 가치와 행동에 대해 기민하게 반응하고, 반복적으로 강화하게 되는 것이다.

결론적으로 사회적 인정 프로그램은 고성과 조직을 위한 올바른 측정 시스템이자 가치전파 시스템이다.

인센티브 vs 인정

성과에 대한 인센티브도 있는데 사회적 인정 프로그램이 따로 필요할까? 경영진은 이러한 의문을 가질 수도 있다. 영업사원은 목표를 달성하면 보너스를 받는다. 우수한 성과를 달성한 임원은 스톡옵션 형태의 차별적 성과급을 받기도 한다. 상위의 소수 핵심인재에게는 여행과 휴가 등의 특전을 부여할 수도 있다. 이 정도면 인센티브를 충분히 제공하지 않는가?

물론 이런 의견도 타당하다. 인센티브는 효과적 관리도구다. 하지만 인정은 인센티브와 성격이 다르다. 다른 형태의 보상효과를 유발한다. 따라서 둘 중 무엇이 더 필요한지 논의하는 것보다 특성의 차이를 알고 활용하는 것이 적절하다. 인센티브와 인정 간의 상이한 특성을 비교해 보자.

인센티브는 재무 성과목표 달성도와 같이 사전에 합의된 기준에 따라 지급된다. 이런 방식은 영업조직의 임원에게는 적합할 수 있다. 자신의 실적이 인센티브와 수치적으로 어떻게 연계되는지 명확히 알 수 있기 때문이다. 하지만 대부분의 구성원들은 일상적으로 수행하는 업무의 성과와 보상 수준이 연계된다는 최소한의 기준을 알 뿐, 어떻게 계량화해 연계하는지 알기 어렵다.

반면, 인정은 인센티브와는 다른 방식으로 작동한다. 기업이 추구하는 가치에 부합하는 바람직한 행동과 기여에 대해서 보상한다. 이는 합의된 목표를 기준으로 계량화된 성과에 대해 보상하는 인센티브의 작동방식과 다르다. 특히 인정은 정량화하기 어렵지만 매우 중요한 핵심가치와 조직문화에 근거한다는 점에서 큰 의미가 있다.

인센티브 vs 인정

인센티브	인정
객관적 목표	주관적 행동
제도에 근거한 보상	예상치 못한 보상 (깜짝 선물)
명확히 규정된 제공 횟수	제공 횟수나 제약에 대한 별도 규정 없음
특정 시기에만 발생 (예: 연말 보너스)	상시 발생 (매일, 매 시간)
유형의 보상 우선지급 (예: 현금, 주식) 부가적으로 무형의 보상 지급 (예: 격려, 감사)	무형의 보상 우선지급 (예: 격려, 감사) 부가적으로 유형의 보상 지급 (예: 현금, 주식)
숫자기반	가치기반
소수 엘리트에 집중	구성원 다수에 집중

연봉과 인센티브는 직원과 기업이 맺은 일종의 계약이다. 반면 인정은 사람들 간의 관계에 근거하여 실현된다. 단순히 직원과 회사와의 관계가 아닌, 구성원과 그를 둘러싼 상사·동료 등 인간적 관계를 의미한다. "사람들은 조직에 속할수록, 상사와는 멀어진다"는 냉소적 격언도 있지만, 인정은 상사와도 긍정적 관계를 형성하도록 돕는다.

인센티브에서는 수치화할 수 있는 금전적 보상이 가장 중요하다. 인센티브는 점수를 매기는 스포츠 경기처럼 작동한다. 즉, 목표를 10% 초과하면 x만큼의 보상을 받고, 20% 초과하는 경우 $2x$만큼의 보상을 받는 것이다. 하지만 인정에서 가장 중요한 것은 긍지, 자부심, 만족감과 같은 정신적 보상들이다. 그리고 이러한 정신적 보상은 기존의 금전적 보상을 상회하는 가치를 지닌다.

나아가 인정의 대상이 무형적 가치에만 한정되지 않는다는 사실에 주목하자. 효과적 사회적 인정 프로그램은 재무적 성과, 마일스톤 달성, 비용절감과 같은 전통적 성과 항목도 인정의 대상으로 포괄한다. 사회적 인정 프로그램의 핵심이 기존의 유형적·재무적 가치를 배제하는 것은 아니다. 인센티브와 비교할 때 가장 본질적인 차이점은 인정이 핵심가치와 구성원의 행동을 연계하여 바라볼 수 있도록 한다는 것이다.

인센티브와 인정은 서로 다른 유형의 관리도구로 공존할 수 있다. 즉, 이 두 가지 도구를 활용하여 조직의 다양한 성과목표를 포괄적으로 다루는 것이다. 마치 좌뇌와 우뇌처럼, 목표달성과 핵심가치 실현이라는 서로 다르지만 중대한 목적들을 이루기 위한 수단이라 할 수 있다.

동기의 두 가지 유형: 외적 동기와 내적 동기

사람들의 동기motivation는 크게 두 가지 형태에서 출발한다. 하나는 외부의 자극을 통해 얻는 외적 동기extrinsic motivation이고, 또 다른 하나는 개인의 내재적 속성과 의욕을 통한 내적 동기intrinsic motivation이다. 일반적으로 직원들은 사전에 결정된 목표와 보상을 통한 외적 동기에 의해 자극을 받는다. 그러나 일의 의미와 재미, 성취가 따르지 않는 외부자극은 지속성을 보장할 수 없다. 반면, 보상이 전혀 없는 순수한 내적 동기 또한 문제가 있다. 직원들의 자립성과 자발적 의지에만 의존하면 회사와 직원들 간의 관계는 쉽게 단절되는 부작용이 발생한다.

따라서 외적 동기와 내적 동기가 균형을 이루도록 하는 것이 가장 이상적 방식이 될 수 있다. 금전적 인센티브와 인정·칭찬을 연계하여 활용하는 방안을 고민해야 한다.

외적 동기 vs 내적 동기

외적 동기	내적 동기
목표달성도에 따른 보상을 기대함	별도의 보상을 기대하지 않음
직원들은 오직 명시된 보상을 위해 일함	개인적 성취감을 통해 만족감을 느낌
보상의 부재는 의욕을 저하함	보상의 부재가 사기를 꺾지 않음
지속 유지 곤란, 보상 인플레이션을 초래함	창의성과 독창성을 촉진함

동료에 의한 인정은 기업문화가 소수 엘리트 중심에서 구성원 다수로 확산되고 있음을 나타내는 지표 중 하나다. 이를 실천하는 출발점은 우선 구성원들에게 동료를 존중하고 칭찬할 수 있는 권한을 주는 것이다. 다른 동료의 기여를 인정하는 것은 신뢰를 형성하는 것뿐만 아니라, 보이지 않는 벽을 허물고 정보를 더욱 자유롭게 공유하게 한다. 또한 구성원의 사기를 높이며, 직원 모두와 가까운 관계를 유지해야 하는 관리자들의 부담을 덜어 준다. 때로는 상사보다 동료직원들이 다른 이들의 공헌에 대해 더 잘 알고 있다.

동료 간 인정은 '누가 더 인기 있는가?'를 투표하는 것이 아니다. 이는 일터의 가치를 결합한 전문적 인정을 뜻한다. 따라서 공식적 원칙과 프로그램을 통해 관리해야 한다. 규모가 큰 기업들은 사회적 인정 프로그램을 조기 위험감지 장치로 활용할 수 있다. 경영진이 인정 프로세스를 지속적으로 관찰하면, 관리자와 부하직원들 사이의 의견차이나 관계단절을 파악할 수 있다.

예를 들어, 어떤 부서에서 동료 간의 인정이 이뤄지지 않는 상황을 가정해 보자. 이는 그 부서에 무엇인가 문제가 있다는 초기신호로 간주할 수 있다. 구성원들의 성과가 평균 이하인 것은 아닌가? 바람직한 구성원의 행동과 성과를 조직 안에서 찾아볼 수 없는 것인가? 물론 반대 상황도 있을 수 있다. 부서의 성과는 매우 좋지만, 관리자가 직원들을 제대로 인정하고 보상하지 못하는 것은 아닌가? 이러한 질문과 탐색을 통해서 직원 이탈위험성이나 무능력한 관리자가 누구인지 알아차릴 수 있다.

인정 시스템의 또 다른 장점은 바로 핵심가치가 얼마나 발현됐는지 확인할 수 있다는 것이다. 동료 간의 인정은 기업의 핵심가치를 근거로 삼는다. 그렇기 때문에 인정 시스템은 개인, 팀, 사업부, 지역 혹은 전사적으로 핵심가치가 얼마나 발현되었는지 잘 보여준다. 특정 핵심가치가 관찰되지 않거나 인정되지 않으면 교육을 비롯한 문화 촉진 프로그램을 통해 이를 향상시킬 계기를 만들 수 있다.

긍정적 피드백이 가진 힘

군대처럼 거친 문화를 가진 조직이라 해도 긍정적 피드백을 활용해 조직문화를 활성화할 수 있다. 미국 해병대가 가장 대표적인 사례이다. 해병대 훈련은 매우 고되고, 심지어 폭력적이다. 하지만 훈련 신고식에서 보이는 이런 모습은 해병대의 전체 문화를 대변하지 않는다. 해병대 훈련소가 주는 스트레스는 훈련병을 교육하려는 목적보다 그들의 정체성을 확립하는 데 의의가 있다. 개인이 해병대원으로 간주되기 시작하면, 그는 매일 동료와 조직으로부터 진심 어린 인정을 받게 된다. 이는 구호, 군복, 부대 결속력, 강력한 조직 충성심에 의해 강화된다. 해병대는 메달, 리본, 계급장을 통해 병사들의 노고와 희생에 대한 인정을 표현한다. 이 모든 것이 병사들의 자긍심을 불러일으키며, 심리적 보상을 제공한다. 인정은 해병대 문화에서 매우 핵심적이다.

사회적 인정을 통해 일터의 수많은 정보와 관계가 어떻게 기록되고, 가치 있게 활용되는지 간략히 살펴보자. 더 자세한 내용은 6~8장에서 다룰 것이다. '인정의 순간'recognition moment이 완성되기 위해서는 3가지 조건이 필요하다. 우선 칭찬하거나 주목할 만한 행동을 관찰해야 한다. 그리고 감사 또는 인정을 공식적으로 표현해야 한다. 마지막으로 그 행동이나 기여가 왜 중요한 의미를 지니는지 기록해야 한다.

단순히 "고맙습니다"라고 해도 좋지만, 이는 그 행동이 가진 영향력을 극대화하기엔 부족하다. 직원의 바람직한 행동은 반드시 공식적으로 인정받아야 한다. 또한 이런 행동은 문화적 가치, 구체적 사건이나 행동과 연계되어 설명되어야 한다.

다음의 그림(위)은 시스템에 기록된 동료 간 인정의 순간을 보여준다. 이러한 인정은 소속조직이나 직위고하와 관계없이 누구나 참여할 수 있다. 상사와 부하 사이뿐만 아니라, 직원과 임원 간 혹은 다른 부서 간에도 인정의 순간은 기록될 수 있다. 뿐만 아니라, 그림(아래)과 같이 그의 다른 동료들도 인정활동에 참여할 수 있다. 또한 많은 연구가 증명하듯, 효과를 극대화하기 위해 무형의 인정만이 아니라 실질적 보상을 함께 제공할 수 있다.

어떤 사건이나 행동이 발생한 즉시 누군가 인정할 수 있다는 사실에 주목하자. 즉, 실시간으로 인정의 순간을 기록으로 남길 수 있다. 기억이 생생하고 정보가 신선할 때, 인정할 만한 특정 사건이나 행동이 기록으로 옮겨진다. 또한 이러한 사건과 행동에서 어떤 점을 의미 있게 느꼈는지, 어떻게 회사의 핵심가치를 대변했는지 역시 기록된다. 이 모든 기록들이 데이터베이스에 저장되면, 언제든 이 순간과 관련된 모든 정보와 인물들을 검색하고 검토할 수 있게 된다.

인정의 순간

 핵심가치: "실행 시 협력하라"

Lala님이 Tommy님을 "실행 시 협력하라" 핵심가치를 잘 실천했다고 인정하여, '열정상' 후보자로 추천하였습니다.

MTY 파트너십과 관련해 보여준 당신의 열정을 칭찬합니다.

지금까지 수년간 함께 일하며 지켜본 바에 따르면, 당신의 열정은 저뿐만 아니라 잠재 고객과 기존 고객, 그리고 매우 중요한 비즈니스 파트너에까지 긍정적 영향을 줬어요. MTY사 담당자들과의 미팅에서 나온 내용들을 공유해 줄 때마다 매우 흥미롭게 듣고 있습니다. 당신이 서비스를 개선시키고 우리 회사의 입장을 잘 전달해 준 덕에 업계에서 굉장히 유리한 위치에 서게 된 것 같군요. 회사의 일원으로서 열심히 해주어서 감사합니다. 이 프로젝트를 이끌어갈 사람은 당신밖에 없어요. 앞으로도 더 멋진 모습 기대할게요!

조직 구성원에 의해 확대되는 인정효과

Value: 1,470 Points
축하 메시지 (2)

  Terrance Beckett

MTY사와의 관계는 우리 회사에 매우 중요해요.
당신의 노력은 큰 도움이 되고 있습니다!

  Eddie Romain

정말 멋지네요!
저도 당신이 이번 프로젝트에 엄청난 기여를 했다는 것에 동의합니다.

전통적 성과평가는 1년에 하루 상사와 마주 앉아 성과에 대해 논의하는 형태로 이루어졌다. 따라서 성과평가의 권한과 근거를 기록하는 책임은 전적으로 상사의 몫이었다. 사회적 인정은 성과를 평가하고 기록하는 특별한 순간에 참여할 권한을 다수의 구성원들에게 위임한다. 이는 기존 평가와는 완전히 다른 방식이다.

이제 직원들은 관리자와 1년에 여러 차례 마주 앉아 이야기를 나눌 수 있다. 면담 과정에 다른 구성원들이 그 직원에 대해 인정하고 기록해 둔 데이터를 활용할 수 있다. 해당 직원의 노력과 기여가 조직에서 어떤 영향을 미치고 있는지 생생한 실제 사례를 기반으로 그려낼 수 있다. 대화의 질이 달라졌음을 알게 될 것이다.

성공적 칭찬과 인정을 위한 팁

- **단순히 "잘했어요"라고 하기보다 최대한 구체적으로 칭찬하라.** 해당 직원이 어떤 행동 혹은 노력을 했는지, 그러한 노력이 핵심가치와 어떻게 연계되는지, 그것이 팀과 비즈니스, 회사에 왜 중요하고, 어떻게 전략적 목표달성을 돕는지 등 최대한 구체적으로 이유를 설명하라. 이렇게 함으로써 진심으로 의미 있는 칭찬을 전달할 수 있다.

- **반복되길 원하는 행동을 칭찬하라.** 위와 같이 최대한 구체적으로 칭찬하면, 중요한 게 무엇인지 명확히 전달할 수 있고, 바람직한 행동을 앞으로 지속하도록 장려할 수 있다. 실제로 직원이 바람직한 행동을 반복하길 바란다면, 아래의 마지막 팁을 명심하라.

- **진실되게 칭찬하고 인정하라.** "잘했어요. 그런데 중요한 단계 하나가 빠졌네요. 당신은 주의 깊은 사람이니, 다음엔 잊지 않으리라 믿어요!" 이런 식의 모순된 칭찬을 하지 마라. 중요한 단계를 놓쳤는데 일을 잘했다고 할 수 있는가? 이런 메시지는 오히려 직원을 혼란스럽게 한다. 직원에게 도움이 되는 건설적 비판은 우수한 기여에 대한 칭찬과 따로 하라.

05

인정의 힘으로
조직을 변화시켜라

The Business Case for
Crowdsourcing

제트블루를 '긍정의 힘이 가득한 직장'으로 만드는 것은 HR 총괄 조안
나 게라그티에게 흥미로운 도전이었다. 그녀는 항공사에서 승무원과
이들의 관리자가 일하는 방식을 다음과 같이 설명했다.

"항공업 특성상 기장과 객실 승무원들은 사무실에서 일하지 않아요.
그들은 본인의 스케줄을 확인하러 잠깐 사무실에 들른 뒤 곧바로 떠나
죠. 우리와 같은 업계에서는 리더가 몇 개월 동안이나 부하직원들을 대
면하지 못하는 경우가 많아요. 이런 환경일수록 인정이 매우 효과적인
역할을 수행하죠. 리더와 승무원이 대면할 수 있는 그 소중한 시간이 부
정적이길 바라는 사람은 없을 거예요. 어떻게 해야 지리적으로 멀리 떨
어져서 일하는 직원들이 긍정적 관계를 형성할 수 있을까요?"[1]

제트블루의 직원들은 탑승에서 비행, 착륙까지 수많은 이야기를 공유한다.

조안나는 직장 내에서 지속적 스토리텔링이 중요하다고 말한다.

"비행을 성공적으로 마치려면 모두가 하나의 팀으로 협업해 일해야 합니다. 짐을 싣는 지상직 승무원, 고객탑승을 돕는 승무원, 비행을 책임지는 기장과 부기장, 이륙 전 모든 것이 완벽하도록 하는 정비사, 편안하고 즐거운 기내 경험을 제공하는 객실 승무원, 이들 중 그 누구도 중요하지 않은 사람이 없죠. 그렇기 때문에 팀에 있는 누군가의 공헌을 칭찬하고 인정하는 것이 무척 중요합니다."

조안나는 다음과 같이 말하며 인터뷰를 마쳤다.

"제트블루 직원들은 이야기를 공유하는 것을 좋아해요. 저희 회사의 긍정적 스토리텔링 사례를 함께 나누고 싶네요. 한 기장은 함께 일하는 승무원을 인정하며 다음과 같이 이야기했습니다. '항상 고객에게 최선을 다하고 다른 팀원들의 든든한 동료가 되어 줘서 감사합니다. 기장으로서 매우 기쁘고 자랑스럽게 생각합니다. 당신은 영어를 잘 못하는 어떤 부부를 안심시키고, 울고 있던 아이를 웃게 만들기도 했죠. 이 모든 일들을 마치 몸에 밴 것처럼 자연스럽게 수행했습니다. 칭찬에 쑥스러워하지 마시길 바랍니다. 당신의 모습은 충분히 칭찬받을 만합니다'." [2]

현대 사회에서 기업은 수많은 사회적 관계망 속에서 변화해야 하는 존재가 되었다. 기업을 운영하는 방식을 어떻게 바꾸어갈지에 앞서, 우리의 일 자체와 일터의 환경이 지난 10여 년간 어떻게 변화했는지 살펴보도록 하자.

1st

회사는 공동체처럼 바뀌어간다

거대한 기업은 마치 하나의 도시와 같다.[3] 조직 내 구성원들은 특정 집단에 소속되어 함께 하는 업무나 일상에 대해 이야기를 나눈다. 복잡한 규정과 관행에 따라 움직이며, 자신의 이해관계에 따라 협동하거나 경쟁한다. 사업부나 팀과 같은 공식적 조직은 물론, 같은 관심을 가진 연구모임이나 동호회와 같은 비공식적 조직도 존재한다. 이는 오랫동안 유지되어온 모습이다. 오늘날 달라진 것은 구성원들이 그 안에서 소통하고 교류하는 방식이다.

IBM, GE, 씨티그룹Citigroup과 같은 기업들은 지리적 특성과 업무에 근거하여 글로벌 차원의 조직을 관리한다. 이러한 기업에 소속된 차세대 리더들은 비즈니스 경험과 네트워크를 넓히기 위해 다양한 지역과 사업부문을 순회한다. 이를 통해 다양한 구성원들과 신뢰를 쌓고, 현재는 물론 미래에 필요한 일종의 조직 내 사회적 자본social capital을 형성한다. 성장이 빠른 비즈니스나 혁신센터, 주목받는 사업부 등은 구성원의 역량을 증명하고 견고한 관계를 구축할 수 있는 기회의 장소가 된다. 주목받지 못하고 성과가 미진한 조직 또한 존재하며, 때론 이를 개선하기 위해 차세대 리더들이 파견되기도 한다. 핵심인재와 일반직원들은 매일같이 복잡한 관계망에서 교류하며, 서로를 관찰하고, 서로에 대한 의견을 제시하며, 자신에 대한 평판을 만들어간다.

정치인들이 국가의 역사history를 언급하는 것과 같이, 탁월한 비즈니스 리더들 역시 스토리story를 통해 기업을 설명한다. 이런 스토리에는 '기업의 설립, 성장, 미래'와 같은 기업의 역사와 '우리의 가치, 일하는 방식과 그 이유'와 같은 문화가 담겨 있다. 이를 통해 현재와 미래를 과거에 연결하고, 핵심가치를 강화하며, 현재의 일에 더 큰 의미를 부여한다. IBM 같은 기업은 자신들의 스토리에 어두운 부분이 있더라도, 이를 이야기함으로써 자신들의 신념을 분명히 한다(IBM은 1990년대에 거의 몰락할 뻔했으나 서비스·컨설팅·솔루션 기업으로 탈바꿈하며 부활했다).

스토리는 다양한 구성원들이 공유할 수 있는 친밀감과 목적, 공동체 의식을 만든다. 기업이 활용하는 세부적 프로그램과 계획들 역시 구성원들의 결집을 목적으로 하는 경우가 많다. 예를 들어, IBM의 글로벌기업 봉사단Corporate Service Corps 프로그램을 살펴보자. IBM의 젊은 핵심인재들은 이 프로그램에 참여해 개발도상국의 IT 문제를 해결한다. 이 프로그램의 경쟁률은 매우 높다. 시행 첫해 5천 5백 명이 지원했지만, 단 백 명만이 선정되었다.

글로벌기업 봉사단 프로그램은 IBM의 핵심사업인 IT 컨설팅에 초점을 맞추지만, 사회적 공익활동에 해당되기도 한다. 또한 전 세계에 다양한 직원들을 한데 결집시키는 효과도 있다. 프로그램 참여자들은 함께 교육받으며 견고하고 장기적인 관계를 형성한다. 글로벌기업 봉사단 프로그램은 이렇듯 다양한 사회적 관계를 촉진함으로써, 회사의 스토리에 다양한 내용과 문화적 맥락을 더한다. 단지 홍보를 위한 노력으로 치부하기에는 크나큰 조직의 가치가 담긴 것이다.[4]

　물론 리더들이 중심이 되어 이런 스토리를 전파할 수도 있다. 하지만 스토리가 조직문화의 일부가 되기 위해서는, 대다수의 구성원이 스토리의 주인공이자 전파자가 되어야 한다. 이를 통해 핵심가치가 강화됨은 물론, 외부의 우수한 인재를 끌어들이는 고용 브랜드employer brand의 기반을 형성할 수 있다.

2nd

업무처리 방식은 동시다발적으로 변화한다

1장에서 설명했듯이, 정보는 더 이상 순서대로 처리되지 않는다. 정보의 양과 복잡성이 폭발적으로 증대함에 따라 오랫동안 유지되어온 전통적 업무관행이 무너지고 있다.

　예를 들어, 오픈소스 운영체제인 리눅스가 개발자들이 일하는 방식을 어떻게 변화시켰는지 떠올려 보라. 리눅스 같은 크라우드소싱 소프트웨어는 다양한 참여자가 동시다발적으로 일하는 방식의 장점을 보여준다. 순차적 업무수행의 대표 격인 생산공정마저 이와 유사한 방식으로 변화하고 있다. 최근 개발된 유연한 방식의 생산공정 관리시스템은 순차적 부품생산에 집착하지 않는다. 덕분에 이전보다 납기일 변화에 더 유연하게 대처할 수 있게 되었다.

'이번 주에 나는 이메일함을 정리할 거야. 그리고 지금까지 놓쳤던 트위터를 몽땅 다 읽어야지. 인스타그램에 올라온 모든 사진들을 살펴보고, 페이스북에서 받은 친구신청과 메시지에 다 응답할 거야' 라고 생각해 본 적이 있는가? 이 모든 일들을 다 처리하려면 어마어마한 시간과 노력이 필요하다. 설사 완료하더라도 1주일만 지나면 또 엄청난 정보가 쌓일 것이다.

홍수처럼 쏟아지는 모든 정보에 일일이 대응하는 것은 불가능에 가깝다. 이 상황을 극복하기 위해서는 정보가 입력되자마자, 그 즉시 우선순위를 세우고 대응하는 방식이 필요하다. '자극 → 대응' 패턴이 아니라, '자극 → 대기 → 검색·우선순위화 → 대응' 패턴으로 전환해야 한다.

업무환경에서 쏟아지는 정보는 대부분 그 나름의 가치가 있다. 문제는 이 수많은 정보들이 여러 채널을 통해 마구잡이로 전송된다는 것이다. 중요한 정보와 덜 중요한 정보를 효율적으로 구분하기 위해서는 일종의 질서가 필요하다. 세상을 향해 효율적 방식으로 정보를 보내라고 소리칠 수 없는 노릇이다. 스스로 무질서한 정보의 흐름을 관리하는 데 익숙해져야 한다.

자, 이제 성과평가에 초점을 맞춰서 이 변화를 이해해 보자. 오늘날의 환경에서 이상적 성과평가 또는 성과평가 시스템은 무엇일까? 우수한 시스템은 한 개인의 모든 행동과 의사결정을 하나의 흐름으로 기록해 둘 것이다. 일단 수많은 정보를 저장해 둔 후, 이를 분류하고 중요한 정보를 찾아내기 시작할 것이다.

가장 가치 있는 행동들이 주목받고
인정받을 것이며, 어떤 형태로든 기록되어
다시 찾아볼 수 있게 할 것이다.

가장 가치 있는 행동들이 주목받고 인정받을 것이며, 어떤 형태로든 기록되어 다시 찾아볼 수 있게 할 것이다. 우수한 평가제도는 구성원의 수많은 정보 중 '더 주목해야 할 행동'과 '더 가치 있는 성과'를 선별해낸다. 관리자는 이를 강화하고 격려하며, 우수사례로 조직 전체에 널리 전파시킬 수도 있다. 관찰과 우수사례 전파만큼 효율적이며 명확한 교육방식은 없다.

하지만 이런 가치 있는 구성원의 행동은 계획된 순서대로 발생하지 않는다. 오늘날 일터의 업무는 반복적이지 않고, 시시각각으로 변화하며, 끊임없는 조정이 필요하다. 판단력, 의사결정, 문제해결, 학습, 커뮤니케이션과 같은 스킬도 요구된다. 이런 예측 불가능한 업무환경에서 가장 중요한 순간을 포착해내는 것이 정보기술Information Technology의 역할이 되었다.

3rd
물리적 업무공간의 중요성이 줄어든다

스마트 기기의 확산으로 인해, 업무공간의 개념 역시 크게 변화했다. 이제 사람들은 무선인터넷만 있다면 스마트 기기를 활용해 어느 곳에서나 일할 수 있다. 10년 전 블랙베리Blackberry의 등장 이후, 어디서든 이메일을 보내고 일하는 것은 이제 일상이 되었다. 현재 우리는 태블릿

PC와 스마트폰을 활용해 이메일뿐만 아니라, 클라우드 컴퓨팅 환경에 접속하여 더 많은 업무를 수행할 수 있다. 모든 직원들이 언제 어디서나 필요한 정보를 얻고, 일을 처리할 수 있게 된 것이다. 클라우드 저장소Cloud Storage는 지구의 어디서든 수많은 사람들이 하나의 프로젝트에 동시에 참여할 수 있음을 의미한다. 이러한 기술 변화는 구성원 간의 즉각적 의사소통을 촉진시킨다. 이 새로운 의사소통 방식은 긴 문서와 이메일로 대표되는 공식적 의사소통과는 달리, 일상적 대화와 비공식적 교류의 성질을 갖고 있다.

덜 차별적인 직장?

같은 시간에 일하지 않는 동료들과 협업하는 업무관행이 확산되면서 인종, 나이, 성별, 국적 등 여타 차별적 요소들과 무관하게, 성과에 대한 객관적 의견들을 낼 수 있는 여건이 조성되고 있다. 누군가와 대화를 나눌 때 위와 같은 정보를 직접 대면하여 확인할 가능성은 점점 더 줄어들고 있는 것이다. 이러한 변화가 성과평가에서 나타날 수 있는 편견도 함께 줄일 수 있을지 궁금하지 않은가? 온라인상에서 협업하여 일하는 직원들은 아주 특별한 경우가 아니라면 직접 마주할 가능성이 낮다.

예를 들어 당신이 함께 일하는 동료가 젊은 남자일 것이라고 상상하고 있다가, 실제로는 중년 여성이라는 사실을 알게 된다면, 당신의 심경엔 어떠한 변화가 일어날까? 타인의 성과를 판단할 때 우리는 미묘한 편견들로부터 자유로울 수 있을까? 가령 이런 방식으로 연구해 보면 어떨까? 사람들은 보통 비만에 대해 부정적 인상을 갖는다. 하지만 연구에 참여한 이들에게 특정 직원이 비만이란 사실을 모르게 한 후,[5] 그가 달성한 실제성과와 자발적 노력에 대해 평가하도록 하면 어떤 결과가 나타날까?

본사 사무실처럼 물리적 업무공간에서 수행하는 업무는 줄어들고, 그 외 공간에서 이루어지는 일의 비중이 점점 더 커지는 추세다. 이는 성과평가에 많은 시사점을 던져 준다. 이제 중요한 것은 구성원 간의 직접적 대면시간이 아니다. 이보다는 실제 수행한 일의 양과 질이 훨씬 더 중요하다. 또한 협업을 가능하게 하는 것은 물리적 공간이 아니라 IT 기술이란 점이 명확해지고 있다. 우리는 페이스북, 트위터 같은 소셜 네트워킹 기술을 활용해, 멀리 떨어져 있는 다른 이들과 협업할 수 있다. 심지어 일상적 대면회의마저 대체할 수 있다.

결과적으로 이는 한 개인의 성과를 관찰할 수 있는 사람들의 범위를 변화시켰다. 누군가의 성과를 밀접하게 관찰할 수 있는 이들은 더 이상 관리자나 같은 공간에 있는 동료들이 아니다. 오히려 멀리 떨어져 있지만 함께 협력한 다른 구성원이 개인의 성과를 더 잘 관찰할 수 있게 되었다. 그러므로 이제 성과평가 시스템은 수많은 협력자들이 목격한 누군가의 성과 내용을 공정하고 정확하게 수집해야 한다. 또한 구성원 참여도나 인기가 아닌, 업무가 만들어낸 결과를 기준으로 개인의 성과를 평가해야 한다.

4th

수직적 충성이 사라지고 수평적 충성이 출현한다

이미 10년 전에 다니엘 핑크Daniel Pink는 자신의 저서《프리에이전트의 시대가 오고 있다》Free Agent Nation[6]에서 다음과 같은 변화에 대해 소개했다. 과거에는 많은 구성원들이 현 직장을 평생직장이라고 생각했다. 하지만 최근에는 자신을 마치 프리랜서처럼 생각하며, 고용관계 역시 일을 위한 계약관계처럼 인식한다. 프리에이전트식 사고방식free agent mindset은 구성원들이 동료와의 관계를 좀더 중시하게끔 만들었다. 다니엘 핑크는 이를 수평적 충성horizontal loyalty이라고 명명한다. 수평적 충성은 상사와 부하 간의 전통적 관계, 즉 수직적 충성vertical loyalty과는 그 속성이 완전히 다르다.

오늘날의 직장인들은 직장 자체에 대해 이전보다 안정감을 느끼지 못한다. 오히려 잠재고객을 포함한 확장된 관계 안에서 확보한 자신의 평판에 더 안정감을 느낀다. 프리에이전트는 폭넓은 업무상의 관계를 형성하고 있을 때 좋은 기회를 확보할 수 있다. 따라서 많은 사람들이 그의 평판을 알고 있을수록 그의 시장가치가 더욱 커진다.

사회적 인정의 등장과 더불어, 이제 직원들은 자신의 업무를 인정해주는 수많은 동료와 구성원들에게 충성하게 될 것이다. 평판관리는 더 이상 단순히 상사와 좋은 인간관계를 형성하는 것 혹은 상사의 눈에 드는 것만을 의미하지 않는다. 자신과 함께 일하는 수많은 구성원들과 긍정적 관계를 형성하는 것이 중요하다. 이는 전통적 성과평가의 큰 단점 중 하나인 '평가자 한 명의 오류로 인한 제도의 실패'에 대한 해결책이기도 하다. 직원들은 동료, 내부고객, 그리고 외부고객들 사이에서의 적극적 평판관리를 통해 그 덫에서 빠져나올 수 있다.

서로 인정하는 조직문화의 힘

사회적 인정은 그 자체가 조직문화를 형성하고 강화하는 역할을 한다. 조직 내에 사회적 인정을 도입하도록 추천하는 이유도 바로 이 때문이다. 작은 인정의 순간이 쌓여 조직 차원의 문화가 되면 어떤 일이 일어날지 간략하게 살펴보자.

만약 누군가 바람직한 행동을 한다면, 다른 구성원들이 이를 목격하고 인정할 것이다. 물론 물질적 보상이 제공될 수도 있다. 이러한 기대는 사람들이 인정받을 수 있는 바람직한 행동을 하도록 동기부여한다. 마치 직원들이 승진에 대한 기대를 바탕으로 역할 이상의 업무를 통해 우수한 성과를 달성하거나, 새로운 스킬을 익히거나, 도전적 프로젝트에 뛰어드는 것과 같다. 서로를 인정하는 문화는 부서 이기주의를 경감시키고, 서로 다른 문화를 통합시키는 역할을 한다.

인정의 문화는 구성원 간의 자유롭고 원활한 커뮤니케이션을 촉진한다. 격려를 통해서 최선을 다해 업무를 수행할 수 있는 동력을 주고받을 뿐 아니라, 조직의 핵심가치나 전략목표를 공유할 수도 있다. 다국적 기업 역시 서로에 대한 감사와 인정을 활용하여, 국가별 문화적 차이를 극복할 수 있을 것이다. 소외감이나 의사전달 과정의 실수와 같은 고질적 문제를 해결할 수 있다. 감사와 인정은 신뢰를 촉진하고, '단위 조직의 결속력'unit cohesion이라 일컫는 결정적 유대감을 형성하도록 고무시킨다.

기업 전반에 걸쳐 발생한 수많은 인정의 순간들이 기록되고 분석된다면, 인정은 재무관리 기법만큼이나 강력한 관리도구가 될 수 있다. 경영진은 전략적 인정을 활용하여 구성원 몰입과 만족도 향상, 조직문화 개선과 같은 목표를 달성할 수 있다. 그간 비즈니스 목표달성을 위해 필요했지만 간과되어온 핵심가치를 제고할 기회가 되는 것이다.

영업전략은 계약이 성사되는 특정한 순간에만 초점을 맞추지 않는다. 적어도 그래서는 안 된다. 전략적 영업활동은 고객관리, 기획, 제품개발, 마케팅 지식, 후속조치, 영업직원들의 역량향상 등을 포괄적으로 추적하고 분석한다. 전략적 문화 관리도 역시 마찬가지다. 즉, 장기적 계획을 수립하고, 핵심가치 내재화와 문화 강화를 위한 프로세스를 확립해야 한다. 경영진은 전략적 인정을 활용하여 견고한 조직문화를 지속 가능케 하는 기초적 토대를 다질 수 있다.

Executive Insight

다음 3가지는 고성과 조직문화의 특징이다.

- **명확하고 설득력 있는 기업의 미션** 기업이 왜 존재하는지에 대한 답변이다.
- **공유된 핵심가치** 구성원이 어떻게 행동하고, 어떻게 비즈니스를 수행해야 하는지에 대한 기본원칙. 시장변화에 따라 비즈니스 전략은 수정될 수 있지만, 핵심가치는 변하지 않는다.
- **책임의 공유** 구성원들이 조직의 최종성과와 문화적 토대에 대해 주인의식을 가진다.

  - 프레이저 말로Fraser Marlow, 블래싱 화이트 리서치·마케팅 총괄 부사장[7]

나아가 전략적 인정을 통해 지역, 국가, 인적 구성별로 상이한 하위문화를 전사적으로 지향하는 문화에 결합할 수 있다. 모든 구성원은 기업이 우선순위를 두는 핵심가치를 이해하고 있어야 한다. 늙은 유럽인, 젊은 동양인, 재무팀의 스포츠광, 마케팅팀의 유행에 민감한 디자이너, 콜센터에서 일하는 학부형과 같이 다양한 구성원 모두가 하나의 기업문화 속에 살고 있어야 하는 것이다. 이를 가능케 하는 것이 바로 사회적 인정이다. 서로를 인정하는 상호관계를 통해, 구성원들은 기업이란 복잡다단한 사회 안에서 소속감에 대한 확신을 느낄 수 있다.

바람직한 조직문화는 브랜드가 된다

고성과 조직을 지향하는 모든 조직의 경영진은 아래 3가지 이슈에 직면했다. 첫째, 직원을 대상으로 하는 바람직한 '조직내부 문화'를 어떻게 구축할 것인가. 둘째, 고객을 대상으로 하는 경쟁력 있는 '조직외부 문화'를 어떻게 형성할 것인가. 마지막으로, 이 모든 과정에서 전 구성원의 적극적 참여를 어떻게 추진할 것인가이다.

조직문화가 중요한 것을 모르는 사람은 없다. 많은 연구와 경영진의 사례가 증명하듯, 오래 지속되는 조직문화만이 지속 가능한 경쟁우위로 기능할 수 있다. 경영자들은 데이터를 신뢰하며, 이를 활용해 일하는 것을 선호한다. 그렇기 때문에 조직문화도 수치적으로 측정될 수 있어야 한다.

> " '조직내부 문화'는 구성원들이 협력하여
> 일하도록 만드는 것을 목적으로 한다. '조직외부 문화'는
> 일관되며 긍정적인 고객경험을 목적으로 한다."

궁극적으로 문화는 재무적 성과와 다른 모든 비즈니스의 성공에 중대하게 기여한다. 한때 이런 생각은 HR 분야의 몇몇 리더들이 제기하는 급진적 주장이었다. 하지만 이제 대다수의 주류 비즈니스 리더들이 핵심가치와 문화를 측정하고 관리하는 일에 흥미를 보인다. 또한 연구자와 경영사상가들은 문화를 측정하기 위한 모델을 지속적으로 검증하고 개선한다.

'조직내부 문화'는 구성원들이 협력하여 일하도록 만드는 것을 목적으로 한다. 조직이란 기본적으로 공동목표를 위하여 합심하는 사람들의 모임을 의미한다. 조직이 추구하는 목표를 달성하기 위해서 직원들은 함께 일해야 한다. 예를 들어, 기업의 핵심가치를 공유하더라도 팀원들이 하나의 팀으로 통합되지 않는다면, 그들의 모든 노력과 열정은 조직에 제대로 기여할 수 없을 것이다. 직원들은 팀, 사업부 및 회사 차원의 목표를 달성하기 위해 하나의 팀으로 통합되어 협력해야 한다. 이를 통해 그들 스스로가 조직의 핵심가치를 강화하고, 몰입하여 일할 수 있을 것이다. 이러한 상호의존성은 구성원 간의 신뢰를 구축하고, 학습을 격려하며, 조직에 대한 소속감을 고취시킨다.

짐 콜린스Jim Collins가 《성공하는 기업들의 8가지 습관》과 《좋은 기업을 넘어서 위대한 기업으로》[8]에서 언급했듯이, 다양한 문화적 가치가

비즈니스의 성공으로 이어질 수 있다. 예를 들어, 한 기업이 경쟁과 협력처럼 다양한 가치를 동시에 추구할 수 있는 것이다. 경쟁은 이 기업이 변화 속에서 살아남을 수 있게 할 것이며, 협력은 구성원 일체감을 형성해 비즈니스가 지속 성장할 수 있도록 할 것이다. 이때 중요한 것은 추구하는 가치의 진정성과 명확성이며, 이를 전 조직에 걸쳐 지속적으로 강조하는 것이다.

경영진과 조직문화는 구성원들이 협력하여 일할 수 있도록 장려해야 한다. 구성원들이 공통목표를 위해서 합심하여 일할 경우 보상을 제공하거나, 그 중요성을 경영진이 몸소 보여주어야 한다. 또한 이를 장려하기 위해서 경영진이 관리자들에게 "내가 모든 것을 관찰하고 알 수 없기 때문에 여러분이 직원들의 긍정적 행동을 가능한 한 많이 인정하고 기록해 주세요"라고 요청할 수도 있다. 그럼 관리자들은 '팀워크'에 부합하는 직원들의 구체적 행동을 인정하기 시작할 것이다. 즉, 직접적이며 개인적인 수많은 사회적 인정을 통해 팀워크란 가치를 조직에 실현할 수 있는 것이다.

'조직외부 문화'는 일관되며 긍정적인 고객경험을 목적으로 한다. 이러한 고객경험은 기업의 핵심가치는 물론, 기업이 고객에게 한 약속에 부합해야 한다. 이는 경영진이 흔히 말하는 '브랜드 경험'을 의미하기도 한다. 즉, 전 제품과 모든 고객을 대상으로 제공되는 일관된 경험을 뜻한다.

IHG의 로리 게이탄Lori Gaytan은 '고객에게 사랑받는 훌륭한 호텔'을 자신들의 존재 목적이라 말한다. IHG의 본사 및 9개 호텔 브랜드에서 일하는 37만 5천 명의 직원들은 이 브랜드 가치를 직접 실현하고 있다. 이븐 호텔EVEN Hotel 같은 새로운 호텔 브랜드 콘셉트를 만들고 디자인하는 것부터, 44번가 홀리데이인에서 저녁 서비스를 제공하는 것에 이르기까지, 구성원들이 수행하는 행동과 노력의 형태는 다양할 수 있다. 하지만 이를 관통하는 목표와 브랜드가 약속했던 가치들은 동일하게 유지된다. 게이탄은 조직문화 관리의 일관성에 대해 다음과 같이 말한다.

"우리가 직원을 잘 대우해야, 직원들이 고객을 잘 대접할 수 있다고 믿습니다. 자신의 노력에 대해 인정받고 보상받은 직원들은 조직에 높은 소속감을 느낄 것입니다. 또한 그들이 조직 전체에 어떤 가치를 제공했는지 이해할 수 있게 됩니다."

호텔경영 같은 비즈니스에서 관리자들이 직원들의 모든 행동을 관찰하지 못할 수 있다. 그들은 고객이나 동료의 피드백을 통해 직원의 성과에 대해 판단할 수 있다. 직무기술서에 명시된 자세한 내용들을 어떻게 수행했는지 확인하기에 앞서, IHG의 관리자들은 고객에게 사랑받는 훌륭한 호텔이 되기 위해, 직원들이 어떻게 기여했는지에 대해 이해할 필요가 있다. 이와 같은 간단한 질문들이 종종 가장 강력한 힘을 발휘할 수 있다.

자신의 업무와 조직에 몰입한 구성원은 생동감 넘치고 강력한 기업문화를 만들 수 있다. 그리고 이런 몰입이 극대화된 구성원들의 일터에서 진정한 '인정의 문화'culture of recognition를 실현한다.

구성원의 정서적 몰입 이끌어내기

몰입engagement은 지난 10년 동안 HR 분야에서 매우 활발하게 논의된 화두였다. 몰입도가 높은 직원들은 열정적이며, 자신의 업무에 집중한다. 또한 그들은 더 나은 성과를 달성하기 위해 노력한다. 몰입이란 직무가 요구하는 그 이상으로 업무를 수행하는 것을 의미한다. 또한 이는 '시키는 것만 하는' 것과 반대로 내면으로부터 동기부여가 되는 것을 의미한다. 자발적이고 차별적인 노력discretionary effort은 몰입의 핵심이다.

직원들의 적극적 몰입이야말로 경영자들이 가장 바라는 것이다. HR 컨설턴트 역시 이를 독려하기 위해 전문적 서비스를 제공한다. 더 나아가 수많은 연구결과들도 높은 직원몰입도가 기업 재무실적에 영향을 미친다는 사실을 증명한다.[9] 일례로 타워스 왓슨Towers Watson의 조사결과에 따르면, 직원들의 몰입도가 높은 기업은 그렇지 않은 기업에 비해 매출성장률, 매출원가, 고객충성도 등에서 더 우수한 성과를 보였다. 40개의 다국적 기업을 상대로 조사한 결과, 높은 영업이익률과 순수익을 기록한 기업들은 직원들의 몰입도가 높았다. 타워스 왓슨의 줄리 게바우어Julie Gebauer는 이 연구결과와 관련해 다음과 같이 언급했다.

"관리자들이 다음의 5가지를 수행했을 때, 직원들은 가장 우수한 성과를 달성할 수 있었습니다. 그 5가지 원칙은 바로 관리자들이 직원들을 이해하고, 성장시키고, 격려하며, 참여시키고, 그들에게 적절한 보상을 제공하는 것입니다. 이 원칙이 중점적으로 실천된다면, 직원들은 자율적으로 노력하며 조직에 기여하고자 할 것입니다. 그리고 그들의 이런 노력은 궁극적으로 재무성과에도 긍정적 영향을 미칠 것입니다."[10]

관련된 다른 수많은 연구들 역시 몰입한 직원들이 그렇지 않은 직원들에 비해 더욱 생산적이며, 고객과 기업의 핵심가치에 더욱 집중하고, 더 높은 재무적 성과를 창출한다는 것을 거듭 확인했다. 몰입도가 높은 직원일수록 우수한 성과를 달성하고, 더욱 신중하게 일을 수행하며, 직장을 그만둘 가능성이 낮다. 이들은 몰입도가 떨어지는 직원들에 비해 모든 영역에서 더 우수한 결과치를 보였다.[11]

몰입도를 증진시키는 방법에는 여러 가지가 있다(물론, 이를 저해하는 데는 더 많은 방법들이 있다). 그리고 이 모든 방법들은 하나의 공통된 특징을 포함한다. 그것은 바로 조직의 핵심가치에 부합하는 긍정적 행동에 대해 지속적으로 소통하고, 이에 대해 보상을 제공하는 것이다.

갤럽Gallup은 《12: 위대한 경영의 요소》12: The Elements of Great Managing에서 몰입의 12가지 요소를 밝혀낸 후, 이를 다음과 같은 구절로 쉽게 풀어 설명했다. 예를 들어 '능력 대비 업무적합성'이란 요소는 "능력을 충분히 펼칠 기회가 자주 있다"로, '긍정적 피드백'은 "지난 1주일 간, 업무성과에 대해 인정과 칭찬을 받았다"로, '의사결정 참여도'는 "내 의견이 비중 있게 반영된다"와 같이 모두 직관적으로 이해할 수 있는 문구로 서술한 것이다. 이 12개 문구를 자세히 들여다보면 놀라운 사실을 발견할 수 있다. 이 중 단 한 개의 문구만이 명백하게 직속상사에 대해 언급한 반면, 무려 6개 문구가 동료직원 또는 '직장 내에 누군가'로부터의 격려와 관심 그리고 친밀감에 대해 언급했기 때문이다. 이는 곧 구성원 몰입이 집단 전체의 노력으로 달성될 수 있다는 사실을 잘 보여준다.[12]

이와 관련된 수많은 연구들은 몰입도가 높은 직원들이 더 우수한 성과를 달성한다는 상식을 전제로 한다. 하지만 성과관리의 목적은 이러한 자명한 상식을 재확인하는 데 있지 않다. 성과관리를 통해 우리는 직원들이 우수한 성과를 달성하는 이유와 방법을 구체적으로 이해할 수 있어야 한다. 몰입도가 높은 직원에 대한 크라우드소싱 프로필crowdsourcing profile을 활용하면, 이와 관련된 세부정보를 제공할 수 있다. 주변의 구성원들이 핵심가치에 기여한 특정 구성원의 행동 또는 모두에게 모범이 될 수 있는 바람직한 행동들을 이 프로필에 기록해 두기 때문이다. 조직의 모든 구성원들이 훌륭한 모범사례와 뛰어난 행동들을 발굴해낸다면, 한 명의 관리자가 할 수 있는 일반적 조언보다 훨씬 구체적인 정보를 얻을 수 있다.

Research Insight

거래적 몰입 vs 정서적 몰입

공인인력개발협회Chartered Institute of Personnel and Development는 2012년에 발표한 연구에서 몰입을 다음과 같이 두 가지로 구분하였다.

- **거래적 몰입**transactional engagement은 직원들이 자신이 좋아하는 일 자체에 집중할 때 발생한다. 이러한 종류의 참여는 금전적 보상, 인센티브 지급과 연계된다. 거래적으로 몰입하는 직원들은 "우수한 성과를 달성할 가능성이 상대적으로 낮으며, 더 좋은 조건이 있을 경우 빠르게 이직하는 경향"이 있다.
- **정서적 몰입**emotional engagement은 직원들이 자신의 상사, 동료, 그리고 회사의 핵심가치를 신뢰할 때 발생한다. 이런 종류의 몰입은 조직 차원의 인정, 칭찬과 연계된다. 정서적으로 몰입하는 직원들은 조직으로부터 "더 고차원적이고 만족스러운 심리적 보상"을 받기 때문에 일반적으로 기대되는 것보다 더 많은 일을 한다.

- 갤럽, 2010, "직원몰입도: 당신의 몰입도는?" [13]

그럼 개인에게 몰입은 어떤 의미가 있을까? 사람들이 직장을 떠나는 가장 큰 이유 중 하나는 그들 자신과 그들이 하는 일이 인정받지 못한다고 생각하기 때문이다. 퇴사자들은 "저는 그곳에서 가치를 인정받지 못했어요. 제 공헌은 인정받지 못했습니다"라고 말한다. 즉, 인정받지 못한다는 감정은 몰입감과는 반대되는 이탈감과 소외감을 불러일으킨다.

최근 연구들은 몰입 2.0Engagement 2.0이라고 불리는 직장 내 에너지에 집중하고 있다. 에너지는 몰입도가 높은 직원들로 가득 찬 직장에 들어섰을 때 당신이 느낄 수 있는 활기다. 이는 단순히 자발적이라는 의미뿐만 아니라, 더 나은 상태를 향해 나아가는 힘과 일을 완료하고자 하는 강력한 내적 동기를 포함한다.

물리학에서 에너지란 일할 수 있는 능력을 뜻한다. 에너지는 크게 잠재에너지potential energy와 운동에너지로 구분된다. 잠재에너지란 저장되어 있고 사용 가능하지만 움직임으로 발현되지 않은 에너지를 의미한다. 반면, 운동에너지는 방출되고 무언가를 움직이게 만드는 에너지를 뜻한다. 그렇다면 리더들은 어떻게 잠재에너지를 운동에너지로 전환시켜, 에너지가 충분히 발현되지 못한 조직을 활기 넘치는 공간으로 개선시킬 수 있을까?

리더는 올바른 방향성과 목적, 적합한 환경 그리고 앞으로 나아가고 있다는 감정을 제공해야 한다. 다시 말해, 에너지가 어느 곳을 향해야 하는지 알게 하고(방향성), 일을 시작하기 위한 원동력을 제공하며(목적), 업무에 필요한 도구와 기술(환경), 그리고 구성원들이 스스로 에너지를 충전하고 다시 나아가도록 하는 조건(감정)을 갖춰야 한다. 이는 몰입도가 높은 업무환경을 형성하기 위한 필수조건들이다. 그리고 남은 마지막 조건은 다음과 같다.

에너지 넘치는 일터에는 절박함urgency이 존재한다. 절박함은 각각의 팀과 단위조직에서 형성되며, 동료들과 관리자에 의해 반복적으로 강화된다. CEO의 연설을 통해 절박함을 강조하는 조직의 분위기는 조성될 수 있을 것이다. 하지만 CEO의 노력만으로는 지속적으로 높은 레벨의 에너지를 유지할 수 없다.

"모든 에너지는 국지적이다"All energy is local라는 불변의 정치적 진리를 떠올려 보라. 이를 조직에 적용해 보면, 사람들은 자기 자신, 관리자, 그리고 동료들로부터 힘을 얻는다. 그리고 모든 사람들은 자신이 소속된 조직에서 절박함을 증대하거나 감소시킬 능력을 갖는다.

HR 부서는 성과평가 프로세스를 관리하고 운영한다. 그들은 반드시 기업가치와 재무 성과목표를 증진시키고, 기업문화를 강화하며, 효율적이면서도 공정한 방식으로 우수성과자와 핵심인재를 찾아낼 수 있는 시스템을 운영해야만 한다.

따라서 HR 부서는 관리자들이 평가를 잘할 수 있도록 독려하고 교육해야만 한다. 하지만 관리자들은 평가업무를 잘해서 그 자리에 임명된 것이 아니기 때문에 끊임없이 문제가 발생할 수밖에 없다. 1장에서 확인했듯이, 관리자는 '평가제도를 실패하게 만드는 하나의 요소'가 될 잠재적 위험을 안고 있다.

인정을 통한 크라우드소싱 기반 평가는 HR이 직면한 실패의 위험을 줄인다. 또한 구성원 모두가 조직문화에 공헌하고 책임을 공유하는 데 기여할 수 있다. 그 효과를 요약하면 다음과 같다.

- **기업의 핵심가치를 고무시킨다.** 사회적 인정은 항상 기업의 특정 핵심가치와 연계된다. 구성원들이 다른 이의 긍정적 행동에 주목하고 이를 '안전'이나 '고객만족'과 같은 핵심가치와 연결지을 때, 인정을 주고받는 쪽 모두 특정 핵심가치의 중요성에 대해 소통하게 된다.
- **재무 성과목표 달성을 촉진시킨다.** 사회적 인정 형태로 구현되는 크라우드소싱 피드백crowdsourcing feedback은 재무 성과목표 달성에 기여하는 행동들을 촉진시킨다. 매출을 발생시키거나 비용을 줄이는 것처럼

재무성과에 직접적으로 연계된 행동뿐만 아니라, 프로세스를 간소화하여 이를 더 효율적으로 만드는 것과 같이 간접적으로 기여할 수 있는 행동 역시 촉진시킨다.

- 강력한 기업문화를 촉진한다. 기업문화는 핵심가치 이상의 것이다. 이는 사람들이 날마다 행동하는 방식을 의미한다. 사회적 인정은 모두이 게임에 참여하고 조직문화에 기여하도록 인센티브를 제공한다.

- 평가를 더 효율적으로 만든다. 관리자들은 시급한 일에 투입해야 할 시간을 빼앗거나, 거추장스러운 성과평가 프로세스는 꺼린다. 관리자들은 비효율적인 성과평가 프로세스를 완수하긴 하겠지만, 빨리 해치워 버리고 싶은 유혹을 많이 느낄 것이다. 최악의 경우, 그들은 1장에서 묘사한 극단적 구조에 휘말린 채 성과관리의 전체 의도를 퇴색시킬 수 있다. 이와 대조적으로, 관리자들이 사회적 인정을 활용하면 직원들의 성과를 판단할 수 있는 풍성한 정보를 별다른 노력 없이 쉽게 얻을 수 있다.

현대사회에서 직원과 기업이 주고받는 기본적 가치는 시간과 돈이다. 그러나 직원이 일한 시간만큼 기업이 돈을 준다는 일차원적 접근으로는, '시간과 돈의 교환'이라는 계약의 당사자로서 양쪽 모두가 더 많은 이익을 얻고자 하기 때문에, 서로를 만족시키기는 어렵다. 오히려 기업이 직원들의 다양한 요구를 충족시키기 위해 노력하는 편이 더 낫다. 이는 구성원들을 자유롭게 만들고, 고무시키고, 동기부여하며, 그들 스스로 일터에 더 많은 것을 가져오게 할 것이다.

- 토니 슈왈츠 Tony Schwartz, 〈에너지 프로젝트〉The Energy Project [14]

- 성과평가의 공정성을 강화한다. 우선 성과평가는 구성원들에게 반드시 공정한 것으로 인식되어야 한다. 크라우드소싱 기반 성과평가는 참여에 근거한다. 즉, 누군가와 함께 일한 모두가 자신이 느낀 긍정적 경험을 기록할 수 있다. 집단의 지혜는 그 속성상 공정을 향해 수렴한다.
- 고성과자와 핵심인재가 누구인지 밝혀낸다. 크라우드소싱 인정 데이터를 모으면 관리자는 누가 일을 제대로 하고 있는지, 어떤 행동이 다른 직원과 프로세스 또는 이익에 긍정적 영향을 미쳤는지 알 수 있다. 시간이 지남에 따라 데이터는 지속적으로 고성과를 달성한 사람이 누구인지 밝혀낸다.
- 직원 개개인의 주도성을 향상시킨다. 우연이 아닌 의도된 개인의 의사결정이 고성과 문화를 만든다.

페어몬트 호텔앤리조트는 효과적 채용의 모범사례를 잘 보여주는 기업이다. 이들은 뛰어난 서비스를 제공하고자 하는 지원자의 헌신을 검증하고 확인하기 위해 채용 프로세스에 많은 시간과 비용을 투입한다. 또한 페어몬트는 호텔 손님들을 기쁘게 만들고 싶어하는 직원을 찾는다. 이는 공감, 창의성, 자발성과 같이 측정하기 어려운 자질을 요구한다. 이 기업의 유럽·아시아태평양 HR 총괄 부사장인 매트 스미스Matt Smith는 아래와 같이 성공적 직원채용 사례를 들었다.

"로키산맥에 위치한 페어몬트 리조트에 머문 한 가족이 겪은 일화를 소개하겠습니다. 그 가족은 커다란 벽난로가 있는 방에서 숙박 중이었죠. 수영하러 방을 나가면서, 그들 자녀 중 한 명이 이렇게 말했습니다. '엄마,

여기 벽난로가 있어요! 이곳 사람들이 제가 마시멜로를 얼마나 좋아하는지 알까요? 여기서 마시멜로를 구워 먹을 수 있을까요?' 그때 방을 치우던 우리 직원이 우연히 그 대화를 들었죠. 숙소로 그 손님들이 돌아온 후, 그들은 마시멜로와 크래커, 초콜릿이 담긴 바구니를 벽난로 근처에서 발견했습니다. 그 바구니에는 '마시멜로를 좋아하시는 손님을 위해 준비해 두었습니다'라는 손글씨가 적힌 작은 메모가 놓여 있었습니다.

당신은 이런 종류의 창의적 업무방식을 사전에 설계할 수 없습니다. 만약 '아이와 벽난로가 있으면, 마시멜로를 보내라'고 매뉴얼에 기재할 수는 없는 노릇입니다. 당신이 할 수 있는 일은 즉흥적이고 창의적인 서비스를 만들어내는 마술을 알아차리고, 그런 마술을 발휘하길 원하는 사람들을 계속 채용하는 것입니다. 인정, 커뮤니케이션, 그리고 이를 축하하는 방식을 통해 당신은 즉흥적 순간들을 조직문화로 탈바꿈하는 과정을 지속적으로 관리할 수 있습니다."

HR 예산을 지원하는 인정

사회적 인정은 HR 예산에도 큰 영향을 미친다. 보스턴컨설팅그룹Boston Consulting Group이 최근 수행한 연구 역시 이 사실을 잘 보여준다. 이 연구는 선도적 기업들이 리더십 개발과 성과관리와 보상제도 그리고 기업 브랜딩을 개선하는 데 더 뛰어나다는 사실을 밝혀냈다(동종업계에서 다른 기업 대비 매출성장률과 이익률이 두 배 이상 더 큰 기업을 선도적 기업이라

정의했다). 이는 HR 팀에게 채용·교육·직원개발에 투자한 비용 대비 수익률이 더 높다는 것을 의미한다.[15]

이직률은 HR 예산을 낭비하는 주범이다. 왜냐하면 그만둔 직원을 대체하는 인력을 고용하는 데 연간 총급여의 50~150%에 달하는 비용이 들기 때문이다.[17] 우수한 성과에 대한 인정 부족은 사람들이 회사를 그만두게 만드는 중요한 이유이다.[18] 2012년 실시된 글로보포스의 조사에 따르면 자발적 퇴사의 48.3%가 인정의 부족으로 인해 발생했으며, 이는 대부분 예방 가능한 것이었다. 크라우드소싱 기반 성과관리는 인정을 증가시키고 직원들의 사기를 개선해 이직률을 낮춘다.

수학적으로 계산해 보자. 연봉과 복리후생을 포함하여 평균 총보상이 4천만 원인 직원 1만 명을 보유한 회사의 경우, 매년 직접 인건비로 4천억 원을 쓴다. 11%의 이직률은 410억 원 이상의 인력 대체비용을 초래한다. 가령, 모든 직원들이 시간당 7천 원을 받는 신입사원이라 해도, 연간 이직으로 인한 비용은 30억 원 이상이 될 것이다. 심지어 이 수치는 우수 인력brain drain, 기회비용, 값진 사회적 지식과 인재를 잃는 것에 연관된 위험성에 대한 비용은 포함하지도 않았다.

성공적으로 시행한 HR 제도와 관행은 선순환구조와 다양한 자생적 흐름을 만들어낸다. 전 조직에 걸쳐 우수한 성과를 달성하도록 하는 조건과 결과를 끊임없이 만들어내는 것이다. 사회적 인정과 크라우드소싱 기반 성과평가가 투자수익률과 같은 재무적 성과 이상의 가치를 만들어내는 원리도 이와 유사하다. 사회적 인정과 이를 바탕으로 한 성과관리는 조직을 더 일하기 좋은 공간으로 만든다.

구성원 이탈로 인한 비용 규모 도출

직급별 구성원 비중 (총 10,000명)

| 신입직원 | 중간관리자 | 고위관리자 |

1인당 평균연봉

3,000만 원   7,000만 원   1억 5,000만 원

1인당 인력 대체비용(연봉의 75% 수준)

2,250만 원   5,250만 원   1억1,125만 원

연간 인력손실(이직률 11% 가정)

770명   220명   110명

173억 원   116억 원   124억 원

총 413억원

재무제표 손익에 반영되는 인력 대체비용

주: 1) 총 1만 명의 직원으로 구성된 기업을 기준으로 구성원 이탈비용을 도출했다.
　 2) 이직률은 보수적으로 잡아 연간 11%로 산정했으며, 이탈인력을 대체하는
　　　비용은 평균적으로 연봉의 75%라고 가정했다.

그리고 이러한 변화는 가장 우수한 지원자들을 회사로 끌어들인다. 우수한 인재의 유입은 다시금 성과를 개선시키고, 사기를 향상시키며, 회사를 더욱더 일하기 좋은 곳으로 만든다. HR 임원에게 크라우드소싱 기반 성과평가는 그 의미가 각별할 수밖에 없다. 이는 HR 예산투입 대비 수익률과 같은 정량적 수치를 넘어 현 조직의 상태를 개선하는 역할을 한다. 시만텍의 글로벌 HR 총괄 부사장인 톰 오렐리오Tom Aurelio는 사회적 인정을 활용해 HR 예산을 더 효율적으로 사용할 수 있다고 주장하며, 다음과 같이 설명했다.

"이 방식의 가장 큰 장점 중 하나는 보상과 인정포상이 각기 어떤 가치에 대해 지급되었는지 추적 관찰할 수 있다는 점이죠. 이전에는 이렇게 추적하는 것이 불가능했습니다. 사회적 인정은 비즈니스의 성과를 달성하는 데 크나큰 도움이 됩니다."[19]

영향력 있는 사람을 놓치고 있지 않은가?

시만텍의 글로벌 HR 총괄 부사장인 톰 오렐리오는 사회적 인정이 관리도구로서 가진 효용성에 대해 다음과 같이 설명한다.

"서로를 인정하며 생성된 데이터야말로 사회적 인정 플랫폼의 가장 강력하며 혁신적인 부분에 해당한다. 관리자는 이 데이터를 활용해 누가 고성과자인지 알 수 있으며, 개인별·조직별 상호작용을 모니터링할 수 있다. 또한 동료 간 인정을 통해 생성된 데이터를 살펴봄으로써, 개별 직원의 성과에 대한 새로운 관점을 얻을 수 있다. HR 리더로서 나는 이제 실제 활용 가능한 데이터를 확보하고 있다. 결론적으로 경영진은 그저 책상에 앉은 채, 조직 전반에 걸쳐 누가 영향력을 행사하는 사람인지 알 수 있다."[16]

대화에 깊이를 더해 주는
크라우드소싱 피드백

크라우드소싱 기반 평가는 관리자가 수행해야 하는 핵심적 역할이 무엇인지 잘 보여준다. 관리management란 구성원들이 성과를 달성하도록 지원하고, 조직이 성장하도록 이끌고 평가하는 것을 의미한다. 따라서 직원과 조직의 성과를 향상시키는 것이야말로 관리자의 핵심적 역할이다. 관리하는 조직의 크기나 직위와 상관없이, 모든 관리자는 성과향상에 대한 책임을 진다. 배송센터 직원 10명을 관리하는 관리자이든, 30개 부서에 소속된 5천 명의 직원을 총괄하는 관리자이든 상관없이 말이다.

사회적 인정이 평가제도에만 제한되어 활용되는 것은 아니다. 직원 역량개발, 목표할당, 프로젝트 관리 혹은 코칭 등 기존 제도가 집중했던 것이 무엇이든 간에, 사회적 인정을 활용해 모든 제도를 보완할 수 있다. 왜냐하면 사회적 인정이 관리자와 구성원 간의 대화를 깊이 있고 풍부하게 만들 수 있는 다채로운 데이터를 제공하기 때문이다.

Executive Insight

우리 조직은 사회적 인정 프로그램을 활용해, 모든 직원들의 일상적 행동과 성과에 대한 크라우드소싱 피드백을 얻는다. 수많은 피드백을 살펴봄으로써, 경영진은 직원들의 어떤 행동과 성과가 비즈니스에 기여하는지에 대해 명확히 이해할 수 있다. 즉, 직원들의 성과와 그들이 어떻게 핵심가치를 실천하는지에 대해 다양한 관점에서 바라볼 수 있는 강력한 데이터를 확보한 것이다.
- 로리 게이탄 IHC HR 총괄 부사장 [20]

성과평가의 목표는 성과가 어떠한지 명확히 알려 주고 조언하는 것이다. 따라서 사회적 인정을 통해 얻은 크라우드소싱 데이터를 성과평가에 활용하면, 관리자와 직원 모두가 원하는 긍정적 분위기가 형성된다. 또한 사회적 인정은 아주 뛰어난 고성과자가 아니라고 해도 다른 대다수 구성원의 성과관리에도 기여할 수 있다. 예를 들어, '기대수준 충족' 혹은 '목표 달성'과 같은 평가를 받은 직원들을 떠올려 보자. 사회적 인정을 통해 이들의 성과에 중대하게 기여한 '구체적 행동'이 무엇인지 알아낼 수 있다.

이러한 구체적 행동은 관리자가 사실에 근거하여 구성원들을 평가할 수 있도록 만든다. 또한 관리자들은 어떤 직원이 업무수행 과정에서 평균 이상의 성과를 보인 순간을 더욱 구체적으로 파악할 수 있을 것이다. 물론, 관리자들이 사회적 인정의 도움을 받지 않고, 이러한 순간을 스스로 발견할 수도 있다. 하지만 이는 사회적 인정에 참여한 구성원이 찾아낸 수많은 순간들에 비하면 턱없이 부족할 것이다. 사회적 인정을 통해 관리자와 직원은 자신들이 놓쳤을 수도 있었던 바람직한 행동을 발견하고, 이에 대한 대화를 나눌 수 있다.

사회적 인정은 저성과자를 평가하는 것과 같이 모두가 피하고 싶어 하는 일을 개선할 수 있다. 즉, 저성과자 평가에 대한 관리자의 부담을 경감할 수 있다. 1장에서 언급한 바와 같이, HR 임원 중 63%는 '관리자의 용기 부족'을 성과평가의 가장 큰 문제로 꼽는다. 관리자들이 저성과자에게 제때 피드백을 제공하지 않으며, 어떤 행동을 평가하고 이에 대해 보상을 제공하는 방식이 서로 모순적이라는 것은 그동안 성과평가의 고질적 문제였다.[21]

관리자의 피드백 스타일	조직 내 직원몰입도(%)	
	업무에 몰입하는 직원	업무를 방해하는 직원
강점에 집중하는 관리자	61	1
약점에 집중하는 관리자	45	22
직원에게 무관심한 관리자	2	40

평가의 불편함과 어려움을 감안할 때, '용기 부족'이란 표현이 다소 가혹하게 느껴질 수 있다. 나쁜 소식과 잠재적 갈등을 피하고 싶은 것이 인간의 본성이다. 심정적으로 불편해도, 관리자들은 사실에 근거해 직원들의 성과를 판단해야 한다. 바로 이 점이 크라우드소싱 기반 성과 데이터가 기존 성과평가 제도를 개선한 부분이다. 이러한 데이터는 성과에 대해 객관적 관점을 제공한다. 또한 이 같은 객관성은 기존에 저성과자를 평가할 때 관리자들이 겪은 고질적 문제의 해결에 기여한다. 누군가의 공헌에 대해 다른 구성원들이 칭찬하고 보답할 때, 관리자는 직원을 위한 미래를 그릴 수 있다. 그러면 직원들은 그들의 일상 속에서 동료, 소속된 조직, 그리고 전체 기업의 성공에 공헌하기 위해 구체적으로 노력할 것이다.

관리자들은 크라우드소싱 기반 데이터를 활용해, 자신들의 핵심업무인 '긍정적 피드백'을 더욱 강화할 수 있다. 2009년 갤럽은 관리자의 피드백 스타일이 직원몰입도에 매우 큰 영향을 미친다는 연구결과를 발표했다. 연구결과에 따르면, 관리자가 무엇에 집중하여 피드백하는지에 따라 업무에 몰입하는 직원engaged employee과 업무를 오히려 방해하는 직원actively disengaged employee의 비율은 현격한 차이를 보였다.[22]

직원들은 관리자가 자신의 업무에 대해 어떤 말이라도 해주기를 간절히 바란다. 하지만 많은 관리자들이 너무도 쉽게 자신들의 기초적 의무를 저버린다. 갤럽의 조사결과에 따르면, 응답자의 25%가 자신의 관리자가 구성원들에게 무관심하다고 답변했다.

잦은 긍정적 피드백이 직원들의 성과를 증진한다는 사실은 관리자들을 대상으로 한 기초적 교육에서도 끊임없이 강조된다. 조직에서 10명이나 20명 규모의 소수 인력이 보여준 자발적 노력에 대한 긍정적 피드백을 2배 이상으로 늘려 보라. 이는 조직의 대다수 직원들이 뛰어난 성과를 내기 위해 실제 변화하기 시작하는 계기가 될 것이다.

사회적 인정 환경에서는, 더 많은 사람들이 동료의 성과를 인정할 수 있다. 또한 이는 모든 구성원에게 자율권을 부여하는 것과 같다. 동료의 성과를 향상시킬 수 있는 몇몇 방법 중 하나가 그들에게 격려와 인정을 전하는 것이다. 더 나아가, 이러한 긍정적 프로그램에서 성과보상에 관한 책임감을 확대하는 것은 모두에게 성과개선에 대한 책임을 부여하는 역할을 한다. 이러한 환경에서도, 관리자는 여전히 구성원들의 성과목표 달성에 대한 책임을 진다. 오히려 전체 구성원에게 이를 위임함으로써 관리자의 책임이 더욱 강화된다.

Executive Insight

탁월한 리더는 직원들의 자존감self-esteem을 높인다. 자기 자신에 대한 확고한 믿음이 있다면, 누구나 놀랄 만한 업적을 이룰 수 있다.

- 샘 월튼 Sam Walton, 월마트 창립자[24]

고성과자만 인정받아야 한다고 생각하는 관리자가 있을 수도 있다. 이러한 사고방식에 따르면, 고성과자인 30%의 직원을 제외한 남은 70%의 직원들은 인정받을 수 없을 것이다. 그러나 이 70%의 직원들 역시 귀중한 인적 자원이란 점을 명심해야 한다. 오직 탁월한 성과를 보이는 직원들만 인정받도록 제한하는 것은, 인정이 가진 무한한 긍정적 영향력을 조직 전체가 아니라 극히 일부에만 미치도록 한정하는 것과 같다. 타워스 왓슨은 이와 관련하여 다음과 같이 주장했다.

"생산성 향상을 촉진하는 주요동인은 핵심기여자core contributors들의 몰입도를 높이는 것이다. 높은 몰입도를 가진 직원은 이미 우수한 성과를 달성하고 있거나 이에 근접한 수준의 성과를 보이지만, 종종 낮은 몰입도를 가진 동료직원들로 인해 성과가 제한되는 경우가 발생한다. 이때, 핵심기여자의 몰입에 집중한다면 30%의 고성과 그룹과 70%의 나머지 그룹 모두의 생산성을 향상시킬 수 있다." [23]

크라우드소싱 기반 성과관리는 일반직원과 고성과자를 가르는 심리적 장벽을 허문다. 그리고 모든 직원의 선의를 확대하고 열정을 공유하며, 서로 존중하도록 돕는다.

가끔 "바람직한 행동이 나타나지 않으면 어떻게 하나? 유의미한 수준의 크라우드소싱 기반 데이터를 생성하기에는 그 양이 부족하면 어떻게 하나?" 하는 우려의 목소리를 듣기도 한다. 그러나 경험상 이런 걱정은 하지 않아도 된다. 모든 사람들은 탁월한 성과를 달성하고 싶어한다. 이는 인간의 본성이다. 그렇기 때문에 조직에서 사회적 인정이 원활하게 이뤄지는 시점이 저절로 찾아올 것이다. 오히려 위에서 언급한 우려에 대해 이렇게 반문하고 싶다. "지금 당신은 직원들이 자주 인정받을 수 있을 만큼 우수한 성과를 내지 못한다고 여기는 것은 아닌가?"

물론 탁월한 성과를 달성한 구성원을 평가할 때도, 크라우드소싱 기반 데이터를 활용해 더욱 풍성한 대화를 나눌 수 있다. 관리자들은 고성과자를 평가하는 일에 기꺼이 임하지만, 여전히 구체적으로 성과평가를 하지 못하고 있다. 때로 관리자는 어느 직원이 적은 예산과 촉박한 기한에도 불구하고, 우수한 결과를 산출해냈음을 알고 있지만, '누가 그런 것까지 신경 쓰겠어? 본인 스스로 잘 알고 있을 텐데, 그럼 된 거지 뭐'라고 생각할 수 있다. 이로 인해 많은 사람들에게 긍정적 영향력을 줄 수 있는 성공사례, 역사적 순간 그리고 영감을 불러일으키는 행동이 제대로 평가받고 인정받을 기회를 놓치게 된다.

마지막으로, 크라우드소싱 기반 성과 데이터는 관리자들이 낮은 직급이나 얌전한 성격으로 인해 주목받지 못했던 고성과자를 찾을 수 있도록 돕는다. 이제 우리는 모든 사안에서 개인보다는 군중의 지혜를 통해 더 정확하게 판단할 수 있음을 안다. 또한 사회적 인정을 활용하여, 관리자들은 고성과자들을 조기에 발견할 수 있다. 이를 통해 전통적 성과평가 방식보다 더 빠르게 고성과자들의 역량개발을 지원할 수 있다.

자발적 참여가 핵심이다

크라우드소싱 기반 성과평가가 직원들에게도 매력적인 이유는 바로 '참여적'이라는 점에 있다. 일반적으로 인정의 순간은 다수의 자발적 참여를 통해 이루어진다. 그리고 이는 모든 사람들에게 긍정적 영향을 준다. 이제 인정을 통해 뛰어난 성과를 인정하고 보상하는 권한이 회사 전체로 분산된다. 이에 따라 직원은 서로에 대한 책임을 지고, 상호작용을 하도록 고무된다. 즉, 직원 간의 인정이 이익창출, 사기 및 효율성 증진을 위한 사회적 인센티브social incentive로서의 기능을 한다.

자발적 칭찬과 인정은 자연스럽고 진실된 것이다. 그 누구도 다른 사람을 인정하기 위해 억지로 노력할 필요가 없다. 흥미로운 사실은 누군가는 아무런 보상이 없을지라도 자신의 시간을 다른 사람을 인정하는 데 쓰고, 인정을 통해 보상받을 누군가에 대해 매우 긍정적으로 얘기한다는 것이다. 동료나 관리자는 이와 같은 자발적 노력을 인식할 수도 있고, 신경 쓰지 않고 그냥 내버려 둘 수도 있다. 개인들의 자발적 참여는 사회적 인정이 생성해내는 수많은 인정의 순간들과 크라우드소싱 기반 데이터에 정당성을 부여한다.

또한, 자발적 참여는 개인들과 집단 모두에게 더 나은 성과에 관한 개인적 믿음을 강화한다. 이는 필연적으로 크라우드소싱 기반 평가가 어느 한쪽에 치우치지 않았기 때문에, 평가시스템이 공정할 것이라는 믿음을 준다. 상사가 동료의 뛰어난 성과를 인정하는 것부터 멀리 떨어진 동료가 보낸 작은 호의에 감사를 표하는 것까지, 모든 종류의 관계는 그들이 표한 인정에서 관찰할 수 있다.

모든 직원이 바람직한 행동을 인지하고 이를 인정하는 프로그램에 자발적으로 참여하도록 한다면, 우리는 공식적 성과평가, 승계후보군 관리, 리더십 개발, 심지어 이직의도 진단 등을 위한 강력한 HR 데이터베이스를 얻을 수 있다.

사회적 인정은 자발성과 주도적 특성을 바탕으로 직원몰입을 고취한다. 이는 누가 시키지 않더라도 그 이상의 노력을 들이는 상태를 의미한다. 직원몰입은 HR 전문가들이 지난 10년간 경쟁과 관련된 성공과 실패를 결정짓는 요소로 언급해온 개념이다.

케빈 쉐리던Kevin Sheridan은 저서 《몰입하는 문화 만들기》Building a Magnetic Culture에서 다음과 언급했다.

"몰입하는 직원들은 일반직원보다 10배 더 인정받는다고 느끼며, 정기적 피드백을 7배 더 많이 받는다." [25]

회사의 모든 직원은 직위고하와 관계없이 누군가와 관계를 맺는다. 기업문화가 수직적 혹은 수평적인 것과는 관계없이, 모든 구성원은 성공과 서로에 대한 책임을 공유한다. 기업문화에 사회적 인정을 더한다는 것은 구성원 간에 긍정적인 말을 많이 하도록 독려하는 일이다. 특히, 미래기업의 모습을 긍정적으로 기대하도록 하여 개개인이 기업의 성과개선에 기여할 수 있도록 힘을 기를 수 있다.

한마디로, 사회적 인정을 통해 긍정의 힘이 가득한 직장은 전 구성원들에게 힘을 불어넣는다.

| Part 2 |

크라우드소싱 기반
성과관리
실행하기

인정 프로그램으로
전통적 성과관리를 보완하라

How Recognition Supplements
the Traditional Performance Review

하이드로랩의 제품개발팀장 리즈는 CEO인 트레버를 직접 만나 이야기해 본 적이 없었다. 그런데 얼마 전 트레버로부터 HR 총괄 부사장인 레베카와 함께 HR 미팅에 참석해 달라고 부탁받았다. 회의주제는 '새로운 평가 프로그램의 진행 현황'이었다. 회의실에서 리즈 팀장은 우선 팀의 소셜 그래프social graph를 화면에 띄웠다. 트레버가 물었다.

"시작하기에 앞서 리즈 팀장에게 질문을 하나 할게요. 실제로 해보니 사회적 인정 프로그램이 성과향상에 도움이 된다는 확신이 드나요?"

리즈 팀장이 응답했다.

"네, 놀라울 정도로 성과향상이 나타나고 있습니다."

리즈 팀장은 그래프를 응시하며 말을 이어갔다.

"시행 초기에는 일부 소프트웨어 개발자들이 어떤 효과가 있는지 더 확실히 증명해 달라고 요구하기도 했습니다. 그러나 놀라운 사실은, 일단 참여하기 시작하면, 팀원들이 서로의 업무에 더욱 관심을 갖게 된다는 것입니다."

리즈 팀장은 레이저 포인터로 자기 팀의 소셜 그래프 곡선을 가리켰다.

"제가 이 그래프에서 주목한 점은 동료들의 잘한 점을 찾아내고 인정해 주고자 하는 직원들의 열정입니다. 이러한 열정은 새로운 입사자들에게는 소속감을 키워 주고, 기존 인력들에게는 주변동료들에게 좀더 관심을 갖도록 해 줍니다."

"결과적으로 결속력과 더불어 팀원 간 소통이 증가된다는 얘기군요?"

트레버가 말했다.

"네, 그렇습니다. 또한 제가 예상치 못했던 효과도 있었는데, 나중에 제가 평가할 때 업무량이 오히려 크게 줄어들었습니다."

"어떻게 그럴 수 있었죠?"

트레버가 되물었다.

"올해 제 팀원 22명이 성과에 대한 스토리들을 보내주었습니다. 매우 구체적이고 상세하게 말입니다. 즉, 제가 참고할 수 있는 실질적 데이터가 생긴 것입니다. 단순히 최종 결과만으로 '4.5점입니다'라고 통보하는 대신에 이제는 '무엇을 어떻게 했는지' 실제 대화기록을 평가 근거로 제시할 수 있게 된 겁니다."

리즈 팀장이 한 여성 팀원의 사진을 클릭하자, 다음 화면으로 넘어갔다. "팀원인 다나에 대한 리포트를 한번 확인해 보시죠. 추후 다나를 지오클린사 인수 후 통합 프로젝트에 투입할 예정입니다."

사회적 인정을 통한 크라우드소싱 기반 성과관리 방식은 매우 간단하게 적용이 가능하다. 1장에서 우리는 사회적 인정이 전통적 성과평가를 어떻게 개선할 수 있는지 전반적으로 검토하였다. 요약하면, 사회적 인정은 다음과 같은 필수요소를 갖추어야 한다.

- 평가자 한 명의 오류로 인한 제도 실패 문제를 해결해야 한다.
- 평가자의 책임감을 계속 유지시켜야 한다.
- 성과목표가 변화하는 비즈니스 환경에 맞춰 조정될 수 있어야 한다.
- 팀원, 팀, 부서에 구체적 성과 데이터를 제공해야 한다.
- '창의성'과 같은 정량화하기 어려운 요소도 포함해야 한다.

기존의 전통적 성과평가 방식은 평가의 범위, 형식, 기간, 복잡성에 따라 다양한 형태로 적용된다. A 기업은 1~5점의 평가척도를 선호하는 반면, B 기업은 360도 다면평가를 선호할 수 있다. C 기업은 성과목표 기반 평가를 중점적으로 적용하고, D 기업은 역량기반 평가에 초점을 맞출 수도 있다. 평가모델과 평가서비스 제공업체는 무수히 많으며, 그중 하나를 선택하면 되는 것이다. 모든 평가모델에는 장점과 단점이 공존하지만, 서로 공통적 요소들도 많다. 대표적인 예로 평가결과의 활용을 들 수 있다. 평가결과는 대부분 공통적으로 인사관련 의사결정(연봉인상, 승진, 팀배치) 또는 인력개발(교육, 업무분장, 멘토링)에 활용된다.[1] 여기서 주목해야 할 것은, 좋은 평가시스템의 기본적 요소는 어느 평가모델에나 공통적으로 적용된다는 점이다.

기존의 성과평가와 마찬가지로, 사회적 인정 역시 몇몇 기본요건들이 갖추어져야 한다.

소셜 아키텍처 구성하기

조직문화에서 소셜 아키텍처social architecture는 건축물의 주춧돌, 기둥, 대들보에 비유할 수 있다. 소셜 아키텍처의 개념은 조직 내 의사소통 방식, 전통, 권한, 특권, 행동, 그리고 인간관계 등을 포괄한다. 이러한 소셜 아키텍처는 조직도와 같은 공식적 구조formal structure, 대화방식이나 미팅방식 같은 비공식적 관행informal habits, 그리고 신뢰, 존중, 두려움 같은 조직 내 인간관계를 통해 종합적으로 형성된다. 우수한 성과에 대해 인정하고 보상하는 것도 소셜 아키텍처에 포함되는데, 그것이 곧 조직문화를 실천하는 방식의 일종이기 때문이다.

한 회사의 소셜 아키텍처는 대부분 비공식적이지만, 매우 강력한 영향력을 행사한다. 왜냐하면 구성원들이 사회적 존재이기 때문인데, 그들은 문화적 신호를 빠르게 찾아낸 후, 의식적으로 순응하거나, 저항하거나, 자신의 스타일에 맞춰 적용하기도 한다.

소셜 아키텍처는 특정 가치를 그것에 부합하는 구체적 행동으로 해석하여 나타낸다. 예를 들어, "몰입·에너지·열정을 기르자"라는 가치는 소셜 아키텍처에 의해 "우리는 어떠한 경우에도 판매를 포기하지 않을 것이다"와 같은 상황적 행동으로 재해석된다. 소셜 아키텍처는 기업의 운영방식을 결정하는 의사소통, 긍정적·부정적 강화reinforcement, 공적·사적 지식, 문화적 요소를 아우르는 조직의 기본 뼈대이다. 여기에는 직급·보상체계, 정보의 투명성, 사내 예절·전통까지도 포함된다.

관리자가 모든 직원들의 행동을 24시간 관리하는 것은 불가능하다.

그래서 소셜 아키텍처의 역할이 중요하다. 소셜 아키텍처는 "누가 지켜보지 않아도 알아서 하는" 행동규범들의 총체이며, 이는 곧 조직문화와 직결된다.

인정효과를 촉진하는 전제조건들

소셜 아키텍처는 개인의 행동과 성과에 대한 소셜 그래프social graph를 만들어낸다. 단, 그러려면 한 개인의 업무를 둘러싼 충분히 많은 사람들이 회사의 목표나 가치와 비교하여 개인의 행동을 평가한다는 조건이 충족되어야 한다. 시간이 지남에 따라 사회적 인정을 활용한 수많은 평가결과들이 쌓일 것이고, 이를 기반으로 소셜 그래프에서 어떤 가치가 발현되고 있는지 또는 간과되고 있는지를 확인할 수 있다.

개인이 잘 수행한 업무에 대한 인정을 회사의 핵심가치와 연동해 소셜 그래프를 만들 수 있다. 다음의 그림은 4가지 핵심가치에 대한 소셜 그래프의 간단한 예시를 보여준다(이 그림은 7장에서 다시 논의할 것이다).

사회적 인정은 개별 직원의 행위를 인정하는 것에서 그치지 않는다. 그러한 행위들이 핵심가치에 어떻게 연계되는지도 데이터로 확인할 수 있게 해준다. IHG의 로리 게이탄이 말했듯이, 사회적 인정은 '행동actions· 가치values· 결과results'의 상호연계성을 시각화해 준다. 그녀에 따르면, "사회적 인정은 조직문화와 구성원들을 비즈니스 성과에 직접적으로 연결해 줍니다. … 초기에 우리는 이를 통해 문화가 조직 전체에

가치기반 소셜 그래프

지난 12개월 동안 4가지 가치에 대해 인정받음

업무수행 시 협력하라

몰입·에너지·열정을 기르자

결단력을 가지고 선택하고,
선택한 것에 집중하라

신의성실을 매일같이 실천하라

잘 정착되었는지, 어느 직원이 조직의 핵심가치를 잘 실천하는지 파악할 수 있습니다."[2]

　새로운 평가제도를 계획할 때는 반드시 성공사례를 고려해야 실패를 방지할 수 있다. 고객사를 상대로 리서치 파트너사들과 수행한 연구나 오랜 경험에 비추어 볼 때, 사회적 인정 덕분에 성과가 효과적으로 향상된 여러 사례를 발견할 수 있었다.

　폭넓은 참여를 수반한 사회적 인정은 긍정이 넘치는 업무환경을 만든다. 그렇다면 사회적 인정 프로그램을 정착시키기 위한 전제조건들은 무엇일까? 우선, 정립된 핵심가치를 중심으로 직원들을 결속시켜야 한다. 경영진은 사회적 인정을 적극 지지하고, 지속적 커뮤니케이션을 통해 이를 강화해야 한다. 또한 관찰된 행동의 영향력과 중요도에 상응하는 인정과 보상이 제공되어야 한다. 그럼 이제 각 전제조건들에 대해 좀더 상세히 살펴보자.

구성원의 폭넓은 참여

전통적 성과평가와 마찬가지로, 사회적 인정에서도 구성원의 폭넓은 참여는 매우 핵심적이다. 사회적 인정 프로그램의 성공사례들로부터 이를 구체화시켜 보면 다음과 같다.

- 연간 80% 이상의 높은 직원참여를 확보한다.
- 프로그램에 급여예산 1~2%를 활용한다.

스탠퍼드 비즈니스 스쿨의 사례연구를 참고해 보자. 이들이 제시하는 모범사례는 사회적 인정 프로그램으로 매주 인력의 5% 이상이 인정포상을 받는 것이다. 이 수준을 넘어서게 되면, 사회적 인정 프로그램이 정착기에 접어들었다고 할 수 있다. 즉, 대다수 직원들이 프로그램에 대해 충분히 인지하고 수용하는 '티핑포인트'tipping point에 도달한 것이다.[3] 이러한 상태에서 어떤 직원들은 1년에 2개의 인정포상을 받을 것이며, 또 다른 직원들은 6개를 받게 될 것이다.

2008년, 스탠퍼드의 사례연구는 인튜이트의 사회적 인정 프로그램인 '스포트라이트'Spotlight에 주목했다. 프로그램 시행 첫해에 전 세계 지사의 직원 8천 2백 명이 2만 건의 인정포상을 받았다. 그리고 이듬해에는 인정포상의 수여 건수가 2만 6천 건으로 증가하였다. 매년 85%의 직원들이 인정포상을 받았다. 서베이 결과 많은 직원들이 자신들의 공로가 실제로 회사에서 인정받는 것을 느낀다고 말했다.

인튜이트에 대한 연구에 따르면, "매주 인력의 5~8%가 인정포상을

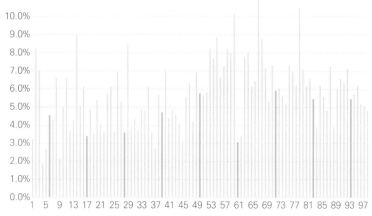

인튜이트 주간 인정포상 내역 (사회적 인정 프로그램 활용도)

주: 프로그램 착수 시점 이후 대상 직원 비율 기준.

받게 될 때, 프로그램은 더욱 강력하게 작동하며 더 많은 직원참여를 유도한다. 즉, 프로그램이 스스로 운영될 수 있는 단계에 접어들게 된다."

인튜이트의 전 HR 총괄 부사장이자, 스탠퍼드 비즈니스 스쿨과 이번 사례연구를 주도한 그레이너Jim Grenier는 이와 같이 말했다.

"진심으로 감사를 전달하는 것은 중요하다. 이는 조직 전체의 성과 피드백 메커니즘에서 강력한 지렛대 역할을 한다."

그레이너는 또한 광범위한 실행의 중요성도 강조했다.

"직원들이 사용하기 쉬운 적합한 도구를 확보하는 것은 프로그램 확산에 중요합니다. 하지만 여기서 가장 중요한 것은 프로그램의 각 조각들이 팀이나 직원들에게 전달하고자 하는 메시지를 중심으로 어떻게 통합되는가입니다. 이를 통해 성공과 성장에 박차를 가할 수 있기 때문이죠."[4]

인튜이트는 기업문화를 강화하기 위해 스포트라이트 프로그램을 꾸

제트블루 본사 내 시각적으로 표현된 핵심가치들

준히 시행해왔다. 직원들이 스스로를 가치 있다고 느끼게 하는 것이 프로그램의 핵심이다. 그리고 실제로 최근 실시한 설문조사에서, 구성원의 90%가 회사를 위해 일하는 것이 자랑스럽다고 응답했다.

공유된 가치

대부분의 경영진은 기업의 핵심가치를 정의하거나, 구성원들에게 전략적 목표를 달성하도록 독려하기 위한 미션을 다듬는 데에 엄청난 시간을 할애한다. 기업의 핵심가치가 직원 행동과 성과에 영향을 미치게 하려면 어떻게 해야 할까? 직책, 부서, 지리적 위치와 상관없이 모든 직원들이 이 핵심가치를 동일한 방식으로 이해하고 받아들여야 한다. 위의 사진은 제트블루가 본사 내에서 자사의 핵심가치를 어떻게 전파하는지 보여준다.

행동은 올바르게
(Do the right thing)

관심은 드러나게
(Show we care)

목표는 보다 높게
(Aim higher)

다름은 존중받게
(Celebrate difference)

업무는 모두 함께
(Work better together)

위의 그림은 '승리하는 법'Winning Ways으로 불리는 IHG의 핵심가치를 나타낸다. 물론 이는 단순히 벽에 핵심가치를 적어 두는 것에 멈추지 않는다. 제트블루와 IHG는 모든 직원은 벽에 적힌 핵심가치를 매일매일 일상 속에서 실천하는 기업문화를 만들기 위해 고군분투한다.

가치에 대한 전 직원의 공통된 이해를 위해서 관리자들은 명확하고 꾸준하게 커뮤니케이션해야 한다. 하지만, 회사규모가 크고 인력구성이 다양하면 이러한 지속적 커뮤니케이션이 어려울 수도 있다. 특히, 글로벌기업의 경우는 더욱 그렇다. 뿐만 아니라, 관리자마다 생각하는 핵심가치의 우선순위가 다르고, 그들의 커뮤니케이션 능력도 상이하기 때문에, 커뮤니케이션은 복잡하고 만만치 않은 작업이다.

'관리한다'는 것은 여러 가지 대안 중 하나를 택하는 일이라고도 할 수 있다. 예를 들어, 기업의 관리자는 '고객만족'과 '내부효율성' 중에서 하나만 골라야 하는 순간에 직면할 수 있다. 이렇게 충돌하는 대안 사이에서 선택해야 할 때, 깊숙이 뿌리박힌 핵심가치가 판단의 잣대로 작용한다.

특정 핵심가치에 부합하는 구체적 행동이 인정받을 때, 구성원들은 핵심가치를 재학습하며 존중하게 된다. 물론 인정받은 당사자 역시 핵심가치에 대해 다시 한 번 되뇌게 된다. 이러한 인정이 다수에게 공개되거나 승인되어야 한다면, 그 행동과 가치는 두 배로 강화될 것이다. 모든 인정의 순간들이 팀미팅에서 공유된다고 가정하자. 그러면 팀원 전체가 회사의 핵심가치에 대해 다시 한 번 상기하게 된다. 이 같은 방식은 특히 거대한 글로벌기업에서 핵심가치가 직원들 속에 살아 숨 쉬게 할 수 있는 유일한 방식이라 할 수 있다.

시만텍은 정보보안 및 저장 분야의 세계적 선두기업이다. 시만텍의 글로벌 HR 총괄 부사장 톰 오렐리오는 사회적 인정 프로그램에서 공유된 가치 강조의 중요성에 대해 역설했다. 2008년 즈음, 몇 차례 인수 이후 시만텍은 직원 수가 6천 5백 명에서 1만 4천 명으로 급증했다. 이로 인해 시만텍에는 "다양한 문화들이 뒤죽박죽 섞인 조직문화"가 생겨 버렸다. 문화가 하나로 통합되어 발전하려면 리더는 무엇을 해야 할까? 직원 모두에게 공통의 핵심가치를 교육하고, 열린 커뮤니케이션 통로를 만들고, 전세계 직원 간 신뢰를 형성하기 위한 프로그램을 추진해야 할 것이다.

톰 부사장은 공유된 가치에 대해 강조함으로써 현 상황을 제대로 진단할 수 있게 되었다고 언급했다.

"우리는 가치기반 조직이며, 기술산업 분야에 종사하고 있습니다.

'혁신'은 우리 조직문화의 핵심입니다. 〔사회적 인정〕의 가장 큰 장점 중 하나는 보상 시스템이 '혁신'과 잘 연계되고 있는지 실제로 모니터링할 수 있다는 것입니다. 우리가 혁신에서 조금씩 엇나가고 있다는 사실을 알아차리는 즉시, 적절히 대응할 수 있습니다. 다시 혁신을 향해 나아 갈 수 있도록 말입니다." [5]

커뮤니케이션

성과평가 프로세스를 운영해 본 사람이라면 누구나 커뮤니케이션이 매우 어렵다는 사실을 잘 알 것이다. 평가를 진행할 때, 관리자와 직원 사이에는 보이지 않는 불편함이 존재할 수 있다. 평가받는 직원은 불안하고, 평가하는 관리자도 입을 열기가 불편하다. 너무 솔직하게 말했다가 직원과의 관계가 틀어질까 두렵기 때문이다.

구성원들 사이에서 자주 일어나는 솔직하고 열린 소통은 장기적으로 평가 프로세스를 합리적이고 타당하게 만든다. 성과에 대한 사회적 인정은 신뢰하는 동료로부터의 조언, 그리고 성과에 대한 소소한 인정들을 주고받으면서 소통을 더욱 활성화시킨다.

그렇기 때문에 사회적 인정은 조직 안에서 매일매일 일어나야 한다. 이는 전 직원을 대상으로, 그리고 전 직원에 의해 인정이 촉진되고, 설명되고, 전파돼야 한다는 의미다. 다행히 사회적 인정 프로그램은 요즘 유행하는 바이럴 커뮤니케이션viral communication 방식에 본질적으로 적합하다.

긍정이 넘치는 업무환경을 만드는 것은 개방적이고, 지속적으로 실천되어야 한다. 통상적으로 성과평가를 1년 단위로 연례행사처럼 진행하고, 단기 인센티브를 지급하는 것이 일반적이다. 하지만 직원들의 관심과 몰입을 제대로 이끌어내기 위해서는 우수한 성과를 실시간으로 인정하는 것이 조직의 관행으로 자리잡아야 한다.

직원들의 참여가 높은 사회적 인정 프로그램은 승인절차를 통해, 스스로를 마케팅하는 효과를 갖게 되고, 조직 내에서 더욱 강력한 침투력을 갖게 된다. 예를 들어, 직원 B가 직원 A를 인정포상 후보자로 추천하고자 한다면, 관리자로부터 이에 대한 승인을 얻는 과정을 거친다. 승인후, 직원 A에게 직원 B가 인정포상을 보낼 때, 직원 B의 관리자 및 부서장이 이 내용을 전달받게 된다. 이 과정에서 총 4명이 수상 사실에 대해 인지하게 된다. 만약 직원의 5%가 매주 상을 받게 된다면, 최대 15~20%의 구성원과 여러 관리자들이 매주 사회적 인정 프로그램에 대해 상기하게 된다. 인식 그 자체가 저절로 계속해서 반복되는 것이다.

스스로 조절하는 인정포상 예산

성과보상에 대한 기나긴 승인절차는 과대평가된 듯하다. 만약 관리자들에게 인정 예산과 포상을 지급하는 수준에 대한 가이드라인이 주어진다면, 승인은 필요 없지 않을까? 포상을 지급한 내역들이 추적되고 분석된다면, 사회적 인정 프로그램이 효과적으로 운영될 수 있는 조절장치가 마련된다. 프로그램이 자기 스스로를 조절하게 되는 것이다. 누적된 포상 규모가 예산 한계에 도달하면 예산이 소진되는 속도를 '늦추도록' 설계될 수도 있다. 이 프로그램의 부수적 이득은 관리자들이 직원을 관리하는 데 있어 더 많은 자율권과 책임감을 얻게 된다는 것이다.

사회적 인정에 대한 인식이 부재한 상태에서, 이를 활성화시켜 조직 전체를 변화시키려면 어떻게 해야 할까?

이를 위해서는 조직 전체에 성과관리의 진정한 의미와 목적을 명확하게 이해시키고, 관련 프로그램을 강력하게 실행해야 한다. 인정을 통한 인식이 지속적으로 반복됨에 따라서, 긍정이 넘치는 업무환경에 대한 공식적 메시지는 자연스럽게 수상자들을 축하하는 방향으로 이어지게 될 것이다. 가치 있는 사회적 인정 데이터가 시스템에 입력되는 것만으로도, 직원들은 사기가 고취되고 그들이 발전하고 있다는 느낌을 받는다.

공헌도에 따른 포상

인정포상의 금전적 가치를 정하는 것은 업적 또는 행동의 중요도를 판별하는 핵심지표라 할 수 있다. 4장의 마지막 부분에서 살펴봤듯이, 포상은 공식적인 감사의 표현으로 그칠 수도 있다. 자그마한 업적에 대해서는 '하이파이브'와 같은 동료들이 전달하는 격려의 메시지로도 충분하다. 하지만 더 큰 성취에 있어서는 다양한 금전적 보상이 주어져야 하며, 이는 그 성과가 조직에 미친 영향의 정도를 나타낸다.

사람들은 자신의 행동이 중요하고 의미 있다는 확신을 받고 싶어하는 동시에, 각각의 행동들이 최종적으로 미치는 영향력은 서로 다르다는 것도 이해한다. 구성원들도 포상수준의 단계가 어떻게 다르게 설정되어 있는지 대략적으로라도 알고 있어야 한다.

포상수준 (예시)	노력수준	영향범위
A = 50,000원	추가적 공헌	개인적 성과
B = 150,000원	일상적이지 않은 공헌 또는 어려움을 해결함	부서단위 성과
C = 500,000원	아주 특출한 공헌 또는 크나큰 어려움을 해결함	회사 전체 성과

주: 이 척도는 추후 직원들의 노력을 분류하는 데 유용하게 활용될 수 있다.

공헌도에 따른 포상이 없다면, 직원들은 사회적 인정 프로그램에 대해 회의적 시각을 가질 수 있다. 신기술을 개발하여 수백만 달러의 매출을 달성한 직원 A가 있고, 고객의 불만사항을 해결하여 팀의 성과목표 달성에 기여한 직원 B가 있다. 두 공헌 모두 인정받을 가치가 있지만, 두 사람이 동일한 수준으로 인정받아서는 안 된다.

당연하게도, 리더가 변해야 한다

사회적 인정 프로그램의 성공적 정착을 위해서는 경영진의 지지가 중요하다. "우리는 성과를 판단함에 있어 직원 여러분들이 서로에게 도움을 줄 것을 믿고 있습니다." 사회적 인정이 제대로 이루어진다는 것은 경영진이 이러한 메시지를 보내고 있음을 의미한다. 이는 대부분의 성과평가 시스템이 갖는 '하향식'top-down 방식과 크게 다른 드라마틱한 변화라 할 수 있다. 경영진은 사회적 인정 프로그램이 윤리적·전략적 측면에서 매우 중요하다는 점을 적극적으로 강조해야 한다.

경험에 따르면, 사회적 인정 프로그램은 주요 고위임원들의 공식적 지지를 필요로 한다. 가능하다면 CEO, 아니면 조직 내 HR 리더와 같은 고위임원들로부터 말이다. 프로그램에 대한 신뢰를 구축하기 위해서는 고위임원 중 커뮤니케이션을 주도할 챔피언을 임명해야 한다. 또한, 프로그램 영향력을 최대화하기 위해서는 한 명 또는 그 이상의 임원들이 스폰서가 되어 공식적으로 프로그램의 실행을 모니터링하고 논의하도록 해야 하며, 프로그램의 성공을 위해서 강력히 지원하도록 해야 한다.

임원들이 이와 같이 행동한다면 직원들은 사회적 인정이 연간 성과평가만큼이나 중요하다는 사실을 깨닫게 될 것이다. 사회적 인정이 곧 평가의 일부이기 때문이다.

임원들은 모두가 공식적이고 광범위하게 사회적 인정 프로그램에 참여해야만 한다. 타인의 인정 없이도 스스로를 동기부여하고, 성과를 달성하는 사람들에게는 불필요한 방식일지도 모른다. 하지만 강력한 리더들의 참여는 다른 어떤 활동보다 회사가 추진하는 프로그램의 타당성을 가장 잘 고양시킨다. 임원들이 직원들의 성과인정을 본보기로 보여주면 임직원들은 크라우드소싱 방식의 성과평가를 합리적이고, 강력하며, 모두가 기대하는 것으로 여기게 될 것이다.

던바의 숫자 뛰어넘기*

전 세계적으로 수많은 조직들은 영웅적 리더들을 찬양한다. 비전을 가지고 특별한 문화를 창조하는 (그리고, 아마 지속적으로 강화하는) 리더들은 영웅적 리더라고 칭송받는다. 비즈니스 미디어는 크라이슬러Chrysler의 리 아이어코카Lee Iacocca, 마이크로소프트Microsoft의 빌 게이츠Bill Gates, 애플Apple의 스티브 잡스Steve Jobs, IBM의 루 거스너Lou Gerstner, 사우스웨스트 항공사Southwest Airlines의 허브 켈러허Herb Kelleher와 같은 리더들을 예찬했다. 각 리더들은 문화적 비전을 실천하기 위해 소셜 아키텍처를 만들었다. 그리고 이는 가장 핵심적인 발전에 해당하는데, 왜냐하면 소셜 아키텍처는 리더들의 임기 이후에도 영속하기 때문이다.

아마존의 제프 베조스Jeff Bezos부터 페이스북의 마크 저커버그Mark Zuckerberg, 구글Google의 래리 페이지Larry Page와 같은 리더들은 그들의 기술적 우수성뿐만 아니라 문화적 비전도 칭송받는다. 오늘날 리더들은 책임감, 개방성, 스피드 그리고 팀워크를 강조한다. 이 가치들은 상호의존적인 오늘날의 업무특성을 나타낸다. 또한 그들은 악명 높게 어려운 입사 인터뷰부터 평가에 이르기까지 끈질기게 성과관리를 위해서 노력한다.

잭 웰치는 GE에 크나큰 변화를 이끌었다. 관료제 타파를 위한 워크아웃 프로그램Work-Out Program과 식스시그마Six-Sigma 프로세스, 이 두 가지

● 역주 던바의 숫자Dunbar's number는 개인이 사회적 관계를 안정적으로 유지할 수 있는 사람의 숫자를 말한다. 100에서 230 사이로 제안되었고 통용되는 값은 150이다.

가 그가 추진한 대표적 변화다. 비전을 엄격한 잣대로 삼고, 민첩하게 미디어를 활용한 것도 그의 성공에 일조했다. GE는 수많은 국가에 수십만 명의 직원을 보유한 거대한 글로벌기업이었고, 지금도 그러하다. 그는 직원들이 새로운 방식을 따르고, 그 기대수준에 부응하길 바랐다.

하지만 모든 직원들을 일일이 만나서 설득할 수는 없는 노릇이었다. 따라서 핵심가치를 고양할 방법론과 체계를 수립하였다. 또한 업무가 어떻게 측정되고, 평가받고, 판단될지에 대한 원칙을 정립했다. 기존의 소셜 아키텍처를 활용하여 직장 내 소통을 활성화했고, 전 직원들에게 새로운 핵심가치 실현을 위한 그의 의지를 전파하였다.

소셜 아키텍처가 효과적이기 위해 반드시 웰치와 같은 유명인사가 필요한 것은 아니다. 세계적 기업들 중 일부는 '조용한' CEO에 의해 경영된다. 대표적으로, 존슨앤존슨Johnson&Johnson은 '크레도'Our Credo에서 자사의 핵심가치를 표현한다. 크레도는 의사, 간호사, 환자, 가족, 직원, 주주들에 대한 책임감을 서술하는데, 구체적 행동양식에 대한 가이드라인이다.

Executive Insight

성과평가 등급에서 중간 70%를 차지하는 직원들은 나머지와 다르게 관리되어야 한다. 이에 해당하는 이들은 모든 기업에서 무척 가치 있는 존재다. 기업은 그들의 스킬, 에너지, 헌신 없이는 제대로 기능할 수 없다. 그들은 직원의 대다수를 차지하기 때문이다. 그 중간 70%에 속하는 직원들 모두는 동기부여되어야 하며, 진정으로 소속감을 느낄 수 있어야 한다. 왜냐하면 70%나 차지하는 대다수의 직원을 잃는 것은 회사에 막대한 손해이기 때문이다. 그들이 발전할 수 있도록 해야 한다.

- 잭 웰치, 《위대한 승리》Winning [7]

예를 하나 들어 보자. "보상은 반드시 공정하며 적절한 수준이어야 하며, 업무환경은 깨끗이 정돈되어 있고, 안전해야 한다"Compensation must be fair and adequate and working conditions clean and safe와 같이 모든 국가, 사업부문, 문화에 유연하게 적용 가능하다.

거대하고 복잡한 비즈니스 현장에서 중시되는 가치가 몇 가지로 한정된다면, 불명확성은 사라지고 일상의 수많은 상황들 속에서 그 가치들을 실현할 수 있다. 모든 관리자나 공장직원들은 일하는 공간이 "공정하며, 정돈되고, 안전한지" 쉽게 판단할 수 있다. 존슨앤존슨 임직원들은 가치가 행동으로 발현되는 것을 지속적으로 인지할 수 있다.

스타트업 조직 역시 소셜 아키텍처를 구축하고 활용할 수 있다. 스타트업은 보통 몇몇 사람들이 비전을 갖고 한두 가지 핵심 아이디어를 실현하고자 시작한다. 회사규모가 작아 CEO가 50~100명의 직원에게 직접 아이디어를 전달할 수 있을 때, 이런 구심력은 엄청난 힘을 발휘한다.

'하향식'에서 '상향식'으로의 변화

IT 리서치기업인 가트너Gartner에 따르면, 사회적 인정 프로그램은 성과를 향상시키며, 관리자와 경영진 피드백에 대한 일방적 의존도를 감소시킨다. 가트너의 부사장인 짐 홀린첵은 보고서에서 이렇게 말했다.

"일류 기업은 상향식bottom-up 피드백, 인정과 포상 방식을 지향한다. 관리자는 인정의 빈도수와 각 직원들의 성과에 대한 피드백을 확인한다. 결과적으로, 최고임원은 데이터를 활용해 관리자들의 평가결과가 동료평가 결과와 일치하는지 확인할 수 있다." [6]

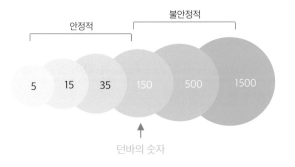

하지만 회사가 성장함에 따라, 스타트업 임원이 직원들과 매일매일 상호작용하는 것은 불가능해진다. 회사규모가 커지면서 발생하는 자연스러운 현상이다. 그런데 이는 강력한 리더십에서 오는 영향력을 약화시킨다.

개인이 유지할 수 있는 가까운 인간관계의 수는 무한하지 않다. 옥스퍼드대 인류학 교수인 로빈 던바Robin Dunbar는 이와 관련한 소셜 네트워크 연구를 진행했다. 영국시민들의 1인당 크리스마스카드 발송수, 전 세계에 현존하는 수십 개의 수렵·채집 부족사회 인원수 등을 연구하여 소셜 네트워크의 최대규모는 150명이라는 사실을 밝혀냈다. 던바 교수는 이것이 인지적 한계 때문이라고 말한다. 다시 말해, 150명과의 뜻깊은 인간관계, 이것이 대부분의 사람들이 유지할 수 있는 최대의 소셜 네트워크이다. 그리고 150명을 넘어서면, 인간관계에서의 중요성과 유대감이 감소되는 경향이 있다.

리더들은 말로써 다른 이들을 동기부여할 수 있다. 하지만, '던바의 숫자'에 따르면 밀접한 관계로 구성된 '집단'은 약 150명의 정도의 규모까지만 유지가 가능하다. 이는 시대의 아이콘인 영웅적 리더라 할지라도 그들의 가치, 사상, 스토리, 네트워크를 통해 인간관계를 확장해야 함을 의미한다. 이것은 크라우드소싱 방식의 조직문화 관리가 필요한 이유다. 책임과 권리를 위임하지 않고서는 문화를 확산할 수 없다. 진정한 영웅적 리더는 자신의 신념이 문화 속에 뿌리내릴 수 있도록 조직을 설계한다.

자포스는 영웅적 CEO가 중시한 핵심가치를 조직 안에 깊숙이 자리잡게 하여 폭발적 성장을 경험한 대표적 사례로 꼽힌다. 자포스의 핵심가치는 최상의 고객서비스를 위해 24시간 7일 내내 집요하게 노력한다는 것이다. CEO인 토니 셰이는 회사가 이 가치를 중심으로 움직이도록 만들었다(자포스의 모토: "자포스에서 고객서비스는 모든 것을 의미한다. 사실상 고객서비스가 곧 자포스다"At Zappos.com, customer service is everything. In fact, it's the entire company). 초창기에 토니와 임원들은 매 순간마다 "이것이 고객에게 어떠한 영향을 끼칠까?"라고 질문하고, 고객만족에 전념하는 직원을 인정하고 보상함으로써 이런 핵심가치 전파를 촉진할 수 있었다. 자포스가 본격적 성장기에 접어든 이후에는 고객만족에 대한 열정을 가진 관리자들을 고용했다.

현재 자포스는 10억 달러 이상의 매출을 창출하고 있으며, 직원을 뽑을 때는 항상 공적으로든 사적으로든 고객 중심의 가치를 실천하는 이들을 채용한다. 2009년 7월, 아마존닷컴의 CEO 제프 베조스가 자포스를 인수한다고 발표했는데, 그는 자포스의 고객만족에 대한 집념을 보고 이번 인수를 결정하게 되었다고 말했다. 베조스는 무려 9억 달러를 지불할 만큼 자포스 앞에서 "정신을 차릴 수 없었다"고 한다. 그리고 앞으로도 자포스의 가치를 지켜가겠다고 밝혔다.

토니 셰이 같은 리더가 있는 반면, 카리스마가 다소 부족한 CEO들도 수없이 많다. 하지만 모든 리더에게 있어, 전체 직원들이 회사의 문화적 가치를 인지하고 전파하게 하는 것은 매우 중요하다. 크라우드소싱은 당신도 던바의 숫자를 뛰어넘도록 도울 것이다.

사회적 인정의 전략적 실행방안

전통적 성과평가에만 익숙한 조직이 사회적 인정을 성공적으로 실행하기 위해서는 다음과 같은 4단계가 필요하다.

- 전통적 성과평가와 사회적 인정 프로그램이 어떻게 함께 작동할지 결정하라.
- 사회적 인정 프로그램을 위한 예산을 운영하라.
- 사회적 인정 프로그램을 단계적으로 시행하라.
- 필요에 따라 예산을 측정하고 조정하라.

전통적 성과평가와 사회적 인정 프로그램이 어떻게 함께 작동할지 결정하라

6개월 또는 12개월마다 관리자는 관례적으로 팀원과 일대일 미팅을 진행한다. 연초에 설정한 성과목표에 대비해 팀원이 성취한 목표달성률을 확인하고, '지속하거나'continue, '멈추거나'stop, '개선해야 할'change 행동에 대해 이야기를 나눈다. 그리고 다음 목표 수립에 대해 논의하는 것으로 대화를 마친다. 만약 양측이 평가 프로세스를 숙지하고 있다면, 성과와 이슈 영역에 대해 구체적 사례를 논의하기도 한다. 혹은 팀원은 경력개발에 대한 코칭이나 성장할 수 있는 부분에 대한 조언을 요구할 수도 있다.

공식적 평가미팅에서 목표를 설정한 후에, 관리자는 목표달성 현황을 모니터링해야 한다. 우수한 성과에 대해서는 인정과 격려를, 부족한 성과에 대해서는 코칭을 제공하거나, 인정하지 않아야 한다. 이러한 모니터링 작업은 격식 없이 편하게 진행될 수 있고, 경우에 따라서는 엄격하게 이루어질 수 있다. 관리자의 기질에 따라 달라질 수도 있다.

사회적 인정은 평가의 두 가지 측면을 강화한다. 우선, 단기적으로는 좋은 행동을 바로 인정해 주고 보상해 줄 수 있다. 금전적 보상의 형태가 될 수도 있고, 뛰어난 성과에 대해 공식적으로 칭찬하는 기회를 제공해 주기도 한다. 또한, 간접적으로는 다른 직원들이 훌륭한 성과에 대해 목격하고 인정한 기록들을 관리자가 확인할 수도 있다. 두 가지 경우 모두에서 사회적 인정은 구체적 스토리를 제공한다. 그리고 이는 추후 관리자와 직원이 성과에 대해 서로 대화를 나눌 때 참고자료가 된다.

성과평가에서 특정한 시기에 도출된 구체적 스토리는 추상적 결과 요약보다 훨씬 효과적이다. 스토리는 사람들의 머릿속에 강력하게 각인되기 때문이다. 또한, 이러한 스토리를 가지고 대화하면 사람들 간의 관계, 납기, 활용 가능한 자원, 채택된 활동과 대안적 활동 등과 같은 해당업무와 관련된 모든 요소들이 어떻게 연계되었는지 파악할 수 있다.

좀더 장기적 관점에서 보면 사회적 인정 프로그램의 도입은 계획했던 목표들이 어떻게 달성되었는지를 스토리에 연계시킴으로써 전통적 성과평가를 더욱 풍부하게 만든다. 스토리는 '판매량' 같은 객관적 목표나, '고객만족'과 같은 추상적이고 주관적인 목표들이 달성되기까지의 과정에 대한 이해를 돕는다.

사회적 인정 프로그램을 도입하면, 관리자들은 관련 데이터베이스 및 응용프로그램을 활용하여 인정포상을 승인한다. 이렇게 관리자가 승인하는 과정은 사회적 인정 활동이 조직 구성원들의 중요한 활동으로 유지될 수 있도록 해준다. 사회적 인정 프로그램을 통해 관리자들은 자신들의 시야에서 벗어난 업무 및 프로그램까지도 모니터링할 수 있다. 사회적 인정 프로그램에 참여하는 모든 직원들은 직장 공동체의 과업, 영감, 신념, 가치와 행동에 대해 더 많이 배울 수 있다. 소셜 네트워킹 소프트웨어가 있기 때문에 모든 사람들이 자유롭게 직장에서 이러한 이야기를 자유롭게 공유할 수 있는 것이다.

"우리 회사의 연봉인상과 보너스는 객관적 기준에 근거한다.

만약 보상이 객관적 기준에 근거하면, 우리는 최소한 이론상으로 성과평가가 공정하다고 말할 수 있다. 하지만 완전히 객관적인 평가자가 있다면 내게 알려 주길 바란다. 평가자들도 사람이다. 그들도 빼먹을 수 있고, 무의식적으로 편견을 갖고 있고, 자기관리를 잘못할 수 있다. 또한 평가자로서 자신의 일을 제대로 하지 못할 수 있다.

오해 그리고 **진실**

인정받을 만한 행동은 즉흥적으로 발생하기에 사회적 인정은 실시간 관리도구이다. 관리자들은 인정포상을 승인하는 과정에서 성과관련 정보들을 수집한다. 대체적으로 첫해에는 데이터가 쌓이는 속도가 더디다. 하지만 더 많은 직원들이 참여함에 따라 스토리가 축적되는 속도는 점점 가속화된다. 이내, 이렇게 쌓인 사회적 인정 데이터를 공식적으로 성과평가에 연계할 수 있다.

사회적 인정 프로그램을 위한 예산을 운영하라

사회적 인정 프로그램을 위해 별도예산을 확보하는 것은 매우 중요하다. 직장에서 80% 이상의 직원들이 사회적 인정 프로그램을 활용해야 통계적으로 신뢰할 수 있는 정확한 데이터를 얻을 수 있다(데이터가 유의미해지기 위해 80%는 반드시 지켜야 하는 수치임을 기억하자). 높은 참여율을 유도하기 위해서는 적어도 급여예산의 1%를 할당해야 한다.[8] 이미 알려진 바와 같이, 2011년에 HR 컨설팅사인 월드앳워크는 기업들이 평균적으로 사회적 인정 프로그램에 급여재원의 2%를 예산으로 할당하고 있다는 사실을 밝혀냈다. 하지만 2011년 당시 할당된 예산의 중간값은 1%였다. 일부 기업의 경우 사회적 인정 프로그램이 성공적으로 운영되자 평균값에서 시작한 예산을 상향 조정하였다.

초기에 사회적 인정 프로그램의 체계를 잡기 위한 간단한 방법을 하나 소개하겠다. 바로 기존 보너스 재원의 10%를 사회적 인정 프로그램에 할당하는 방법이다.[9] 예를 들어, 메리의 연간 보너스가 5천 달러로 정해져 있다고 해보자. 그녀의 매니저는 4천 5백 달러를 MBO 목표에 할당하고, 남은 5백 달러를 사회적 인정 프로그램 예산에 할당한다. 잠재적으로 메리가 자신의 동료나 내부고객 또는 관리자로부터 인정받을 경우 5백 달러까지 추가적 보상을 받을 수 있다. 그리고 사회적 인정 프로그램의 데이터베이스는 그녀의 지급내역을 추적 관리한다. 사회적 인정 포상 수여는 장기 보너스에 비해 긍정적 행동을 강화시키는 데 더 효과적이다. 특정한 행동과 연계되어 보상이 즉각적으로 이뤄지기 때문이다. 메리는 50달러 혹은 100달러에 해당하는 특별 보너스를 수시로 받으면서, 지속적으로 성과를 향상시키고, 기업문화 발전을 위해 노력하게 될 것이다.

'10 대 90'의 보너스 할당방식을 시작하고 얼마 지나면 깨닫게 될 것이다. 연중 내내 동료들이 주는 사회적 인정포상이 연말 보너스보다 훨씬 효과적으로 성과를 향상시킨다는 것을 말이다. 그러면 추후 보너스 풀bonus pool의 할당비율을 '20 대 80' 또는 '30 대 70'으로 바꿀 수 있다. 기업 규모와 문화에 따라 최상의 배분비율은 다를 수 있다. IT 리서치 기업인 가트너는 프로그램이 진척됨에 따라 HR 리더들이 모든 종류의 보너스가 성과에 미치는 영향을 연구해야 한다고 주장한다.[10] 시간이 지나 데이터가 축적되면 연말 보너스와 사회적 인정 프로그램의 예산 할당의 적절한 비율을 분명히 알 수 있을 것이다.

기존의 보너스 플랜bonus plan에서 제외된 직원들에게 사회적 인정 프로그램은 좋은 기회다. 프로그램이 시행된다면 가장 낮은 급여를 받거나 매우 단조로운 업무를 하는 직원들마저도 더 잘할 이유가 생긴다. 사회적 인정 프로그램과 기존 평가방식의 결합은 모든 직원에게 보상이 돌아갈 수 있다는 매력적인 시나리오를 만든다.

우연치 않게도 대기업들은 임시적으로 운영 중인 사회적 인정 프로그램에 급여예산의 1%를 자신들도 모르게 이미 사용 중이다. 부서 저녁회식이나 격려의 의미로 야구경기 티켓을 구매하는 것과 같은 형태로 말이다. 비공식적이지만 의도된 인정행동들은 여행과 엔터테인먼트 비용으로 애매하게 사용되곤 한다. 세금납부, 중복투자, 기업지배구조 규제 등으로 인한 간접비용 역시 사회적 인정 프로그램의 예산으로 추가될 수 있다. 많은 CFO Chief Financial Officer들은 이러한 비공식적 인정의 비용에 어떤 것이 있는지 확인하고 이런 비용들을 구분해내기 위해 노력했다. 하지만 그들이 비용의 근본적 효과에 대해 파악했을지는 의문이다.

사회적 인정 프로그램을 단계적으로 시행하라

예산 운영방식과 마찬가지로 사회적 인정 프로그램을 단계적으로 도입하는 것은 기존의 방식에 추가하는 것을 의미한다(즉, 이는 기존 방식을 완전히 폐기하고 처음부터 새롭게 시작하는 것이 아니다). 가트너는 기존 성과에 따른 보상 프로그램과 사회적 인정 프로그램을 함께 시범적으로 운영해 보는 것을 권장한다.

작은 그룹보다 전 직원을 대상으로 테스트하는 것이 좋은데 여기에는 몇 가지 이유가 있다. 조직문화 관리의 도구로서 사회적 인정은 모든 직급, 직책, 위치에 있는 직원들이 회사의 핵심가치와 조화를 이루도록 한다. 회사 내 각 집단마다 서로 다른 하위문화가 존재한다. 따라서 사회적 인정 프로그램이 각 문화와 결합해 나타나는 양상은 조금씩 다를 것이다(경쟁을 중시하는 영업 vs 협력을 중시하는 디자인, 테크니컬한 스킬이 필요한 재무 vs 감성적 스킬이 필요한 마케팅의 차이를 떠올려 보라). 집단 간에 조금씩 다른 결과값을 비교해 보면, 더욱 다채로운 통찰을 얻을 수 있다. 어떤 한 집단이 다른 집단들에 대해 홍보대사 역할을 하며 프로그램의 확산을 선도할지도 모를 일이다.

사회적 인정 프로그램 시행 초기 단계에는 교육과 커뮤니케이션이 필수적이다. 프로그램이 모든 구성원에게 효율적으로 전달될 수 있는 방법이기 때문이다. 지금과 같은 디지털 마케팅의 시대에는 각각의 집단에 개별적으로 프로그램을 착수하는 것보다 전체를 대상으로 한 번에 착수하는 것이 훨씬 효율적이며 저렴하다.

마지막으로 사회적 인정 프로그램은 금전적 보상을 제공하기 때문에 직원들 모두가 가능한 한 동등한 기회를 가져야 한다.

그 규모와 상관없이 제대로 된 사회적 인정 프로그램이라면 측정 가능한 결과치를 만들어내야 한다. 적합한 성과지표를 활용해 시스템이 어떻게 실행되고 참여를 어떻게 유도하는지, 기업의 특정 목표에 어떤 영향을 미치는지, 기업의 성공과 연계되는지 측정할 수 있어야 한다.

필요에 따라 예산을 측정하고 조정하라

직원들의 참여는 사회적 인정 프로그램의 성공에 필수적이다. 사회적 인정 프로그램을 도입한 대부분의 기업들이 겪는 어려움은 절대다수의 직원들의 참여를 이끌어내는 것이다. 만약 80% 이상의 직원과 관리자들이 참여하지 않는다면 시스템은 불완전한 소셜 그래프를 만들어내게 될 것이다. 불완전한 소셜 그래프는 없는 것이나 마찬가지다. 집단 간의 비교가 어려워지고 데이터 역시 의심스럽기 때문이다. 만약 데이터가 전 직원의 20%만을 측정하고 있다면 데이터의 신뢰도가 100%라 할지라도 조직문화에 대한 통찰을 제공하지 못한다.

또 다른 어려움은 사용상의 복잡성(사회적 시스템의 근원은 자발성에 있다는 사실을 떠올려 보자. 최상의 방식은 이러한 자발적 참여를 꺾지 않는 것이다), 적정한 보상예산의 부족, 얻을 수 있는 이득에 대한 커뮤니케이션 실패, 잔존하는 회의주의와 무력감 등이 있다(이는 '신뢰 부족'과 같이 기존 성과평가의 단점 때문에 고통받은 회사들에게 위협적이다). 80% 직원참여라는 목표를 마음속에 되새기며 발생 가능한 이슈들에 대해 미리 고려할 필요가 있다. 직원들의 높은 참여를 이끌어내기 위해 가장 쉬운 방법은 무엇일까? 사회적 인정프로그램에 직원 참여도가 높은 기업의 경우 가장 결정적 요인은 기존 성과평가 제도와 마찬가지로 모든 관리자가 참여한다는 점이다. 참여도를 높이는 답을 알았다면 이제 이를 전면적으로 활용하면 된다.

사회적 인정 프로그램이 착수되고 점차 가속도가 붙기 시작했다고 가정해 보자. 이제 필요한 것은 프로그램의 효과성을 모니터링하기 위한 성공지표들이다. 이 지표는 기업목표와 명확하게 맞아떨어져야 한다. 경험에 따르면 가장 강력한 지표는 전통적 성과목표와 문화적 신호의 조합이다. 구체적 예시는 아래와 같다.

- 직원들이 달성하거나 초과달성한 모든 성과목표
  (수입, 효율성, 식스시그마, 혁신, 고객만족 등)
- 점진적으로 개선 중인 직원들의 순추천고객지수 ●(서베이 점수 기준)[11]
- 직원 근속률 향상
- 상승한 기존 평가점수(관리자 평가점수 기준)
- 기업의 핵심가치 관련 내부 서베이 점수 향상도
  ("나는 일과 관련하여 필요한 자원을 회사로부터 적절히 제공받는다"와 같은 업무환경 개선, 직원 신뢰도 관련 문항)
- 개선된 직원몰입 서베이 점수
- 인정·격려 지표에 대한 임직원 인식 서베이 점수
- 개선된 고객서비스 혹은 고객만족 점수

직원참여가 증가함에 따라 데이터는 증가할 것이고 더욱 구체화될 것이다. 이를 통해 경영진은 조직성과 소셜 그래프를 좀더 자세히 살펴볼 수 있게 된다. 어떤 직원이 정말로 몰입하는지, 어떤 부서가 자체적으로 일을 추진하는지, 어느 부서가 뒤처지는지, 어느 부서 직원들의 만

● 역주 NPS: Net Promoter Score.

족도가 가장 높은지, 어떤 직원이 새로운 기회에 민첩하게 반응하는지, 또는 누가 핵심가치를 온전히 실천하고 있는지 등에 대해 말이다. 이와 같은 모든 것이 소셜 그래프에 나타난다. 그리고 이는 경영진에게 성과 향상에 박차를 가해야 할 부서가 어디인지, 누가 차세대 리더로서 적합한지 알려 준다.

시간이 지나면 HR은 결국 예산을 다시 조정해야 한다. 급여, 복리후생, 그리고 성과급 구성의 균형을 맞추어야 한다. 그래야만 성과관리 제도를 통해 최대성과를 얻어낼 수 있다.

성과를 향상시키기 위해 직원과 경영진이 업무를 '크라우딩' 하면 할수록 사회적 인정은 지속적으로 성과향상을 촉진하고, 성과관리를 넘어서 스스로 영속 가능한 조직문화에 도달하게 된다.

기존 평가방식을 완전히 폐기할 필요는 없다

앞에서 언급한 것처럼 크라우드소싱 기반 평가방식으로 100% 전면 개편하는 것보다 전통적 성과평가 방식에 사회적 인정을 추가하는 편이 더 바람직하다. 왜냐하면 기업은 직원과의 상호작용에서 법적 요구사항을 지켜야 하고, 평가시스템은 이를 확인할 수 있는 기록을 남기기 때문이다. 전통적 성과평가 시스템은 크라우드소싱 방식만으로는 달성할 수 없는 역할을 하기도 하는데, 예를 들어 회사 전체 재무적 목표 대비 매출달성도 집계 등이 이에 해당한다.

기존의 성과평가 시스템을 유지함으로써 얻을 수 있는 절차상의 이득 또한 있다. 일부 관리자들의 경우 처음부터 끝까지 깔끔하게 정돈된 프로세스 구조가 필요할 수 있다. HR 시스템들은 기존에 활용 중이던 평가시스템을 중심으로 설계되어 있기 때문에 매년의 진척수준을 이러한 기존의 평가시스템을 통해 모니터링할 수 있다. 또한 회사 외부에서 직원들이 그들의 성과에 대해 이야기할 공통의 언어로도 활용된다. 예를 들어 "나는 매년 5개 평가영역 중 4개 부분에서 목표를 초과달성 했습니다"라고 말이다.

사실상 크라우드소싱 기반 평가방식은 기존 평가방식의 장점을 유지하는 것이다. 사회적 인정은 전통적 성과평가 방식의 단점을 개선한다.

근속포상 같은 스토리텔링 기회를 활용하라

근속자에게 기념일을 축하하듯이 선물을 제공하는 것에 대해 부정적 의견이 많다. 오늘날의 기업문화는 성과에 집중하고 이를 인정한다. 그리고 장기근속은 오늘날의 기업문화에서 사라져가는 덕목에 해당한다. 이제 회사 로고가 박힌 '황금시계' 상은 과거의 유물마냥 여겨진다.

글로보포스는 최근 소셜 플랫폼에 장기근속을 축하하는 기능을 추가했다. 그리고 머지않아 몇 가지 사실을 알게 됐는데 '유레카'를 외칠 만한 발견이었다. 근속기간에 대해 포상받는 동료를 축하해 주는 것처럼 각종 축하 이벤트를 통해 직원들에게 영감을 주는 것은 굉장히 특별한 순간이었다. 회사에서 오랫동안 일해온 개개인들은 그들이 회사에 얼마나 큰 영향을 미쳤는지 아마 모를 것이다. 사회적 인정 프로그램하에서 근속년수에 대한 기록 달성은 수많은 사람들이 선의를 갖고 축하할 수 있도록 함과 동시에 기업역사에 대한 스토리를 회상해 보게 했다. 이렇게 쏟아지는 선의는 모든 직원들에게 그리고 기업문화에 긍정적 영향을 미쳤다.

이러한 현대적 근속포상 방식은 직원들의 직간접적인 모든 공헌을 축하할 수 있도록 한다. 이를 사회적 인정 프로그램과 연계하면 직원들은 근속기간에 대해 자연스러운 시점에 축하할 수 있다. 사회적 인정은 '지금 여기에서'here and now 나타나는 성과에 주로 초점을 두고 세세한 수준에서 수많은 포상을 지급하기 때문이다.

근속년수와 같은 기념일은 직원들로 하여금 관리자의 시각에서 장기적 공헌을 축하할 수 있도록 한다. 특히 입사한 지 얼마 안 된 직원일수록 이 효과는 높게 나타난다. 해당 그룹의 구성원들은 장기근속 직원의 축적된 회사에 대한 공헌을 찬찬히 살펴보게 된다. 그리고 이와 함께 회사가 어떻게 발전해왔는지에 대해서도 생각해 볼 기회를 갖게 된다.

비즈니스 언론지는 종종 경영자의 비즈니스 이력을 조명하곤 한다. 그들의 다년간에 걸친 성취의 발자취를 보며 지금 활용 가능한 통찰을 얻을 수 있기 때문이다. 근속기간에 대한 축하행사 역시 기업 내부적으로 같은 역할을 한다. 한 개인이 업무성과를 달성해온 궤적에 대해 존중하고, 위엄을 부여하고, 개인의 스토리가 회사의 스토리에 보태진다. 근속기간 포상을 활성화하기 위해 사회적 인정 프로그램을 활용하면 직원들의 그간 성과들을 낱낱이 살펴보고 이를 모두에게 전파할 수 있다.

근속기간에 대한 격려행사를 사회적 인정 요소에 포함하는 것은 새로운 관리자들에게 유익할 수 있다. 그들은 자신의 직원이 얼마나 가치 있는지 보여주는 과거 일화와 통찰들이 담긴 거대한 보물상자를 얻게 된다. 또한 이를 통해 새로운 관리자들은 입사 이전에 다른 직원들이 달성한 성과와 업무에 대해 이해할 수 있다. 따라서 그들은 적절하게 근속년수에 대한 포상을 지급하는 것이 가능해진다.

필자의 개인적 경험에 따르면 근속년수에 대한 포상은 직원들 사이에서 가장 인기 있는 상 중 하나다. 왜냐하면 이 상은 하나의 인격체에 집중하기 때문이다. 그리고 이는 일하는 곳에 사람 냄새가 나게끔 하며 직장에서 사회적 연결을 강화한다.

크라우드소싱 기반
성과 데이터를 활용하라

Putting the Crowdsourced
Performance Review into Practice

하이드로랩의 제품개발팀장 리즈와 다나는 전통적 성과평가 결과의 내용을 논의 중이다. 다나의 과거 평가기록들은 그녀가 훌륭한 프로젝트 관리자란 사실을 일관되게 보여주었다. 이번에도 평가결과는 4점과 5점이 대부분이었다. 양식을 완성한 후, 리즈 팀장은 다나를 자신의 컴퓨터 앞으로 불렀다. 그리고 다나의 사회적 인정 리포트social recognition dashboard report를 열고 한 해 동안 다나의 동료들이 그녀에 대해 작성한 차트와 그래프를 살펴보기 시작했다.

"숫자와 코멘트만으로 채워지지 않은 당신의 평가서는 이번이 처음이에요. 이전에는 '체크, 체크, 체크. 다나는 우수합니다' 하는 식이었잖아요. "

리즈 팀장이 말했다. 나는 조금 신경이 쓰이는 듯이 웃으며 말했다.

"글쎄요, 체크리스트를 쓰는 것이야 프로젝트 관리자의 일상 아닌가요?"

"하지만 이제 우리에게는 체크리스트보다 더 나은 방식이 있어요."

리즈 팀장은 컴퓨터 화면에 나타난 사회적 인정 대시보드social recognition dashboard를 바라보며 말을 이었다.

"자, 지난 GTY 프로토타이핑 프로젝트GTY prototyping project에서 함께 일했던 국내외 동료들이 당신에 대해 어떻게 말했는지 보자구요. 업무가 순조롭게 진행되도록 기여했다고 포상을 여러 개 받았네요. 당신 생각에는 무엇 때문인 것 같은가요?"

다나가 대답했다.

"GTY는 글로벌 프로토타입을 만들기 위한 첫 과제였어요. 영국과 독일에 있는 디자인팀이나 개발팀과 협력해서 프로젝트를 수행하는 것은 쉽지 않았어요."

리즈 팀장과 다나는 다른 프로젝트에서 받은 4개의 다른 인정포상들을 살펴보았다. 그리고 그들은 팀원들의 전략적 학습방식부터 하이드로랩의 핵심가치에 이르기까지 다양한 주제에 대해 이야기를 나누었다. 리즈 팀장은 이를 통해 다나가 하이드로랩의 가치 하나하나를 마음에 새겨 두고 일한다는 것을 알 수 있었다. 리즈 팀장은 자신이 다나의 성과에 대해 올바른 평가를 내렸다는 것을 확신했다. 그리고 평가미팅 후 다나에게 좋은 기회를 제시할 수 있으리라 생각했다.

경영 분야의 베스트셀러 작가인 댄 핑크Dan Pink는 전통적 성과평가 방식에는 이렇다 할 비전이 없다고 말한다.

"평가에 대한 논의가 진정성 있는 경우는 드뭅니다. 대개의 경우 이러한 대화는 서양의 가부키 연극을 떠올리게 하지요. 굉장히 정형화되어 있고, 사람들은 예상 가능한 대사를 상투적으로 읊어냅니다. 모두가 이 형식적인 과정이 빨리 끝나기만을 바라지요."[1]

만약 평가 논의가 진솔한 대화로 진행된다면 어떨까? 소셜 미디어는 기업들이 고객 및 잠재고객, 협력업체들과도 좀더 인간적 방식으로 소통할 수 있게 해주었다. 기업 내에서도 이에 대한 기대감이 커지고 있다. 팀원들은 본인의 성과에 대해 솔직하고, 편안하게 이야기 나눌 수 있기를 바란다. 그리고 이것이 우리가 사회적 인정 시스템의 도입을 통해 얻고자 하는 바다. 핵심은 사회적 인정 시스템의 이야기처럼 풀어가는 내러티브 효과를 활용해 평가의 과정에 진정성을 더하는 것이다.

물론 친구 간 담소가 아닌 업무에 대한 논의가 목적이 되어야 한다. 일반적으로 평가미팅은 협상의 장으로 받아들여진다. 그렇기 때문에 평가자와 평가대상자 모두 신중하게 그 과정에 임한다. 팀원은 자기 자신을 '칭찬과 보상'을 받아야 하는 고성과자로 평가받고 싶어한다. 관리자의 건설적 비판마저도 자신의 미래와 경력에 위협으로 받아들일 수 있다. 관리자는 팀원의 성과를 공정하게 평가하고 싶어하며, 적절한 조언을 주고, 한정된 예산을 효과적으로 배분하고자 한다. 관리자가 설령 거친 토론에 익숙하더라도 팀원과의 갈등을 최대한 피하고 싶어한다. 여기에는 평가와 보상의 '분리'라는 오랜 문제가 자리잡고 있다. 마치 그것이 가능하기라도 한 것처럼 말이다.

이상적 성과평가는 관리자와 팀원 양측 모두가 동일한 목적을 갖고 임하는 업무에 대한 논의여야 한다. 사실에 근거한 성과분석, 성과향상 방안 마련과 공정한 보상배분이 목적이 되어야 한다. 하지만 전통적 성과평가 과정에 존재하는 역동적 긴장감dynamic tension으로 인해 양측 모두 성과 논의와 그 결과에 대해 감정적으로 분리되는 것이 사실상 어렵다. 그 결과 평가미팅은 연극처럼 변질되고 평가를 통해 실질적으로 성과를 향상할 수 있는 기회는 사라진다.

분명히 현재의 방식보다 더 나은 방식이 있을 것이다. 필자는 다음 몇 페이지에 걸쳐서 사회적 인정과 기존의 평가제도를 결합하여 평가

미팅에 생기를 불어넣는 방안에 대해 소개하겠다. 이를 통해 관리자와 팀원은 긴장된 협상이 아니라 함께 같은 방향으로 나아가는 논의를 하게 될 것이다.

이 장에서는 관리자들에게 직접 도움될 만한 조언을 하고자 한다. 사회적 인정 프로그램으로부터 수집된 크라우드소싱 기반 성과 데이터와 전통적 성과평가 양식을 통합해 활용하는 방법에 대해 단계적으로 살펴보도록 하자.

- 평가를 사전에 준비한다. 이는 관리자와 팀원 모두에게 해당한다.
- 전통적 성과평가 방식의 강점과 사회적 인정 프로그램의 강점을 결합하여 진솔한 대화를 통해 성과평가 미팅을 진행한다.
- 동료팀원들의 피드백을 활용하여 성과에 대한 스토리를 만든다.
- 팀원 개개인의 미래와 성장에 대한 계획을 세운다.
- 부정적 피드백의 장점과 단점을 따져본다.

구체적 사례를 통해 대화를 시작한다

이 장에서는 독자들의 명확한 이해를 위해 '일반적 평가요소'로 구성된 전통적 성과평가 모델을 다룬다. 관리자들에겐 익숙한 양식으로, 직무 책임을 나열하고 팀원들의 성과에 등급을 매기는 것이다. 〈엔터프리너 매거진〉Entrepreneur Magazine에서 발췌한 다음의 평가양식을 참고하길 바란다.

평가대상자 이름: _____   **직위/직책:** _____

입사일: _____   **부서:** _____   **담당자:** _____

연례평가 ☐   분기평가 ☐   평가기간: _____ ~

평가 목적: 담당자와 직원 간의 소통을 원활히 하고, 업무성과 및 생산성 향상을 도모하며,
직원의 성장을 촉진하기 위하여 평가를 시행함.

성과 평가 등급: 모든 평가항목에 대해 해당 직원이 나타낸 성과를 가장 잘 설명하는 등급을 부여하시오.

O – Outstanding: **탁월함**
　　해당 직급에서 요구되는 기대수준을 지속적으로
　　초과함. 예방 및 통제 가능한 실수가 거의 없으며,
　　감독 및 지도가 거의 불필요한 수준임

E – Exceeds Expectation: **기대수준 이상**
　　해당 직급에서 요구되는 기대수준을 대체로
　　초과하며, 지속적으로 매우 높은 수준의
　　결과물을 보이고 목표를 달성함

M – Meets Expectation: **기대수준 충족**
　　해당 직급에서 요구되는 기대수준에 상응하는
　　성과를 보임. 지속적인 조치나 지도 없이
　　기준 및 목표에 부합함

I – Improvement Needed: **개선 필요**
　　지속적으로 목표를 달성하지 못하고 있으며,
　　업무 완수에 어려움을 겪고 있음. 지속적인
　　조치 및 감독이 필요한 상황임

N/A: 해당 사항이 없거나 평가를 위한 충분한 시간이 확보되지 않아 판단 불가능

I. 종합평가

1. **품질** – 정해진 프로세스 및 절차에 따라 수행한 업무 결과물의 정확도 및 완성도.
   꼼꼼하고 깔끔하게 문서를 작성함

　　☐ 탁월함　　　　☐ 기대수준 이상　　　　☐ 기대수준 충족　　　　☐ 개선 필요

구체적 사례 및 코멘트: _____

_____

_____

2. **생산성/자립성/신뢰도** – 주어진 기간 내에 효율적으로 일하여 창출한 성과의 양적 수준.
   지도가 매우 적게 주어지거나 없는 상황에서 독립적으로 일할 수 있는 능력을 보유함

　　☐ 탁월함　　　　☐ 기대수준 이상　　　　☐ 기대수준 충족　　　　☐ 개선 필요

구체적 사례 및 코멘트: _____

_____

_____

3. **업무 지식** – 업무 설명, 프로세스, 설비, 기타 자료 등, 업무 수행 시 필요한 지식 및 이해를 갖추고
   이를 활용하는 정도. 해당 직무에서 요구되는 실질적이고 전문적인 지식을 보유하고 있음

　　☐ 탁월함　　　　☐ 기대수준 이상　　　　☐ 기대수준 충족　　　　☐ 개선 필요

구체적 사례 및 코멘트: _____

_____

_____

4. **대인관계/협동심/공동체 의식** – 동료, 상사, 부하직원, 외부 네트워크와 협력하고 커뮤니케이션을 하는 정도.
   긍정적인 태도로 변화를 받아들이고 이에 따라 행동함. 주어진 과제 및 추가 업무를 주도적으로 수행하며,
   본인의 업무 및 주어진 과제를 작성함

　　☐ 탁월함　　　　☐ 기대수준 이상　　　　☐ 기대수준 충족　　　　☐ 개선 필요

구체적 사례 및 코멘트: _____

_____

_____

이 예시에서는 팀원들의 성과를 '탁월함'부터 '개선 필요'까지 4등급으로 평가한다. 어떤 기업에서는 1점에서 5점까지의 리커트 척도나, '기대수준 이상', '기대수준 충족', '기대수준 미달'의 3등급 평가척도를 이용한다. 간혹 제품 출고시기 혹은 고객이슈 해결에 드는 평균 소요시간 등과 같이 구체적 지표들을 측정하기도 한다. 어느 정도 다양한 변형이 가능하지만, 이 모델의 기본 개념은 다음과 같은 순서를 따른다.[2]

- 업무요소, 행동, 목표, 그리고 기대치를 기술한다.
- 팀원들이 수행한 업무성과에 대해 등급을 매긴다.
- 추가적 코멘트를 작성한다.

'코멘트' 섹션은 관리자가 자신의 의견에 대한 정당성을 부여하거나 평가등급에 대한 구체적 설명을 할 수 있는 유일한 공간이다. 사회적 인정 시스템은 개별 팀원의 업무에 대한 관리자의 판단이 적절했는지 알려 줄 수 있다. 그리고 성과에 대한 구체적 데이터를 제공해 줌으로써 코멘트를 더욱 풍성하고 의미 있게 만들어 준다.

코멘트 섹션 작성 시에는 인정의 순간이라고 할 수 있는 해당 팀원의 특정한 행동이 나타난 상황으로 시작하기를 권한다. 그리고 나서 사회적 인정이 그/그녀의 성과에 대해 어떤 점을 기술한 것인지 전반적으로 검토한다. 전통적 평가도구들을 그대로 활용해서 그/그녀의 업무성과에 대해 어떤 의미 있는 대화를 나누었는지 사회적 인정의 예시를 들어 기술하는 것이 좋다.

이러한 방식이 효과적인 이유는 무엇일까? 사회적 인정 시스템은 팀원들의 특정 행동을 평가와 연계시킨다. 업무성과에 대한 관리자의 추상적이고 주관적인 느낌이 아닌, 실제로 수행된 업무, 프로젝트와 구체적 사례에 집중하는 것이다. 이를 통해 실제 업무에 대한 현실적 대화가 가능해진다. 팀원의 입장에서 보면 관리자가 자신의 업무성과 수준에 대해 정확히 해석하고 있는지가 아닌, 진정한 성과에 대한 논의가 가능해진다. 이러한 방식은 관리자와 팀원 간에 신뢰가 쌓일 수 있게 해준다.

사회적 인정과 전통적 성과평가가 결합된 방식에서는 사회적 인정으로 업무에 대한 논의가 시작되고, 긍정적 분위기에서 대화가 이어진다. 이는 댄 핑크가 언급한 가부키 연극과 같이 불편하고 고통스러운 과거 방식과는 사뭇 다르다.

전통적 성과평가는 팀원들의 역량(할 수 있는 능력), 스킬(일하는 방식), 그리고 목표(일을 통해 성취해야 하는 것)에 초점을 맞췄다. 이는 통상 회사의 핵심가치와 연계되지 않은 경우가 대부분이다. 사회적 인정 시스템은 팀원의 역량과 스킬이 행동으로 발현된 구체적 상황을 제시하고 달성된 목표를 기록한다. 더 나아가 이는 모든 행동과 결과를 핵심가치와 연계시킨다.

평가준비 단계부터 데이터를 취합한다

평가결과가 예상을 벗어나서는 안 된다는 것은 누구에게나 당연하게 받아들여지는 사실이다. 만약 관리자가 1년 내내 정기적으로 피드백과 코칭을 진행했다면 팀원은 자신의 업무성과와 개선사항에 대해 이미 알고 있어야 한다. 연말평가 결과는 상호 간의 이해를 반영해야 하며, 관리자와 팀원은 이에 근거해 현황에 대한 논의를 전개하고 미래를 계획해야 한다.

사회적 인정 시스템은 주변동료들로부터 수집된 피드백을 팀원 자신과 그의 관리자에게 제공한다. 즉, 연말평가를 준비한다는 것은 이미 공유받은 정보를 되돌려 받는 것과 같다. 예상을 벗어나는 결과는 없다. 다만, 새로운 사회적 인정 시스템의 차별점은 제공하는 정보의 깊이와 내용의 구체성이다.

공식적 평가를 위한 작업은 계획된 평가일정보다 훨씬 이전에 시작한다. 먼저, 관리자는 팀원들에게 평가 프로세스를 설명해야 하며, 필요 시 HR의 도움을 받을 수 있다. 일반적으로 이메일을 통해 전반적 프로세스를 공지하고, 관리자가 담당팀원들을 만나 좀더 명확하게 프로세스를 설명한다. 관리자는 이때 사회적 인정 시스템을 통해 수집된 데이터가 평가과정에 활용되리라는 점을 알려 주어야 한다. 사회적 인정 시스템의 최대 강점은 성과를 가장 잘 관찰할 수 있는 동료팀원들로부터 크라우드소싱 정보를 관리자에게 제공하는 것이란 점도 강조한다. 이와 같은 초기 설명과정은 사회적 인정 프로그램 도입에서 중요한 부분이다.

사회적 인정 시스템의 도입에 앞서 HR은 다음과 같은 내용을 전 구성원에게 전달해야 한다. 첫째, 팀원을 평가하고 그들의 성과를 향상시키는 것이 관리자의 책임이다. 둘째, 사회적 인정이 한 명(평가자)의 관찰로부터 나오는 결과보다 평가과정을 더욱 풍성하고 의미 있게 만들어 준다. 셋째, 관리자는 사회적 인정 정보를 활용해 코치와 멘토로서의 역할을 좀더 잘 수행할 수 있으며, 구성원의 강점, 필요와 열정을 더 잘 알 수 있다는 점을 강조한다.

팀원들은 어떻게 평가를 준비할 것인가?

평가 2주 전, 관리자들은 팀원들에게 자기평가서를 작성하도록 하고, 이를 통해 평가 프로세스에 참여할 수 있게 해야 한다. 팀원들은 기존의 전통적 성과평가 방식과 사회적 인정 기록들을 활용해 자신의 성과를 분석하고 자기평가서를 작성한다. 인정의 순간들에 대한 스토리를 구성하기 위해 익숙한 인터뷰 방식인 SAR(상황-행동-결과)을 적용할 수 있다. 획득된 인정에 대한 데이터는 자기평가 작업을 더욱 쉽게 만들어 준다. 과거에 인정받은 행동들에 대한 기록이기 때문이다.

　예를 들어 연간 세일즈 컨퍼런스를 준비하는 업무를 담당하는 팀원이 있다고 가정해 보자. 그는 막판에 변경된 컨퍼런스 상황에 적절하게 잘 대응한 것에 대해 인정받은 바 있다. 그렇다면 그는 평가에 앞서 아래와 같은 내용을 준비할 수 있을 것이다.

■ 상 황Situation 영업 부사장님이 주관하는 컨퍼런스의 프레젠테이션 최종본은 세일즈 컨퍼런스 10일 전쯤 완료되었고, 연설을 위한 스테이지 세팅이 완료된 상태였습니다. 컨퍼런스 1주일 전 연설하기로 되어 있었던 고객사의 HR 부사장이 개인적 사정으로 참여할 수 없다고 알려왔고, 고객사 측에서는 다른 사람을 대신 보내겠다고 양해를 구했습니다. 하지만 연설을 대신하게 될 담당자는 우리의 제품과 관련내용에 대해 잘 알지 못하는 상태였습니다. 그는 열의는 있었지만 회사를 대표해서 나온다는 사실에 긴장하는 듯했습니다.

■ 행 동Action 저는 이틀간 고객사의 본사에서 담당자와 시간을 보내며 우리 제품과 세일즈 컨퍼런스 전반에 대해 설명해 주고, 우리 회사 경영진의 프레젠테이션 스타일에 대한 팁을 전수해 주었습니다. 우리 쪽 영업 임원을 위해서는 새로운 발표자에 대해 간략하게 설명하는 글을 전달했으며, 디자인팀에 그의 사진과 프로필을 공유해 발표용 자료를 수정할 수 있도록 조치를 취했습니다. 세일즈 컨퍼런스 당일 날에는 그와 함께 리허설을 진행하고, 컨퍼런스 내내 그가 편안하게 발표에 임할 수 있도록 지원했습니다.

■ 결 과Result 그 결과 새로운 발표자는 훌륭하게 발표를 완료할 수 있었고, 우리 세일즈팀 및 경영진과 좋은 관계를 형성할 수 있었습니다. 컨퍼런스가 있고 6개월이 지난 지금, 그는 우리 회사와 고객사 간 중요한 접점이 되었습니다. 이를 계기로 저는 영업 부사장님과 이벤트 마케팅팀으로부터 "몰입·에너지·열정을 기르자" 및 "신의성실을 매일같이 실천하라" 관련 인정을 받았습니다.

팀원들은 이와 같은 준비를 통해 자기평가 내용이 적절한지 고민하는 시간을 줄일 수 있다. 또한 인정받은 성과에 대해서 자세히 분석할 수 있다. 사회적 인정 모델에서 자기평가 작성과정은 개인의 구체적 행위를 핵심가치와 연결하는 역할을 한다. 직원들은 주변동료로부터 받은 긍정적 피드백에 근거하여 본인의 성과에 대해서 자신 있게 논의할 수 있다.

만약 해당 팀원이 모든 핵심목표, 역할, 그리고 책임을 완수했을 경우 단순히 체크박스에 '목표달성'을 체크했을 때보다 더 풍성한 스토리를 가지고 평가미팅에 참석할 수 있다. 인정받지 못한 목표나 책임에 대한 사례도 포함시켜 왜 인정받지 못했는지 관리자와 논의할 수도 있다.

팀원의 입장에서 평가미팅 시 무엇을 논의해야 할지 어떻게 알 수 있을까? 이때 직무기술서나 성과평가 양식을 참고하는 것이 좋은 시작점이 될 수 있다. 역량이나 스킬과 목표를 직접 비교해 보거나, 과거성과들을 살펴볼 수도 있다. "직무기술서에 따르면 나는 올해 목표 A·B·C를 달성해야 한다. 그리고 여기 A·B·C에 대해 달성한 사례가 이런 것들이 있다." 이처럼 직접적인 Yes No 접근법으로 시작해 보자.

구성원들의 평가도구에 사회적 인정 대시보드를 추가하면 평가미팅에서 심도 있는 대화를 나눌 수 있다. 왜냐하면 주변으로부터 받은 인정들을 통해서 직원 개개인이 동료들, 내부고객 등에 어떻게 영향을 미치고 기여하고 있는지 파악할 수 있기 때문이다. 평가에 앞서 모든 구성원들은 1년 동안 자신이 인정받은 순간들을 떠올려 보고 직무 요구사항에 부합하는지 생각해 보아야 한다.

하이드로랩에서 리즈 팀장과 함께 일하는 다나의 사회적 인정 기록을 살펴보자. 다나의 목표 중 하나는 새로운 제품을 위한 프로토타이핑 과정을 성공적으로 이끄는 것이었다. 인정을 받은 순간들을 돌이켜 보면서 구체적 성취와 직무기술서를 하나하나 비교해 볼 수 있다. 이러한 순간들은 SAR 스토리를 구성하는 데 도움을 준다. 이를 통해 팀원은 평가미팅에서 결과에 대해 듣기만 하는 수동적 수용자가 아닌 적극적 참여자로 거듭날 수 있다.

다나의 사회적 인정 기록

다나 사토리
헬스케어 부문, USA

사진 수정

켄트 페이는 다나 사토리가 '결단력을 가지고 선택하고, 선택한 것에 집중하라' 가치를 GTY 프로젝트에서 잘 실천하였다고 인정하였습니다.

1일전, 포상 메시지 보기
축하(2): 줄리 스미스, 조디 콜

졸리 스미스, 19시간 전
정말 훌륭했어요..., 스킬과 자신감으로 프로젝트를 이끌어 주었거든요.

조디 콜, 19시간 전
다음 프로토타이핑 프로젝트도 이번처럼 원활히 진행해주길 바라요!

관리자는 어떻게 평가를 준비할 것인가?

리즈 팀장은 관리자로서 팀원들의 평가를 준비할 때 먼저 결과outcome에 초점을 맞춘다. 팀원의 목표달성 여부는 최상위 조직의 관점에서 중요하다. 이 방식은 영업이나 품질관리처럼 목표할당량이 정해진 직무에 쉽게 적용될 수 있다. 하지만 교육이나 디자인처럼 주관적 판단이 필요한 직무에서는 그렇지 않다.

특정 목표에 따라 성과를 측정하는 정도는 그 기업의 미션과 문화에 영향을 받기도 한다. 예를 들어 보자. 웹디자인 기업에서는 한 달 동안 두 개의 소프트웨어를 연속적으로 공식 출시하는 것이 혁신의 표시이자 경쟁의 우위를 점할 수 있는 요소일 것이다. 여기서 제품출시 속도는 초기에 발견되는 버그의 수보다 더 중요한 성과지표로 간주된다. 이에 반해 품질관리 소프트웨어 기업의 경우 연속적으로 소프트웨어를 수정하고 버그를 수정하는 것을 브랜드 관리 차원에서 재앙으로 여길 수 있다. 그들에게는 100% 신뢰할 수 있는 품질이 제품출시 속도보다 훨씬 더 중요하다.

성과평가는 다음과 같이 Yes No로 답할 수 있는 질문으로부터 시작된다. 제품이 제 시간에 배송되었는가? 고객의 계약갱신율은 어느 정도인가? 예산범위 내에서 지출했는가? 광고 이메일을 열어 보는 비율이 4%를 상회하는가? 가능한 모든 경우에 관련 데이터를 활용하는 것은 좋은 경영관리 전략이다. 활용 가능한 데이터가 존재하는 경우 판단이 한결 쉬울 수 있다. 성과의 기준은 대개 회사 차원의 전략으로부터 하달되기 때문에 성과 관리도구들을 이용해 Yes No 데이터를 수집할 수 있다.

아마 리즈 팀장과 같은 관리자는 단순한 지표들을 먼저 확인하고, 사회적 인정 시스템을 통해 제공되는 성과관련 정보들을 더욱 면밀히 살펴볼 것이다. 또는 이 둘을 번갈아가며 볼 수도 있다. 개인의 취향에 따라 결정하면 된다. 중요한 것은 전통적 성과평가 프로세스에 크라우드소싱 시스템의 데이터를 더해 이야기를 풍성하게 만드는 것이다.

지금까지는 전통적 성과평가 방식에 사회적 인정 시스템을 결합하는데 관리자와 팀원 모두에게 동일하게 적용되었다. 하지만 여기서부터는 둘의 역할이 달라진다. 다나는 사회적 인정 데이터에 근거해 SAR 스토리를 구성할 것이고, 리즈 팀장은 같은 데이터를 활용해 다나의 이야기를 검토할 것이다. 무엇을 성취했는지뿐만 아니라 어떻게 성취했는지 이해하게 되는 것이다. 또한 성과를 향상시킬 수 있는 숨겨진 정보를 발견할 수 있다. 리즈 팀장이 다나의 모든 행동을 관찰할 수는 없기 때문에 사회적 인정 시스템을 통해 구성된 스토리는 리즈 팀장에게 '숨겨진' 정보나 다름없다. 다양한 관찰자로부터 크라우드소싱으로 수집된 정보는 관리자가 평가에 활용할 수 있는 새로운 정보가 된다.

기존의 성과지표를 평가한 후 팀원에 대한 크라우드소싱 기반 정보를 정량적 목표에 적용할 수 있을지 검토해 보라. 사회적 인정 기법이 제공하는 '회귀분석'은 리즈 팀장에게 누가 정량목표를 초과달성했는지 또 누가 간신히 달성했는지에 대한 정보를 추가적으로 제공해 줄 수 있다.

그럼 리즈 팀장의 관점에서 다나의 인정포상을 살펴보자. 프로젝트 관리과정에서는 다양한 부문과 부서와 협업하게 된다. 이 부서들은 프로젝트 관리자에게 직접 보고하지 않지만 이들의 참여는 프로젝트 진행에 꼭 필요하다. 몇 달 전 다나는 GTY 프로젝트에서 수행한 프로토타입 작업에 대해 2명의 동료로부터 인정받았다.

여기서 성과를 계량화하는 것은 쉽다. 프로토타입 작업은 마감일 안에 완료되었고, 그렇기 때문에 다나는 '기대수준 충족'에 도달했다. 전통적 성과평가 방식을 따르면 리즈 팀장은 직무 요구사항 옆 '마감일 준수' 박스에 체크하는 것이 전부였을 것이다.

하지만 여러 부서가 협업하는 프로토타입 프로젝트에 참여해 본 사람은 알 것이다. 이 과정이 어긋난 커뮤니케이션, 내부갈등, 책임회피, 책임권한 침범, 그리고 끝없는 재작업의 늪에 빠질 수 있다는 것을. 또 구성원 간 교류가 거의 없이 마감일 내 일을 마무리하는 것도 가능하다는 것을 말이다. 다나는 달랐다. 동료들의 코멘트에 따르면 그녀는 '노련하고 자신감 있게' 팀원들을 이끌었으며, 함께 일한 팀원들은 "다음 프로젝트도 이번만큼 순조롭게 진행되길 바란다"고 말했다. 추가적으로 다나는 프로젝트 초기에 핵심가치 중 하나인 "몰입·에너지·열정을 기르자"에 대해 인정받은 바 있다. 회사의 관점에서 이 가치는 업무에 대한 집중, 방향성, 효율성을 의미한다.

리즈 팀장은 다나의 평가를 준비하면서 평가지에 나열된 단순한 체크 표시를 다양한 역량이나 자질과 연계시켜 보았다. 이러한 자질들 덕분에 다나는 단순히 마감일을 지키는 것 이상의 성과를 달성할 수 있었다. 핵심가치를 반영하는 이러한 자질들이 기업문화의 핵심이다. 리즈 팀장은 평가과정을 통해 GTY 프로젝트에 대해 더 깊이 알 수 있는 기회를 갖게 된 것에 주목했다. 리즈 팀장은 이렇게 물을 것이다.

"GTY 프로젝트에 대해 이야기해 보죠. 프로젝트를 원활히 진행하기 위해 어떤 일을 해야 했나요? GTY 프로젝트가 다른 프로젝트들과 달랐던 점은 무엇인가요? GTY 프로젝트에서 활용한 새로운 기법들을 다른 프로젝트에도 적용할 수 있을까요?"

그러면 다나는 이렇게 말할 수 있다.

"먼저 프로젝트에 착수하기에 앞서 글로벌 프로젝트 관리자들에게 고객사를 위해 비슷한 제품을 개발한 적이 있는지 물어보았어요. 운 좋게도 애틀랜타 지사에서 개발한 몇몇 부품들을 사용할 수 있었어요. 기초 작업에서부터 시작할 필요가 없었던 거죠. 덕분에 프로젝트가 원활히 진행될 수 있었다고 생각해요.

추가하자면 프로젝트를 좀더 수월하게 진행하기 위해 글로벌 프로젝트 관리자들과 발생 가능한 장애물에 대해 논의하는 시간을 가졌어요. 그리고 그런 이슈가 발생하기 전에 제거해 버렸죠."

이것이 진정한 업무성과에 대한 대화다. 이 과정을 통해서 조직은 전 세계 지사로 확대시킬 수 있는 더 나은 프로세스를 알게 되었다. 다나의 '작은' 개선으로부터 말이다. '작은' 개선이 중요한 변화를 이끈 것이다. 단순히 '마감일 준수' 상자에 체크하는 것보다 얼마나 더 풍성한 결과가 도출되는지 보라.

사회적 인정 시스템을 통해 구성되는 성과인정 그래프

직무기술서나 성과평가 지표를 검토한 후 관리자가 마지막으로 해야 할 중요한 일이 있다. 팀원들이 성과를 낸 맥락을 파악하는 것이다. 전통적 성과평가의 경우 일반적으로 성과목표 달성의 주요요인으로 '팀워크'와 같은 항목을 제시하곤 했다. 예를 들어 조직재편으로 인해 동료들의 잦은 이직을 경험한 사원이 있다고 가정해 보자. 그녀가 훌륭한 성과를 냈다면 그 원인은 무엇일까? 조직이 재편되며 성과를 더욱 쉽게 내는 팀이 되었을 수도 있고, 그 반대로 떠난 동료들의 일을 떠맡은 상황에서 개인의 역량을 발휘했을 수도 있다. 만약 그녀의 성과가 형편없었다면 그 원인은 무엇일까? 조직재편 때문이었을까? 회사는 변화가 끊이지 않는 곳이다. 때문에 이와 같은 요소들이 직원들의 성과에 영향을 미칠 수 있다.

성실한 관리자라면 이러한 환경적 요소들을 감안하여 평가할 것이다. 하지만 그들 또한 전통적 성과평가의 함정에 빠지기 쉽다. 평가양식의 마지막에 있는 '코멘트'라는 애매모호한 섹션에 제한당하고 만다. 전통적 성과평가의 부족한 부분은 사회적 인정 시스템의 실시간 성과인정 그래프performance social graph를 통해 보완할 수 있다. 성과인정 그래프는 성과와 관련된 집단 내외의 상호작용을 보여준다. 데이터의 시각화data visualization는 일반적으로 모호한 개념을 이해시키는 데 효과적이다.

다나의 성과와 연관된 사람들을 보여주는 연계도performance connections를 살펴보자. 이 그림을 통해 누가 다나의 성과를 인정했는지 한눈에 알 수 있다. 이제 다나의 성과를 좀더 넓은 맥락에서 보는 것이 가능하다. 리즈 팀장의 입장에서는 팀 다이내믹스를 파악할 수 있다. 연계도는 단순히 팀의 구성원들뿐만 아니라 회사에서 관련된 모든 사람들을 포함한다. 중요한 것은 연계도에 나타난 모든 사람들이 좋은 의도를 갖고 참여하는 관찰자라는 것이다. 성과인정 그래프는 긍정이 넘치는 직장의 한 장면을 보여준다.

더 나아가 다나의 연계도는 구성원들이 서로 인정을 주고받은 일련의 상호작용을 시각화할 수 있게 해준다. 이제 리즈 팀장은 누가 동료들과 교류하며, 누가 표준에서 벗어났는지 누가 도움을 주고받는지 알 수 있다. 즉, 다나의 프로젝트 그룹의 전체적 역학관계를 이해하게 된다.

다나의 성과 연계도

인정을 통해 9명의 동료들과 연결되어 있습니다.

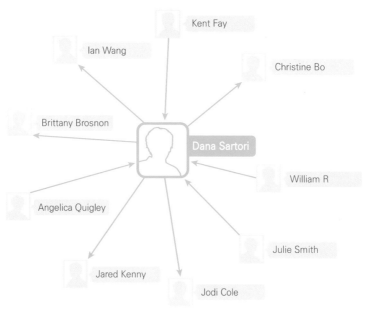

다나의 성과인정 그래프

지난 12개월 동안 4가지 가치에 대해 인정받음

업무수행 시 협력하라

몰입·에너지·열정을 기르자

결단력을 가지고 선택하고,
선택한 것에 집중하라

신의성실을 매일같이 실천하라

0 직원의 행복이 고객의 행복이다

성과인정 그래프는 구성원 간의 관계를 보여주고, 사회적 인정 대시보드
는 스토리를 구성하게 한다. 이것으로 다나의 성과에 대한 풍부한 논의
를 위해 충분한 자료가 확보된 셈이다.

그렇다면 데이터 시각화를 통해서 다나의 성과가 핵심가치와 연계되
었는지 알 수 있을까? 각각의 인정은 최소한 하나의 핵심가치와 관련되어
야 한다. 사회적 인정 시스템은 특정 행동 혹은 성과와 조직문화를 연계시
키고 강화한다. 다나의 성과는 일을 올바르게 하는 것(성과)과 옳은 일을
하는 것(문화)을 모두 보여주는 사례가 된다. 이제 다나와 리즈 팀장은 조
직문화를 강화하는 방향으로 프로젝트를 수행할 수 있으며, 그 과정에서
문화를 전파할 수 있다.

다나의 성과인정 그래프를 보자. 다나는 하이드로랩의 5가지 가치
중 4가지 가치와 관련하여 인정포상을 받았으며, "직원의 행복이 고객
의 행복이다" 부문에서 인정포상을 받지 못한 상태다. "직원의 행복이

고객의 행복이다"는 다나처럼 하루 종일 미팅을 하거나 컴퓨터 앞에서 일하는 프로젝트 관리자의 역할과는 관련 없는 항목일 수 있다.

하지만 어찌됐든 이는 핵심가치이기 때문에 인정받지 못한 부분에 대해 평가미팅에서 논의해 볼 수 있다. 만약 다나가 고객 사이트에서 하이드로랩의 장비를 설치하는 업무를 담당하고 있었다면 이는 심각한 문제일 것이다. 직접적 연계는 없을지라도 이런 논의를 통해 향후 다나가 "직원의 행복이 고객의 행복이다"라는 가치를 위해 어떤 노력을 할 수 있을지에 대해 고민해 볼 수 있다. 혹은 현재 다나가 아무도 모르게 안전을 위해 노력해왔을 수도 있다. 관리자는 이러한 사실에 대해 기록해 두어야 한다.

필자는 지속 가능한 문화가 성과관리의 궁극적 목적이라고 말했다. 구체적 성과와 가치를 결부시키는 것은 관리자와 팀원들의 의식과 태도에 영향을 미치고 지속 가능한 문화가 내재화될 수 있도록 한다. 사회적 인정 데이터를 시각화함으로써 직원들을 올바른 행동으로 이끄는 일련의 과정, 성격, 역학에 대한 통찰을 얻을 수 있다. 관리자는 팀원들이 단순히 목표를 달성했는지를 넘어서 어떻게 달성했는지 이해하게 된다.

관리자들은 어떤 팀원이 가장 적극적으로 업무에 임하는지, 또 회사의 목표와 가치가 어떻게 일상에서 행해지는지 볼 수 있다. 시간이 지난후 모든 인정의 순간들이 데이터베이스에 축적되면 성과에 영향을 미치는 조직적 요소들에 대해서도 알 수 있게 될 것이다. 이를 통해 관리자들은 성과향상을 방해하는 장애요인들을 제거하고 더 나아지고자 하는 의지와 역량을 갖춘 팀원들이 좀더 수월하게 성과를 낼 수 있도록 지원할 수 있다.

관리자와 팀원 모두 성과관련 문서와 시각화 정보를 검토하고 나면 논의할 준비가 된다. 이는 필자가 앞서 언급한 '상태·비율·의견' 같은 상투적 내용을 뛰어넘는 실질적 성과 논의를 위한 준비다. 논의의 최종 결과물은 종이 문서, 온라인 기록 혹은 또 다른 형태일 수 있다. 이는 회사별 정책과 공식적 평가도구에 따라 결정된다. 결과물의 형태가 어떻든 관리자와 팀원 모두 사회적 인정 데이터를 활용하여 과거성과를 온전히 이해하고 설명할 수 있으며, 또 미래성과를 향상시킬 수 있다.

step 1

성과평가 목적을 상기시키고 관리자와 팀원 모두 준비됐는지 확인한다

대부분의 직원들은 평가미팅에 앞서 긴장한다. 관리자는 성과평가의 목적, 범위, 그리고 기대하는 결과에 대해 다시 한 번 언급할 수 있다. 관리자와 팀원 모두 준비가 되었는지 확인해야 한다. 회사의 방침에 따라 팀원은 완료된 평가를 이미 읽었을 수도 있다. HR 전문가는 이와 같은 방식을 추천한다. 성과 논의는 깜짝 놀랄 요소가 없어야 하고, 실망이나 흥분이 가라앉은 상태에서 가장 효과적이기 때문이다.

> 리즈 다나, 우리가 1년 내내 업무에 대한 이야기를 나누긴 했지만 평가미팅은 지난해 성과에 대해 좀더 심도 있게 논의하고, 강점과 약점, 향후 개발하고 싶은 부분에 대해 구체적으로 논의하는 시간입니다. 평가결과 시트와 사회적 인정 대시보드를 모두 확인해 보았지요? 〔확인〕 좋아요. 그럼 평가결과 시트를 한 줄씩 살펴보고 필요한 부분에 대해서는 좀더 자세히 살펴보기로 하죠.

평가결과와 사회적 인정 데이터를 함께 검토한다

평가결과를 살펴보는 과정에서 인정받은 상황들을 필요할 때마다 돌이켜 봐야 한다. 이때 관리자는 자신이 준비한 질문을 하거나 칭찬, 격려, 조언을 해줄 수 있다. 팀원은 자신이 준비한 SAR 스토리를 공유한다. 관리자와 팀원 간 평가에 대한 이견이 있을 경우 열린 마음으로 논의에 임해야 한다. 양측 주장 모두 사실과 실제 상황에 근거한 것이기 때문이다.

리즈 프로젝트 관리자들끼리 고객사 제품의 부품을 공유하게 한 것은 정말 좋은 아이디어였어요. 많은 업무들이 상호 대체 가능하죠. 하지만 프로젝트 관리자 입장에서 보유한 자원을 최대한 활용하도록 독려하기가 쉽지 않았겠네요. 개발자들이 다른 지사에서 만든 소프트웨어를 사용하는 걸 꺼려하지 않았나요? 개발자들로서는 품질을 책임져야 하니 부담스러웠을 것 같아요.

다나 그래서 우선적으로 소프트웨어의 구성요소들이 품질보증을 받을 수 있도록 시간을 확보했어요. 고객의 확인을 받기 위한 프로토타입이었기 때문에 완벽할 필요는 없었지만, 대략적 형태와 구성은 갖추어야 했죠. 애틀랜타 지사에서 받은 제품을 기반으로 초기작업을 완료하고 품질보증 과정을 진행하다 보니 개발자들이 시간을 벌 수 있었어요.

리즈 "목적을 갖고 일한다"에 대한 인정을 받은 이유가 있군요. 프로토타입을 제 시간에 전달하기 위해 프로세스를 개선하는 것이야말로 프로젝트 관리자에게 기대하는 효율성이거든요. 이번 성과와 다른 업무들을 고려할 때 '기대수준 이상' 등급을 받을 만하군요.

다나 그렇게 말씀해 주시니, 정말 감사해요.

목표와 성과를 비교해 본다

전통적 성과평가가 허용하는 범위 내에서 관리자와 팀원은 실제성과(산출물, 목표할당량 등)와 직무기술서에 나타난 목표를 비교해 보아야 한다. 이는 "85%의 프로젝트를 기한 내 완료한다"와 같이 목표와 현실 간 단순 비교일 수도 있다. 하지만 시간이 지남에 따라 업무 혹은 비즈니스 환경이 변화했다면, 사회적 인정 시스템으로부터 도출된 스토리가 도움이 것이다.

다나 아시다시피 로버트가 시카고로 떠난 후 그가 담당하던 프로젝트 중 많은 부분이 저에게 넘어왔어요. 로버트가 떠나기 전 일을 마무리짓기 위해 노력했다는 건 알지만, 쉽지 않은 상황이에요. 하루빨리 그의 업무를 대체할 수 있는 사람이 오면 좋겠어요.

리즈 로버트가 남긴 프로젝트를 마무리하느라 에이미, 제임스와 함께 고생을 많이 한 것 알아요. 개인적으로 그 노고를 인정해 줄 수 있어서 기뻤어요. 지난번에 트레버 사장님(하이드로랩 CEO)을 만났었는데, 사장님도 당신이 고생한 사실을 말씀하시더라고요. 새로운 팀원을 채용하는 데 시간이 오래 걸리다 보니 더 힘들겠죠. 조금만 참아 줘요. 3주 안에 로버트의 업무를 맡을 신입사원을 뽑을 거예요. 그전에 저에게 말해 주세요. 누군가에게 업무가 지나치게 몰리고 있나요? 로버트의 프로젝트가 제 시간에 마무리될 수 있을 것 같나요?

다나 지금으로서는 업무량이 감당할 수 없을 정도는 아니에요. 하지만 제가 맡은 프로젝트에 더해 로버트의 프로젝트 2개를 함께 진행하다 보니 여유가 많지는 않아요. 인정에 대해서는 감사하게 생각해요. 많은 사람들이 축하해 줘서 기분이 좋았어요. 제가 한 번도 만난 적이 없고 이메일만 주고받던 사람들에게 축하 메시지를 받기도 했어요.

리즈 충분히 축하받을 자격이 있었어요. 로버트의 업무를 맡을 직원을 빨리 채용할 수 있도록 할게요.

비즈니스 목표와 다양한 변화가 성과에 어떤 영향을 주는지 논의한다

지금까지는 팀 내 변화상황에 대해 이야기를 나누었다. 프로젝트 관리자 중 한 명이었던 로버트가 시카고 지사로 옮겨갔고, 그를 대체할 인력이 아직 채용되지 않은 상태였다. 이러한 상황에 대응하기 위한 관리자의 계획을 들을 수 있었다. 이제 지난해 있었던 중대한 비즈니스 변화에 대해 이야기할 차례다. 이를 통해 성과에 대해 더 깊이 이해할 수 있고, 미래지향적 관점에서 평가를 마무리할 수 있다.

변화사항들에 대한 리스트를 만들고 변화가 팀원들의 업무수행 능력에 어떠한 영향을 미쳤는지 살펴보아야 한다. 여기에서 변화는 조직재편, 인사이동, 다양한 종류의 위기상황, 우선순위 변화 등을 포함한다. 변화가 나쁜 것만은 아니다. 변화 속에서 좋은 기회를 발견할 수도 있다.

리즈 6개월 전, 시카고 지사에서 우리 회사의 프로젝트 관리시스템에 대한 교육이 있었는데 그때 교육담당자들을 지원해 줬죠? 얼마 전에 지오클린이란 회사를 인수했다는 임원 발표를 들었을 거예요. 회사 시스템을 통합하는 일에 참여해 보는 건 어때요? GTY 프로젝트의 성과를 보면서 당신이 이 역할에 적격이라고 생각했어요. 단순히 팀원들을 교육하는 데 그치는 게 아니라 비즈니스 전략팀을 이끌게 될 거예요. 당신의 능력을 한 단계 끌어올릴 수 있는 기회죠.

다나 정말 좋은 기회처럼 들리네요. 좀더 자세히 알려 주실 수 있나요?

사회적 인정 프로그램은 이런 변화를 지원하고, 변화속도를 따라가지 못하는 전통적 성과평가 프로세스를 보완할 수 있다. 인정포상이 없었다면, 다나가 로버트의 프로젝트를 대신 맡아서 쏟은 노력은 인정받지 못했을 수 있다. 이는 다나가 연초 공식적으로 설정한 목표에는 포함되지 않기 때문이다.

일반적으로 대부분의 직원들은 평가등급은 '탁월함'과 '개선 필요' 사이 어딘가에 존재한다. 이와 같은 맥락에서 대부분의 평가는 중간 70%에 해당하는 직원들에 대한 것이라 할 수 있다. 이러한 그들의 성과들을 어떻게 판별할 수 있을까? 유능하고, 충직하며, 숙련된 많은 직원들에게도 업무를 완수하는 것은 그 자체로도 충분히 부담스러운 일이다. 또한 협력이 필요한 업무에서 개인의 공로와 팀의 성과를 구별하는 것은 쉽지 않다. 그렇다면, 관리자는 공통의 목표달성에 대한 직원 개개인의 공로를 어떻게 인정할 수 있을까?

사회적 인정 시스템은 성과귀속attribution에 대한 문제를 창의적 방식으로 해결하게 해준다. 어떤 회사가 올 한 해 에너지 비용을 12% 절감하는 것을 목표로 설정했다고 하자. 회사에서 전기를 사용하지 않는 사람은 없기 때문에 에너지 절약은 모든 직원들의 목표가 된다. 이 목표에 대한 적절한 성과지표는 무엇일까? 이에 대해 정량화된 지표가 필요할까? 결국 연말이 되면 회사는 얼마만큼의 에너지가 절감되었는지 알 수 있을 것이다. 직원들의 책상 위에 전기 계량기를 놓지 않고도, 직원들의 에너지 절약 노력을 평가할 수 있는 방법이 있을까?

아마 획일적이고 정량화된 방식으로 모든 직원들을 평가할 수 있는 방법은 없을 것이다. 하지만 사회적 인정 시스템은 에너지 절약을 위한 직원들의 혁신적 아이디어, 추가적 노력이나 행동에 주목하고, 이러한 행동이 성과평가에 반영될 수 있게 해준다. 이를 통해 과거에는 포착되기 어려웠던 노력들이 공식화되고 드러나게 된다.

가령 회계관리 업무를 맡은 브랜든과 쇼나라는 직원이 있다고 해보자. 브랜든과 쇼나는 본부 내 '에너지 회계감사'라는 게임을 시작한다. 직원들의 컴퓨터가 10분 안에 수면모드로 전환되는지 확인하는 게임이다. 비록 아무도 그 유용성을 예상하지 못하고, 그 누구의 연간목표에도 포함되지 않았지만 모두 브랜든과 쇼나의 추가적 노력과 창의적 발상을 인정해 줄 것이다. 이와 같이 사회적 인정 시스템은 공식적 목표 외의 추가적 노력들이 인정받을 기회를 마련해 준다.

step 5

자유롭고 개방적으로 논의할 수 있는 시간을 가져라

전통적 성과평가에서는 '열린 마음으로 경청'하는 것이 쉽지 않았다. 전통적 성과평가에서는 관리자가 판단한 평가결과를 일방적으로 전달해 왔기 때문이다. 또한 평가자와 피평가자 모두 습관적으로 기존의 평가도구에 나열된 역량과 성과목표 달성 여부에만 집중하고 의존하곤 했다. 지금까지 살펴보았듯이 직무기술서와 연관된 인정의 순간들을 비교함으로써 성과에 대한 논의가 더욱 풍성해질 수 있다.

평가미팅의 막바지에 다다른 경우 관리자는 좀더 자유롭게 대화를 나눌 수 있는 질문을 던져야 한다. 이러한 질문은 관리자 본인이 사전에 준비한 것일 수도 있지만 대개는 크라우드소싱 방식으로 수집된 일상적 업무 대화로부터 나온 질문들이다. 예를 들어 관리자는 팀원에게 성장을 위해 어떤 스킬과 교육이 필요한지 물을 수 있다. 질문을 하고 그녀가 대답할 때까지 기다리면 된다. 만약 "무슨 뜻이지요?"라고 되물으면, 2~3개의 옵션을 제시하고 답을 기다리도록 한다.

크라우드소싱으로 수집된 정보들을 통해 직무기술서에 기재되지 않은 스킬이나 특성이 확인되었는가? 향후 이런 요소들이 직무기술서나 평가에 포함될 수 있는가? 사회적 인정을 통해 성과에 대한 기대를 재구성하는 것은 크라우드소싱 기반 평가의 강점 중에 하나다. 물론 새로운 특성들은 업무와 직접 연계될 뿐만 아니라 핵심가치와도 관련 있어야 한다.

평가미팅 등 자유로운 토의과정에서 팀 다이내믹스를 고려하는 것은 매우 중요하다. 사회적 인정 데이터는 이와 관련한 잊힌 관찰결과들을 짚고 갈 수 있게 해주는데, '인정' 그 자체가 관계 속에서 생성되기 때문이다. 관리자와 직원들은 인정받은 가치와 인정받지 못한 가치 영역에 대해 논의할 수 있다. 또 관리자가 직접적으로 아는 팀원들 외의 직원들과 인정을 주고받은 관계에 대해서도 이야기할 수 있다. 종종 바로 옆자리에서 일하는 동료보다 다른 층에서 일하는 직원과 더 자주 교류하는 모습이 관찰되기도 한다. 이와 같이 여러 부서를 넘나드는 상호작용은 소셜 아키텍처의 일부다. 관리자와 직원들은 사회적 인정 시스템을 통해 과거엔 눈에 잘 띄지 않았던 관계들을 확인할 수 있다. 그리고 이러한 관계가 전체성과를 향상시키는 데 어떻게 활용될 수 있을지도 알 수 있다.

관리자는 자유로운 논의를 통해 직원들이 업무도구들 간 간극을 어떻게 메웠는지 알 수 있다. 그 팀원이 본인의 업무를 전체 예산, 매출, 그리고 비즈니스 분야와 연계시켰는가? 사회적 인정 시스템은 핵심가치에 근거해 만들어졌기 때문에 관리자는 직원 개개인의 업무가 핵심가치와 어떻게 관련되어 있는지를 물어볼 수 있다.

또한 이 시간을 통해 해당 팀원이 다른 동료들에게 준 인정에 대해서도 물어볼 수 있다. 그 팀원은 사회적 인정 프로그램에 참여하고 있는가? 그녀 주변동료들의 업무특성에 대해 잘 알고 있는가?(인정받는 사람이 수행하는 업무에 대한 이해가 어느 정도 있어야 사회적 인정이 이루어질 수 있다) 사회적 인정 프로그램과 평가시스템에서의 정보를 기반으로 그녀의 내년 업무에 우선적으로 무엇이 필요하다고 판단할 수 있는가?

리즈 더 논의하고 싶은 사항이 있나요?

다나 만약 제가 지오클린 통합과 관련된 업무를 맡는다면 재무적 정보를 이해할 수 있어야 할까요? 손익계산서와 같은 자료들 말이에요.

리즈 좋은 질문이에요. 제 생각에는 업무에 재무관련 지식이 필요할 것 같지는 않아요. 하지만 지오클린 통합 프로젝트가 본격적으로 추진되기 전에 기초지식을 알아 두는 게 좋을 것 같네요. 분명 역할이 커지면 알아야 하는 분야니까요. HR 팀과 이야기해서 수강할 수 있는 온라인 교육이 있는지 알아볼게요.

step 6

미래지향적 대화로 평가미팅을 마무리하라

양측 모두 계획했던 사안에 대해 충분히 논의했다고 판단하면 평가미팅 전반에 대해 한두 줄로 요약하도록 한다. 이번 평가가 승진, 직책변화 또는 인사이동과 무관하다는 전제하에 평가미팅은 내년을 위한 계획으로 마무리하도록 한다. 많은 전통적 성과평가 시스템에서 관리자는 이때 차년도 목표와 기대사항에 대해 이야기한다. 또 다른 전통적 성과평가 시스템에서는 내년 목표설정을 위해 별도의 미팅을 진행하기도 한다. 어떤 방식이든 평가의 마무리 단계에서 과거의 성과와 미래를 연결시키는 과정이 필요하다. 성과를 개발하고 향상시키기 위한 계획에 대해서는 8장에서 좀더 이야기하겠다.

> 다나 저의 업무에 대해 인정해 주서서 감사해요. 말씀하신 통합 프로젝트도 무척 기대돼요. 로버트를 대체할 인력이 곧 온다니 안심이 되네요. 개인적으로 우리 회사의 생산공정이 매우 훌륭하다고 생각해요. 계속해서 애틀랜타 프로젝트에서 그랬던 것처럼 다양한 아이디어로 회사에 기여하고 싶어요.

> 리즈 다나, 줄리가 GTY 프로젝트에 대해 인정을 부여하면서 말했던 것처럼 당신의 자신감이 정말 큰 역할을 하고 있어요. 새로운 팀원들도 긍정적 영향을 받고 있어요. 저는 당신이 프로젝트 관리자들 사이에서 리더 역할을 하고 있다고 생각해요. 본 업무도 완결성 있게 해내고 있네요. 앞으로도 리더로서 어떤 일을 해낼지 기대되네요.

보상 · 특전 · 복리후생 · 승진에 대한 논의

필자가 아는 많은 회사의 HR 부서는 관리자들에게 보상 · 특전 · 승진에 대한 논의는 공식적 성과평가와 분리하라고 권고한다. 여기에는 이유가 있다. 먼저 대부분의 관리자들이 직원들의 보상을 배분하는 데 있어

재량권을 갖지 않기 때문이다. 기껏해야 몇 퍼센트 정도만 조정할 수 있을 뿐이다. HR 팀은 복리후생과 직원의 연차휴가 산정 등과 같은 인사 규정에 대한 책임을 질 뿐이다. 또 한 가지 이유는 효과적 성과평가는 보상뿐만 아니라 성과 그 자체에도 관심을 갖기 때문이다. 보상과 성과가 연계되어 있음은 분명하다. 하지만 돈에 집중하다 보면 다른 중요한 사안이 소외될 수도 있다.

보상에 대한 소식은 개개인의 인상분뿐만 아니라 회사 전체의 성과에 따른 보상을 구분하여 개별적으로 전달될 수 있다. 관리자가 결정해서 지급하는 보너스의 경우 성과와 연동되어야 한다. 하지만 이는 결국 예산, 회사의 매출, 그리고 직원의 잠재력과 성과를 고려해 결정되어야 한다. 어떤 회사의 HR 팀은 이와 다른 방식으로 보상을 운영하기도 한다. 돈에 대한 이야기는 회사의 문화적 요소에 영향을 받기 때문이다.

이러한 방침에도 예외는 있다. 먼저 커미션, 특별 성과급, 그리고 여타 성과기반의 현금성 보상이다. 이러한 형태의 보상들은 일반적으로 영업직에 제공되는데, 구체적 성과와 연계되므로 관리자의 의견이 아닌 조직의 성과급 지급공식에 따라 금액이 결정된다. 사회적 인정 프로그램에서 지급되는 보상도 이와 비슷하다. 관리자의 주관적 의견이 아닌 사전에 설정된 공식에 따라 보상이 결정된다. 사회적 인정포상은 1년 내내 지급되기 때문에 직원들은 평가 전에 자신이 받게 될 보상에 대해 알 수 있다. 두 번째 예외는 직원이 승진했을 경우다. 대부분 승진과 함께 보상도 상승하게 된다. HR 팀과 관리자는 승진이나 인사이동에 대한 소식을 전할 때 그것이 보상에 어떤 의미를 갖는지 설명해야 한다.

팀 차원의 다이내믹스를 파악한다

관리자는 사회적 인정 데이터를 활용하여 팀 전체의 성과와 팀 다이내믹스를 파악할 수 있다. 이는 팀원 개개인의 평가와 구분되지만 긴밀하게 연결되어 있기도 하다.

　다나는 프로젝트 관리자뿐만 아니라 팀의 관리자 역할을 수행하고 있다. 그녀는 시스템상에 나타나는 사회적 성과 소셜 차트를 통해 팀원들이 서로, 그리고 회사의 다른 이들과 인정을 통해 어떻게 상호작용하는지 구체적으로 알 수 있다.

다나의 사회적 성과 소셜 차트

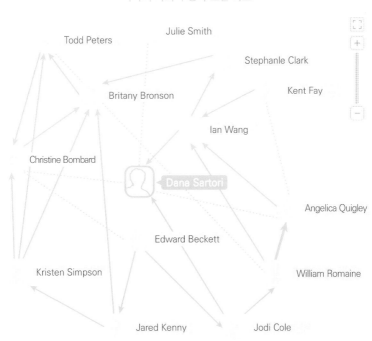

HR 리더는 얼마나 많은 사람들이 어떠한 항목에 대해 인정받았는지 알 수 있다. 예를 들어 회사의 핵심가치 중 하나인 "몰입·에너지·열정을 기르자"는 인기 있는 인정항목이므로 이에 대한 다나의 메시지가 팀원들에게 잘 전파되고 있음을 알 수 있다. 이는 "업무수행 시 협력하라"와 같이 프로젝트 관리자에게 굉장히 유용한 인정항목이다. 이 두 가지가 프로젝트 관리에서 핵심적 가치이기 때문이다. 사회적 인정 시스템을 통해 다나와 리즈 팀장 모두 다나가 다양한 가치와 일하는 방식을 균형 있게 조율하고 있음을 시각적으로 이해할 수 있다.

또한 다나 팀에서 20%의 팀원이 사회적 인정 프로그램에 참여하지 않는다는 사실도 알 수 있다. 그렇다면 그들이 왜 참여하지 않고 있으며, 어떤 문제가 있는지에 대해 조사해 볼 수 있다. 누군가는 시스템에 대해 이해하지 못했을 수 있고, 누군가는 전혀 인정받지 못하고 있을 수도 있다. 이 두 가지 가능성 모두 조치가 필요하다. 리즈 팀장은 다나 개인의 대시보드와 그녀 팀의 대시보드, 그리고 그녀가 감독하는 모든 관리자들의 대시보드를 볼 수 있다. 그녀는 시간이 지남에 따라 축적되는 사회적 인정 데이터를 살펴볼 수 있고, 구성원들이 주고받은 인정에 대한 인구통계학적 특성도 파악할 수 있다. 더 나아가 특정 팀이나 개인의 인정 사례에 초점을 맞춰 자세히 살펴보고, 이를 성과에 대한 논의에 활용할 수도 있다.

능숙한 관리자라면 개별 팀원의 역할이 중요함을 인식할 것이며, 팀의 작동방식이 개인의 성과에 영향을 미침을 알 것이다. 팀 내 상호작용, 커뮤니케이션, 가치의 발현을 시각화하는 것은 관리자에게 고성과 팀을 만드는 데 필요한 정보를 제공한다.

부정적 피드백보다 강점 혁명에 집중한다

《관리자를 위한 101가지》Management 101 백서에서는 "공개적으로 칭찬하고, 개인적으로 비판하라"고 조언한다. 그리고 평가미팅은 관리자와 팀원 간 일대일 논의방식으로 진행된다. 지금까지 필자는 평가미팅에서의 논의가 긍정적이고 전문적인 대화여야 한다고 강조했다.

하지만, 물론 업무와 관련해 부정적 피드백의 필요성은 존재한다. 팀원들에게 나쁜 소식을 전달하기 두려워하는 관리자는 해결되어야 할 문제를 방치함으로써 결국 팀을 위험에 빠뜨린다. '샌드위치 기법'compliment sandwich에 따라 긍정-부정-긍정 순의 형식적 피드백을 하는 전통적 성과평가 모델도 마찬가지다.

코칭은 모든 관리자들의 중요한 역할 중 하나다. 코칭에는 팀원 개개인에 대한 기대치를 설정하고 목표가 달성될 수 있도록 돕는 일이 포함된다. 제대로 전달된 건설적 비판은 좋은 성과평가의 한 부분이다. 이는 사회적 인정이 아닌 전통적 성과평가 방식을 통해서 더 잘 적용될 수 있다. HR은 관리자가 저성과자를 인식하고 그들의 성과를 향상시킬 수 있도록 지속적으로 교육, 지원해야 한다. 긍정적 피드백과 마찬가지로 부정적 피드백도 사건 발생 후 최대한 빨리 적절한 시기에 제공되어야 한다. 개선을 위한 피드백을 연말평가까지 미루지 말아야 한다.

필자가 HR 분야의 분석가들로부터만 자주 받는 질문이 있다. 바로 "사회적 인정 시스템에서 부정적 피드백도 전달해야 하지 않을까요?" 라는 질문이다. HR 실무자들로부터는 이러한 질문을 받은 적이 없다.

하지만 충분히 많이 나오는 질문이기 때문에 이에 대한 이야기를 해 보겠다. 결론부터 말하자면, 사회적 인정 프로그램에는 부정적 피드백을 위한 자리가 없다.

왜 부정적 피드백을 하면 안 될까? 관리자가 "이봐, 네가 그 일을 정말 망쳐 버렸어"라고 말하면 안 되는 걸까? 모두가 우수한 성과뿐만 아니라 좋지 않은 결과에도 주목한다면 어떨까? 어떤 팀원이 실수할 때마다 그의 보너스에서 차감할 수 있다면 어떨까? 흥미롭지 않겠는가?

답하자면 모든 데이터는 흥미로울 수 있다. 하지만 우리의 고객인 HR 담당자들과 관리자들에게 말해 보면 그들 모두는 부정적 피드백에 알레르기 반응을 보일 정도로 꺼려했다. 이러한 반응은 건강한 조직문화에 독이 될 수 있다. 이는 샌드위치 피드백 방식이 유발하는 문제와 비슷하다. "정말 잘했어. 중간작업을 좀더 잘했더라면 고객들이 더 좋아했을 텐데, 아무튼 전반적으로는 잘했어." 이런 방식은 잘해야 피드백을 받는 사람을 혼란스럽게 만들 뿐이다. 그래서 일을 잘했다는 건가? 못했다는 건가? 최악의 경우에는 해당 팀원을 짜증나게 하거나 동기를 저하시킬 수도 있다.

궁극적으로는 당신도 사회적 인정 시스템이 끊임없이 긍정적 행동과 결과를 비추어 빛내 주기를 바랄 것이다. 최근의 소프트웨어 트렌드를 보자. 소프트웨어 도구들과 시스템들이 분화되고 특화되고 있다. 하나의 거대한 소프트웨어 세트가 아닌 앱 형태가 각광받고 있으며, 개별 구성요소들은 각각의 특수한 목적을 정확하게 달성하도록 디자인되었다. 이와 같은 맥락에서 사회적 인정 시스템에 '건설적 비판'을 섞는 것은 구성원들에게 상충하는 메시지를 전달할 수 있다.

HR 실무자들은 기업문화가 얼마나 쉽게 손상될 수 있는지 알고 있다. 집단지성을 생각해 보았을 때 당신은 회사의 모든 직원들에게 '문화적 핵폭탄'atomic culture bomb을 던지고 싶지는 않을 것이다. 사회적 인정은 그 속성상 대중적이고 공개적이다. 긍정적 피드백 방식을 유지한다면 긍정적 결과를 얻을 수 있을 것이다. 사회적 인정 프로그램은 부정적 피드백을 위한 제도가 아니다. 부정적 피드백은 구성원의 행동에 매우 유해한 영향을 주기 때문이다. 사회적 인정 프로그램은 긍정이 넘치는 업무환경을 만드는 데 온전히 집중해야 한다.

〈뉴욕타임스〉 칼럼니스트인 데이비드 브룩스David Brooks는 사회학 이론에 조예가 깊다. 그는 다음과 같이 말한다.

"누군가의 부정적 습관을 고치기 위해서 그의 행동을 비판하는 공격적 이메일을 보내는 것은 도움이 되지 않는다. 반대로 그의 긍정적 행동을 극대화시키기 위해 노력해야 한다. 몇몇 중요한 연구에 따르면 나쁜 행동을 저지하는 데 가장 효과적인 방법은 긍정적 행동에 주목하는 간접적 접근 방식이다." [3]

사회적 인정, 소셜 아키텍처, 크라우드소싱 기반 평가도구들은 모두 성과향상에 도움을 주는 것으로 나타났다. 올바른 방향성 아래 적절한 코칭과 보상을 받는다면 우리 모두는 발전가능성이 있다. 어떻게 성과를 향상시킬 것인가에 대해서는 다음 장에서 이야기하고자 한다.

온전한 성과관리,
평가 이후가 더 중요하다

Improving Performance after the Review

하이드로랩 제품개발팀의 토니는 만화에 등장하는 전형적인 괴짜 엔지니어를 닮았다. 덥수룩한 수염에 청바지와 티셔츠를 즐겨 입는다. 조용히 일에 몰두하는 성격으로 회의할 때도 말을 아낀다. 퇴근 후에는 동료들과 어울리기보다 혼자 지내는 편이다. 리즈 팀장은 그런 토니에게 괴짜 엔지니어 이미지 이상의 무엇이 있다고 느꼈다. 그가 잠재된 리더십을 깨닫고, 자신의 잠재력을 발휘해 성과에 더 많은 기여를 해주길 바랐다.

  리즈 팀장은 사회적 인정 플랫폼social recognition platform에서 토니가 받은 인정 피드백을 살펴봤다. 동료들의 피드백 속에는 토니의 강점이 잘 담겨 있었다. 토니는 일을 할 때 완벽을 추구했다. 많은 동료가 토니의 코딩 방식을 효과적이라며 칭찬했고, 어떤 동료는 '우아한' 코딩이라고까지 추켜세웠다. 토니가 자발적으로 나서 후배 엔지니어의 코드를 검토해 준 일도 기록되어 있었다. 후배 엔지니어는 토니에게 감사의 의미로 하이드로랩 핵심가치인 "업무수행 시 협력하라"에 대한 인정을 보냈다. 그러나 아쉽게도 이 피드백이 토니가 유일하게 받은 '협력' 배지였다.

리즈 팀장은 토니와 평가면담을 가졌다.

"그동안 혼자서도 자신의 일은 거뜬히 잘해 주었네요. 고맙게 생각하고 있어요. 토니에게 한 가지 더 바라자면, 자신의 전문성을 발휘해서 다른 구성원이 일하는 데 도움을 주면 더할 나위 없겠어요. 동료들과 더 많은 파트너십을 이루면서 일하는 거죠."

리즈 팀장이 말했다.

"파트너십이라면 … 정확히 어떻게 일하라는 말씀이세요?"

토니가 어깨를 으쓱하며 되물었다.

"토니는 조용히 혼자 일하는 걸 좋아하는 스타일 같아요. 물론 지금도 훌륭히 잘하고 있지만 회사 핵심가치인 '업무수행 시 협력하라'를 좀더 실천해 보면 어떨까요? 토니가 주고받은 사회적 인정 결과를 보면 다른 팀원과 관계가 돈독하거든요. 이런 강점을 활용해서 토니의 영향력을 부서 외부로 확대해 보는 거죠."

"부서 밖이라 하면 세일즈나 마케팅팀을 말하는 건가요?"

미심쩍은 표정으로 토니가 되물었다.

"그런 건 아니고요. 지오클린과 합병을 위해 새로 구성된 M&A 팀 알죠? 그 팀을 말하는 거예요. 지오클린 M&A 팀에 근무하는 다나의 업무를 도와줬으면 해요. 협력해서 일하는 거죠."

"제가요? 제가 그런 일을 할 수 있을까요?"

"지금까지 토니가 해왔던 대로만 하면 됩니다. 지오클린 소프트웨어의 코드가 완벽한지, 그리고 우아하게 설계됐는지 검토해 주면 돼요."

리즈 팀장은 모니터에서 토니에게 시선을 옮기며 살며시 웃었다.

　직원의 마음은 어떻게 움직일 수 있을까? 상사가 성과를 내라고 강압적으로 재촉하는 방식은 최소한의 효과밖에 거두지 못한다. 잘못된 성과평가 면담을 보면 '어떻게든 성과를 내라'는 식의 고압적 분위기가 떠오른다. 하지만 여러 사례연구(실제 경험을 포함해서)에서 밝히듯 성과를 내라고 강요하면 장기적 생산성은 떨어진다. 동기부여가 된 것 같지만 사실은 자발적 의지가 아닌 공포심이 불러온 일시적 변화에 지나지 않는다. 강압적 동기부여 방식은 노동력을 착취하는 산업화 시절에 통했을지 몰라도 오늘날의 업무환경에는 적합하지 않다.

반대로 직원 스스로 성과를 개선하려는 의지가 발현되는 경우도 있다. 자신의 경력을 쌓고 새로운 도전을 희망하는 직원일수록 자발적 동기부여가 높다. 자아실현 욕구는 가장 순수한 동기부여 동력이다. 이런 직원을 가진 경영진은 행운아다. 그들에게 업무방향만 제시해 주면 우수한 성과를 척척 내기 때문이다.

강압적 강요와 자발적 동기부여 사이에 있는 직원에게 동료가 주는 영향력은 내적 에너지를 만드는 원천이 된다. 팀의 성공이 곧 모두의 이익이라는 것을 깨달을 때 팀원들은 서로를 격려하며 힘을 낸다(물론 성과가 저조한 직원에게는 개선을 요구한다). 스타트업 기업부터 스포츠팀에 이르기까지 '내'가 아닌 '우리'라는 인식의 변화가 유발하는 동기부여의 힘은 조직 성공에 핵심적 요소다. 그래서 현명한 경영자는 사회적 보상을 이용해서 '우리'라는 유대가 끈끈한 팀을 만든다.

평가에 따른 보상pay for performance은 널리 이용되는 동기부여 방식이다. 높은 성과를 낼수록 많은 보상을 지급한다. 돈은 가장 일반적으로 사용하는 동기부여 수단으로 이러한 보상방식은 효과를 볼 수 있다. 하지만 돈이라는 건 회사의 인건비 한도, 직급별 급여밴드, 비즈니스 상황에 따라 제한적일 수밖에 없다. 더구나 임금인상 효과는 시간이 지날수록 감소한다. 얼마를 더 받았든 6개월만 지나도 자신이 받는 보상은 부족하다 외친다. 돈으로 만든 동기부여는 "밑 빠진 독에 물 붓기" 같은 것이다. 자아실현과 달리 동기를 계속 유지하려면 끊임없이 돈을 주어야 한다. 우수인재를 데려가려는 경쟁사 역시 가장 쉬운 방법으로 금전 보상을 이용한다. 돈으로만 동기부여된 직원이라면 언제든 경쟁사로 떠날 위험이 있다. 돈은 성과 동기부여에 영향을 미치지만 그 자체로 완벽한 수단이 될 수는 없다는 점을 명심해야 한다.

결국 관리자는 성과 동기부여를 위해 아래 선택지 중 하나를 고른다.

- 권위에 기대어 성과 강요하기(약한 조치)
- 자발적 동기가 있는 사람만 채용하기(제한적 조치)
- 성과를 달성하면 금전적 보상 제공하기(일시적 조치)
- 긍정적 업무환경을 구축해 지속적 성과향상 도모하기(이상적 조치)

크라우드소싱 기반 성과평가는 네 번째 동기부여 방식을 지향한다. 이 장에서는 크라우드소싱 기반 성과평가를 활용해 구성원에게 지속적 성과향상 문화를 장려하는 방법을 알아본다. 이 성과평가 방식은 점진적 성과향상을 이끄는 데 도움을 준다. 더 나아가 영속적 변화를 만들 수 있다.

7장 사례에서 볼 수 있듯 크라우드소싱 방식의 인정 피드백은 구성원의 성과를 더 잘 파악하는 데 도움을 준다. 뿐만 아니라 인정 피드백은 평가면담 시에도 유용하게 활용된다.

피터 드러커Peter Drucker를 포함한 많은 경영사상가에 따르면, 못한 점을 질책하기보다 잘한 점을 칭찬하는 방식이 업무성과를 개선시키는 데 효과적이다. 장점을 칭찬해 더 잘하도록 격려하는 것이다. 상사와 동료의 긍정적 피드백은 구성원의 성장욕구를 자극시켜 변화를 만들어낸다.

관리자라면 자신의 팀원이 주변동료에게 어떤 평가를 받는지, 그 팀원은 동료의 평가의견에 수긍하는지 주의 깊게 살필 필요가 있다. 사회적 인정은 그 자체로 '긍정' 지향적 속성이 있다. 따라서 사회적 인정 결과를 토대로 성과면담을 하게 되면 "동료들은 왜 A 팀원 행동을 칭찬하는 걸까?", "A 팀원이 이런 방식으로 일하는 이유는 무엇일까?" 등의 질문을 통해 건설적 대화를 이어갈 수 있다.

예를 들어, 토니의 성과인정 그래프를 보면 주변동료들은 토니의 완벽한 일처리를 장점으로 칭찬한다. '우수한' 수준에 그치지 않고 '완벽한' 수준으로 일해야 만족하는 직원으로 묘사한다. 조용한 성격이지만 맡은 업무를 완벽히 해내 팀 성과에 힘을 보태고 있다는 피드백도 보인다. 리즈 팀장은 토니의 장점을 어떻게 활용할 수 있을까? 토니에게 격려의 말을 건네는 것은 물론이고 좋은 평가점수를 줄 수 있다. 더 나아가 다음해 토니의 성과목표를 논의할 수 있다. 토니에게 팀의 성과품질을 주도하는 새로운 업무목표를 부여하는 식으로 말이다. 토니의 잔잔한 영향력이 모두에게 좋은 영향을 미치도록 조직화하는 것이다.

실제 업무품질을 얼마나 달성했는가를 성과지표로 측정할 수 있다. 그리고 인정결과와 성과지표 간의 관계를 분석하는 것도 가능하다. 물론 사회적 인정과 성과지표 결과가 딱 들어맞지 않을 때도 있다. 인정은 가치 영역으로 개인이 보여주는 문화적 반응이다. 자동적으로 계산해서 완벽하게 정량화하기 어렵다. 업무에서 보여준 몰입, 에너지, 창의성 등을 복합적으로 판단해 인정을 보내기 때문이다. 그래서 사회적 인정은 하나의 성과지표가 내포한 의미, 그 이상을 담고 있다. 조직문화를 강하게 하고 기업성과를 높이는 힘이 된다.

사회적 인정의 결과로 코칭하기

사회적 인정은 성과지표와 어떤 연관이 있을까? 사회적 인정은 강점 기반으로 그리고 자발적 참여로 움직인다. 이런 면에서 누군가 보낸 사회적 인정은 개인이 수행한 성과를 대변한다. 특정 핵심가치와 수행한 업무를 결합하면 의미가 담긴 결과를 보여주기 때문이다. 하이드로랩 사례를 보자. 하이드로랩이 강조하는 핵심가치는 아래와 같다.

- 직원의 행복이 고객의 행복이다.
- 결단력을 가지고 선택하고, 선택한 것에 집중하라.

- 신의성실을 매일같이 실천하라.
- 몰입·에너지·열정을 기르자.
- 업무수행 시 협력하라.

토니는 일에서 완벽주의 성향이 있다. 주로 "결단력을 가지고 선택하고, 선택한 것에 집중하라", "신의성실을 매일같이 실천하라"는 가치에 대해 인정 피드백을 받았다. "업무수행 시 협력하라"에 대한 인정 피드백도 한 번 받았다. "직원의 행복이 고객의 행복이다"에 대한 인정도 있지만 이는 소프트웨어 엔지니어인 토니와 직접적 연관성은 없어 보인다. 내성적인 토니에게 "몰입·에너지·열정을 기르자"의 가치는 발견되지 않았다.

리즈 팀장은 토니가 "몰입·에너지·열정을 기르자"에 대한 인정이 없어 우려했지만 이는 단순히 토니의 타고난 성격 탓이라고 받아들였다. 대신에 다음의 질문을 통해서 토니에게 도움이 되는 요인을 파악할 수 있다.

"토니, 당신이 혼자서 일하는 걸 즐기고 모든 일을 완벽하게 처리한다고 알고 있어요. 그런데 우리 회사는 '몰입·에너지·열정을 기르자'라는 가치도 강조하고 있죠. 이런 가치를 생각하며 일하기 쉽지 않죠? 어떤 여건이 주어지면 이런 핵심가치를 더 실천할 수 있을까요? 나는 토니가 우리 팀 성과에 큰 기여를 하고 있어 고맙게 생각하고 있어요. 팀 발전을 위해 더 해보고 싶은 일이 있나요?"

혹은 이런 질문도 가능하다.

토니의 성과인정 그래프

지난 12개월 동안 4가지 가치에 대해 인정받음

결단력을 가지고 선택하고,
선택한 것에 집중하라

2

업무수행 시 협력하라

1

직원의 행복이 고객의 행복이다

1

2

신의성실을 매일같이 실천하라

0 몰입·에너지·열정을 기르자

　"우리 팀에서 '업무수행 시 협력하라'가 갖는 의미에 대해 함께 얘기하고 싶네요. 혹시 이 가치가 왜 중요한지 알고 있나요? 혼자 처리하는 게 적절한 일과 함께 협력할 때 좋은 결과를 가져오는 일이 있을 텐데 이에 대해 생각해 보죠."

　리즈 팀장은 토니의 성과를 높이기 위한 코치 역할을 해야 한다. 성과코칭은 평가면담에서 혹은 평가면담과는 별개로 진행될 수 있다. 사회적 인정에 근거한 소셜 그래프는 성과코칭 면담에 많은 도움을 준다. 특히 주변동료와 긴밀한 상호작용이 많은 업무환경에서 성과코칭의 질을 높일 수 있다.

주변동료로부터 사회적 인정을 받지 못하는 것은 무엇을 의미하는 걸까? 사회적 인정을 적게 받는 경우는 긍정, 중립, 부정 등 어떤 상황에서도 발생하기 때문에 세심한 검토가 필요하다. 이런 맥락에서 사회적 인정 결과를 일종의 조기경보로 받아들이고 전부터 의심되던 문제를 점검해야 한다. 인정받지 못하는 이유는 다음과 같이 사회적·문화적 이유일 수 있다.

고립된 환경에서 일하는 경우

1장에서 언급했던 고립된 환경에서 일하는 A 직원은 타인과의 접촉이 거의 없다. 이런 경우 관리자가 먼저 A 직원의 업무성과를 파악해야 한다. 더불어 동료와의 사회적 관계를 강화하는 조치가 필요하다. A 직원이 수행한 업무에 영향을 받는 동료들에게 A 직원의 업무성과를 알려주고 사회적 인정을 적극적으로 하도록 유도해야 한다. A 직원의 업무 결과를 가시화하는 방법이다.

사회적 관계가 약한 경우

업무량이 집중적으로 늘어나는 시기에만 고용되는 임시직원이 있다. 임시직원은 동료와 장기적 관계를 맺기 어렵다. 이런 경우 임시직원에게도 사회적 인정 프로그램을 활성화해 기존 직원과 사회적 관계를 강화하는 조치가 필요하다. 대기업에서는 업무가 집중되는 시기에 퇴직자를 계약직으로 고용하는 경우가 있다. 이들의 지식과 대인관계가 생산성 증대에 크게 기여한다는 사실을 알기 때문이다.

의도치 않은 부작용이 생기는 경우

직장에서 맺는 사회적 관계 속에는 자칫 의도치 않은 부작용이 일어난다. 과도한 경쟁으로 적대심을 갖거나 노골적으로 부하직원과 동료를 괴롭히는 경우가 목격된다. 이 같은 상황을 발견하면 조직문화가 매우 위험한 수준에 이르렀음을 인지하고 강력한 조치를 취해야 한다. 사회적 인정을 활용해 이런 문제를 해결할 수 있지만 조직문화 혁신의 일환으로 시행돼야 한다. 사회적 관계의 부작용은 특정 직원이나 특정 부서에만 생길 수 있다. 인정결과는 이런 문제를 발견하는 데 도움을 준다. 예를 들어 특정 부서에서 "업무수행 시 협력하라"에 대한 인정 피드백의 빈도가 평균에 크게 못 미치는 경우 HR과 경영진은 원인을 파악하고 해당 부서 리더와 해결책을 찾는 조치가 필요하다.

제도의 실행이 느린 경우

소속된 부서 또는 팀에서 사회적 인정 프로그램의 실행이 더딜 수 있다. 이와 같은 경우 소속 부서의 참여 수준을 전사적 참여 수준과 비교, 확인해 본다. 만약 부서 구성원들이 사회적 인정 프로그램에 적극적으로 참여하지 않고 있다면 그 원인을 분석할 필요가 있다.

인정의 대화 자체가 성장의 계기가 된다

7장에서 볼 수 있듯이 성과평가 면담은 몇 달 후나 다음해에 기대하는 바를 논의하며 마무리하는 것이 보편적이다. 다만 이런 식의 논의는 평가 등급을 매기는 시점에 한 번 하는 것으로 충분치 않다. 직원이 지속적으로 성장하고 성과를 낼 수 있도록 수시로 이어가는 게 중요하다. 사회적 인정은 공식적 평가리뷰 사이에 직원이 어떻게 일했는지 알려 주는 이정표를 남긴다. 이정표는 다음에 어디로 갈지에 대한 훌륭한 지침이 된다.

누군가를 인정하는 행위는 칭찬과 감사를 동반한다. 직원몰입도 조사를 해보면 간단한 칭찬이 얼마나 큰 영향력을 갖는지 알 수 있다. 직원들은 회사의 핵심가치라는 맥락 속에서 존중받는다고 느끼게 되고 그들이 느끼는 만족도는 눈에 띄는 변화를 가져온다. 실제로 제트블루는 리프트Lift라는 사회적 인정 플랫폼 도입 3개월 후에 설문조사를 실시했는데 성과보상과 인정에 대한 승무원의 만족도가 88%나 증가했다.

인정의 순간은 '즉각적 분석결과'를 보여주는 셈이다. 사회적 인정 결과를 살펴보면서 직원들에게 그런 피드백을 남긴 구체적 사례를 말해 달라고 해보자. 관리자의 입장에서 이런 대화는 행동기반 채용면접과 비슷하다. "토니, 지난번 프로젝트는 어땠나요. 그때 상황은 어땠죠? 일이 순조롭게 진행된 이유가 무엇이라고 생각하세요?"와 같은 질문이다. 구성원이 일해온 방식은 하나의 이야기이자 메시지다.

사회적 인정은 자발적으로 주고받는 진실이기 때문에 이를 토대로 한 성과면담은 대화의 주제와 내용을 풍성하게 만든다. 관리자는 추상적 개념이 아닌 실제 일어난 사건을 중심으로 대화할 수 있다. 관리자가 항상 직원들 옆에 있을 수 없는 상황에서 사회적 인정 프로그램은 적절한 타이밍에 건설적 대화를 만들어낸다.

구성원 하나하나가 서로의 성과를 칭찬하고 인정하도록 독려하는 것이 중요하다. 칭찬과 인정은 누구나 쉽게 실천할 수 있는 행동으로 구성원의 성과향상에 긍정적으로 기여한다. 상호 간의 인정으로 긍정이 넘치는 업무환경을 만들고 조직 안에 에너지와 몰입을 가득 채울 수 있다. 사회적 인정을 주는 사람은 "이 사람의 행동은 회사에 어떤 도움이 되는가?", "우리 업무를 어떻게 발전시키는가?"를 자연스럽게 떠올린다. 긍정에너지가 가득한 기업에서 구성원은 더 전략적으로 생각하고 행동한다. 동료의 가치를 알아보고 인정하는 힘은 신입사원에게도 효력이 있다.

인정 데이터로 숨겨진 영웅 찾기

성과가 우수한 직원은 경력개발에서도 역동적 모습을 보인다. 입사 후에 업무를 훌륭히 수행하는 것은 물론이고, 더 큰 업무를 맡게 되거나 승진, 이직 등을 통해 꾸준히 변화한다. 이런 측면에서 HR은 고성과자가 자신의 업무에 흥미를 잃어 회사를 떠나지 않도록 경력관리에 신경 써야 한다. 직원들이 원하는 경력비전과 성장욕구가 다양한 만큼 경력경로 역시 개개인의 니즈에 맞게 차별화할 필요가 있다.

경력경로를 짜는 일 역시 성과관리의 일부분이다. 사람들은 자신이 하는 일이 얼마나 진행됐는지 확인하며 동기부여되는 경향이 있다. 이런 감정은 자연스럽게 우수한 잠재력과 고성과를 보이는 직원을 만든다. 강한 기업문화를 만들고 싶다면 핵심인력과 고성과자가 두각을 나타낼 수 있도록 멘토링과 경력개발 등 풍부한 성장기회를 부여해야 한다. 그리고 그들의 뛰어난 성취를 동료가 인정하도록 하는 한편, 높은 수준의 보상기회를 제공하는 것이 필요하다.

고성과자가 어느 계층에 속하든 인정은 그의 영향력을 파악하는 척도로 활용될 수 있다. 사회적 인정은 고성과자에게 경력성장 방향을 알려 주는 하나의 수단이다. "다른 사람들은 고성과자가 이룬 성과를 어떻게 생각하는가?", "고성과자의 영향력은 어느 정도인가?", "고성과자는 어떤 강점을 가졌고 무엇을 보완해야 하는가?" 등을 사회적 인정 데이터 속에서 확인할 수 있다. 큰 성과를 낼수록 그에 걸맞은 기대가 따르게 마련이다. 팀원들의 열정을 이끌어내는 능력은 부족하나 그럭저럭 괜찮은 성과를 내는 사람이 승진해 큰 규모의 팀을 맡는 경우를 상상해 보자. 과거에 그저 작은 결함에 불과하던 것도 성과 하락의 결정적 이유가 될 수 있다.

조직에서 70% 정도의 직원은 평균적 수준의 직원이다. 사회적 인정은 이런 평균수준의 직원들의 진척수준을 알려 주기도 한다. 그들은 스스로가 보유한 기술, 에너지, 헌신을 통해 회사의 성공에 기여하며, 긍정적 태도로 주변사람들을 고무시켜 조직문화에 활력을 불어넣는다. 조직이 고성과자에 주목하는 것은 당연하다. 그러나 사회적 인정은 다른 방법으로는 알 수 없었던 '70%'가 미치는 영향력을 발견하여 숨겨진 영웅들이 주목받을 수 있도록 한다.

위기에 빛나는 인정의 문화

최근에는 비즈니스 상황이 매우 빠르게 변화한다. 예상치 못한 일이 발생하는 것은 자연스러운 현상이다. 새로운 기회를 맞는가 싶다가 경제 위기가 도래한다. 핵심인력이 이탈하거나 경영진이 교체되는 일이 비일비재하다. 경쟁상황에 대응해 기업의 전략은 수시로 변한다. 이러한 변화를 성과관리 안에 녹일 수 있을까? 예측 불가능한 상황을 모두 고려하여 직무목표를 작성하고 성과평가 양식의 '기대사항'에 기술할 수 있을까?

이 질문에 대한 대답은 "불가능하다"이다. 관리자는 이런 일을 할 수 없고 할 필요도 없다. 한편, 크라우드소싱 기반 성과평가는 변화에 대한 직원들의 반응을 측정하고 목표를 재설정하면서 변화에 대응한다. 사회적 인정은 상황이 어떻게 변덕을 부리든 성과가 발생한 시점에 이루어지기 때문에 직원들이 변화에 어떻게 대응하는지 측정하는 알맞은 도구다.

하이드로랩이 한 스타트업 회사의 기술을 자사의 생산설비에 결합시키려는 목적으로 M&A을 추진하는 상황을 가정해 보자. 기회의 문은 매우 작지만 엔지니어부터 마켓애널리스트, 재무담당자, 시설관리자에 이르기까지 하이드로랩의 모든 구성원은 M&A 기회를 성공적으로 이끌고자 합심한다. 긍정이 넘치는 업무환경을 갖춘 하이드로랩은 "모두 협력하고 함께하자"는 태도로 변화를 이끌어가는 것이다.

직무기술서나 성과목표를 완벽하게 수정할 만큼 한가한 사람은 존재하지 않는다. 더군다나 현대 조직에서는 이러한 일을 할 필요가 없다.

"사회적 인정 시스템에는 매일 새로운 이야기가 등장한다.
이 이야기는 협업의 에너지와 기쁨을 표현한다."

대신에 임원·관리자·현장에서 일하는 직원은 업무목표를 다시 설정하고, 새로운 관계를 구축하며, 새로운 시장을 조사하고, 수천 가지의 새로운 과제를 수행함으로써 변화에 대응한다.

이러한 일련의 과정에서 사회적 인정이 이루어진다고 생각해 보자. 구성원들은 서로를 응원한다. 수고해 줘서, 사전에 위협요인을 찾아 줘서, 변화에 잘 적응해 줘서 서로에게 감사함을 표한다. 소셜 그래프에는 새로운 형태의 관계망이 그려진다. 사회적 인정 시스템에는 매일 새로운 이야기가 등장한다. 이 이야기에 등장하는 성과는 회사의 핵심가치를 표현하고 더 나아가 협업의 에너지를 표현한다. 스트레스를 받는 상황에서 서로를 향한 크고 작은 인정은 동료애를 키운다.

예를 들어 임원이 비서의 노고에 고마움을 표하거나, 패키지디자인 팀의 신입사원이 재무부 직원에게 "예술과 회계는 궁극적으로 같은 것"이라고 농담하며 감사하는 것 역시 일종의 보상이다. 캔자스에서 일하는 한 실험장비 설치기사는 본사 HR 담당자를 높게 평가할 수 있다. HR 담당자가 추가작업을 하는 직원들에게 직접 감사인사를 전하기 위해 본사에서 캔자스까지 비행기를 타고 왔기 때문이다. 긍정적 성과 문화는 이런 장면에서부터 시작된다.

| Part 3 |

성과관리의
미 래

빅데이터, 크라우드소싱과
함께하는 HR의 미래

Big Data, Crowdsourcing, and the Future of HR

분기 임원회의가 열린 하이드로랩의 대회의실. 레베카 HR 총괄 부사장이 스크린 옆에 서 있다.

"지오클린 인수 후 직원들의 인식 변화를 말씀드리겠습니다. 인수 당시 지오클린 직원들은 크라우드소싱 기반 성과평가 방식에 회의적이었습니다. 68% 직원이 인정기반 성과평가와 보상 방식에 중립적이거나 다소 걱정된다는 입장이었습니다. 1년이 지난 지금, 숫자가 뒤바뀌었네요. 86% 직원이 인정기반 성과평가를 긍정적으로 생각하고 있습니다.

이 조사결과에는 관리자 응답도 포함됩니다. 지오클린 인수 전부터 근무하던 하이드로랩 직원만 한정해서 본다면 거의 90% 직원이 크라우드소싱 기반 성과평가에 만족하고 있습니다."

그녀는 슬라이드를 넘기며 말을 이었다.

"트레버 사장님, 다음 부분을 설명해 주시죠."

"네. 그동안 쌓인 직원들의 업무행동 데이터를 보면 그 양이 상상 이상입니다. 대시보드를 통해 업무에 몰입하는 직원과 자발적으로 참여하는 직원은 누구인지, 팀워크를 위해 애쓰는 직원은 누구인지 쉽게 확인할 수 있습니다. 관리자는 실제 직원들이 수행한 세부 업무활동을 토대로 성과면담을 할 수 있죠. 뿐만 아니라 회사의 다른 주요 데이터와 연계해 더 많은 통찰을 얻을 수 있습니다. 가령, 어떤 행동이 재무성과를 높이는지 분석할 수 있습니다. 우리가 그동안 값진 정보를 얼마나 많이 놓쳤는지 확인하면 매우 놀랄 겁니다.

우리는 5가지 핵심가치를 지속적으로 실천해왔습니다. 지오클린 직원들도 우리의 핵심가치를 마음에 깊게 새기고 있습니다. 크라우드소싱 기반 성과평가에서 확인되는 이러한 성과들은 이번 지오클린 인수가 성공적이라는 걸 보여줍니다. 직원들은 언제든 의욕적으로 일할 준비가 되어 있습니다. 우수인력 이탈도 거의 없죠. 이 모든 게 데이터에 반영되어 있습니다. 거듭 말씀드리지만, 이번 지오클린 합병은 매우 성공적입니다.

이렇게 성공적 M&A 사례가 얼마나 있을까요? 거의 없을 거라 봅니다. 성공적으로 통합을 이끈 요인은 무엇일까요?"

"결국 조직문화가 핵심이란 말씀이시군요?"

회의에 참석한 임원 중 한 명이 말했다.

"제가 군이 말할 필요도 없네요. 조직문화의 힘을 믿지 않는다면 이사님도 이 자리까지 오시지 않았겠죠."

2002년 오클랜드 구단은 미국 메이저리그에서 두 번째로 적은 예산을 가지고도 매우 성공적인 시즌을 보냈다. 당시에는 스타급 선수가 월드시리즈 진출을 이끈다는 고정관념이 있었다. 부자 구단은 자본력을 동원해 슈퍼스타급 투수와 타자를 영입하는 데 힘썼다. 하지만 오클랜드의 예산은 스타급 선수를 데려오기에는 턱없이 부족했다. 이런 상황에서 오클랜드의 단장 빌리 빈Billy Beane은 팀을 승리로 이끄는 선수에 대한 기존 정의를 뒤집었다. 빌리 빈은 선수들의 경기 데이터를 세밀하게

영화 〈머니볼〉의 한 장면. 2002년 20연승을 거두며 미국 프로야구 역사를 다시 쓴
오클랜드 애슬레틱스의 성공은 데이터 분석을 통한 선수 영입의 결과였다.

분석했고 볼넷, 출루율 같이 상대적으로 덜 화려한 기록을 살피고 저평
가된 선수들을 영입했다. 포수를 1루수로 바꾸는 등 일부 선수의 포지
션을 변경하기도 했다. 이듬해 오클랜드 성적은 눈에 띄게 향상되었다.
이 성공신화는 마이클 루이스의 베스트셀러 《머니볼》Moneyball[1]로 재탄
생하고 영화로 만들어져 유명세를 탔다.

　오클랜드의 2002년 시즌을 지켜본 마이클 루이스는 한 가지 사실을
깨달았다. 빌리 빈이 선수들의 숨은 잠재력을 발굴하기 위해 데이터 분
석을 활용했다는 점이다. 대부분의 감독과 스카우터는 사회적 통설에
의존해 스타 선수를 영입했다. 일부 선수의 잠재력을 무시하며 중요한
기록을 등한시했다. 부자 구단과 대도시 소속 팀의 좋은 성적은 기존 선

입견을 더욱 굳어지게 만들었다. 그래서 빈의 데이터 분석 기법이 대중화되기 이전에는 훌륭한 선수들이 과소평가되고 무시당하곤 했다.

빈의 데이터 분석법은 매우 성공적이어서 다른 감독들도 점차 그의 방법론을 활용하기 시작했다. 물론 여전히 선수영입에 돈을 많이 쓰지만 말이다. 오늘날 대부분의 야구구단은 통계학자처럼 데이터를 면밀히 분석한다. 포커게임부터 축구경기에 이르기까지 다양한 분야에서 데이터 분석을 활용한다. 과거에는 관심 밖이던 정보를 다루는 전문가도 양성한다.

당신 회사의 어떤 직원은 빈이 발굴한 선수와 같은 처지일 수 있다. 잠재력이 있는데도 그 가치가 베일 속에 가려진 처지 말이다. 원인은 다양하다. 눈에 띄지 않는 구석에서 일하고 있어 드러나지 않을 수 있다. 관리자가 보는 눈이 없어 발생하는 문제일 수도 있다. 1장에서 언급한 "한 사람의 관점만으로 잘못 평가되는 경우"single point of failure다. 단순히 자신에게 맞지 않는 업무를 하고 있어서 성과가 나지 않을 수도 있다. 잠재력은 있지만 그 가치가 드러나지 않는 직원을 찾아내 능력을 인정해줄 때, 그 직원은 팀 성과에 기여하게 된다. 2002년 오클랜드 선수들처럼 말이다.

2012년 미국 대선에서는 크라우드소싱으로 데이터를 해석하는 여러 방법이 등장했다. 야구선수 기록을 분석해 명성을 얻은 네이트 실버Nate Silver는 세밀한 통계모델을 고안하여 2012년 대선을 분석했다. 실버는 이미 2008년 대선과 상원의원 당선 결과를 거의 정확하게 맞춘 전력이 있었는데, 공교롭게도 기존에 해오던 유권자 여론조사 방식의 2012년 예측은 실버가 예측한 결과와 달랐다. 그러나 11월 6일 선거 당일 모두가 놀랐다. 실버가 예측한 50개 주의 대선 결과가 모두 적중했기 때문이다. 상원의원 당선 예측 33건 중 32건 역시 실제 결과와 일치했다. 전국 여론조사와 정치평론가 견해는 실버의 데이터 기반 예측에 상대가 되지 않았다.

크라우드소싱 방식을 활용한 인터넷 배팅사이트 인트레이드Intrade.com 또한 상당히 높은 적중률을 자랑한다. 인트레이드는 선거후보자의 세부적 정보에 의존하여 배당률을 설정하지 않는다. 대신 각 후보자를 배팅에 참여하는 사람들이 사고팔 수 있는 가상의 '주식'으로 설정한다. 각 후보의 가치는 당선가능성과 같은 미래가치에 따라 매겨진다. 주식시장처럼 움직이는 것이다. 증권거래자들은 여론조사에 참여하는 유권자 역할을 수행한다. 수많은 개인들이 후보자를 판단하고 판단의 합이 결과적으로 예측치가 된다. 크라우드소싱 방식을 이용한 인트레이드는 49개 주 대통령 경선의 승자를 맞췄고 상원의원 33명 중 31명의 당선을 정확히 예측했다. 예측정확도는 각각 98%와 93%로 매우 놀라운 수준이다.

실버의 예측모델과 인트레이드의 크라우드소싱 예측은 성과평가에 많은 시사점을 준다. 회사에서 쌓이는 직원 데이터들은 궁극적으로 미래에 일어날 일을 예측하는 훌륭한 근거가 된다. 좋은 성과를 신속하게 자주 일어나도록 하고, 성과가 저조한 요인을 미리 제거하는 데 도움을 주는 것이다. 적합한 정보를 모아 적절히 해석하고 예측하는 것이야말로 사회적 인정이 가진 무궁무진한 잠재력이다.

데이터 속으로 들어가기

미래예측을 주제로 한 네이트 실버의 저서인 《신호와 소음》The Signal and the Noise[2]은 데이터 활용과 관련해 3가지 시사점을 제시한다. 이는 성과관리에도 유용한 내용으로 HR 관점의 해석을 덧붙이면 아래와 같다.

모든 데이터가 동등하게 유의미하거나 관련 있는 것은 아니다

직원성과는 어떤 방식으로든 측정할 수 있다. 하지만 진짜 중요한 것은 특정 기준에 따라 측정해야 유의미한 정보를 얻는다. 예를 들어 A라는 직원이 하루 약 4백 건의 고객문의를 응대한다고 가정해 보자. 홈페이지 '도움말' 페이지로 안내하는 A의 응대는 늘 비슷하고 형식적이다. 이에 비해 B라는 직원은 좀더 꼼꼼한 설명을 담아 하루에 약 30개 정도의 문의를 응대한다. 둘 중 누가 더 생산적인지 판단하기란 어렵다. 여기서 유일한 지표는 응대한 고객 수이다(실버는 정밀하게 측정했다고 해서 반드시 정확하게 분석한 건 아니라고 강조한다. 오류가 있는 데이터는 아무리 정밀하게 측정해도 잘못된 해석밖에 얻을 수 없다).

무의식적 편견은 분석을 왜곡시킨다

경제, 정치 전망과 마찬가지로 성과리뷰도 평가자가 예단한 가설이나 결론을 뒷받침하는 데이터만 모으려는 경향이 있다. 어떤 직원을 열정적으로 자신의 일에 몰입하는 사람으로 믿는 관리자를 떠올려 보자. 관리자는 본인이 생각하는 이미지에 부합하는 정보만 받아들이는 반면, 이에 부합하지 않는 행동이나 정보는 부인하거나 무시하게 된다.

숫자가 모든 것을 알려 주지 않는다

데이터에 집착하면 다른 중요한 정보를 놓칠 수 있다. 똑같은 성적을 보유한 2명의 야구선수가 있는데, 시합이 없는 날 한 선수는 봉사활동을 하고 다른 한 선수는 나이트클럽에서 마약을 한다고 가정해 보자. 실버에 따르면 이런 보이지 않는 차이를 통계적으로 구분해낼 방법은 없다. 하지만 이러한 차이가 존재한다는 것을 분명히 염두에 두어야 한다.

우리는 숫자가 전부가 아니란 사실을 본능적으로 안다. 이런 생각으로 말미암아 성과평가를 과학적 활동이라기보다 예술적 활동으로 여기는 사람도 있다. 사실 성과평가는 과학인 동시에 예술이다. 성과평가 데이터를 활용하는 데 핵심은 소음noise(유의미한 정보가 없는 다수의 자료)에서 신호signal(가치를 기준으로 엄선된 자료)를 구분하는 일이기 때문이다.

실버의 〈뉴욕타임스〉 동료인 데이비드 브룩스 역시 소음에서 신호를 구분해내는 일에 관해 언급한다. 그에 따르면 데이터는 우리의 직관이 사실과 다를 수 있다는 것을 입증해 주는 수단이자 우리가 간과하는 일련의 행동양식을 보여주는 렌즈다. 그렇다고 브룩스가 최근 유행하는 "데이터 분석이 모든 것에 답을 준다"라는 명제에 동의한다는 의미는 아니다. 브룩스는 "데이터 혁명이 현재와 과거를 이해하는 훌륭한 방법론을 제시하지만, 과연 이러한 현상이 우리의 미래예측과 의사결정능력에 영향을 줄 수 있을지는 의문이다"라며 데이터 만능주의를 경계했다.[3]

실버와 브룩스의 주장은 자료가 아무리 많아도 그 자체만으로는 지혜가 될 수 없음을 일깨워 준다. 성과평가 데이터를 분석해 양질의 시스템을 구축할 수 있는 것은 사실이다. 그러나 데이터 분석은 전체 시스템의 일부분이라는 점을 명심해야 한다. 성과평가에서 정보와 데이터 분석은 어떻게 활용할 수 있을까? 성과측정뿐만 아니라 개인성과를 향상시키고 경력성장을 돕는 데, 더 나아가 강한 기업을 만드는 데 성과평가 시스템은 어떤 도움을 줄 수 있을까?

소음 속에서 숨은 신호 발견하기

전통적 성과관리 방식은 두 가지 관점에서 직원성과를 평가한다. 바로 업적과 역량이다. 평가결과는 5점 척도와 같이 수치화하거나 정량 데이터로 표현할 수 없는 서술도 일부 존재한다. 크라우드소싱 기반 데이터는 이런 수치에 더해져 평가결과 해석을 풍부하게 만든다. 관리자의 평가의견은 광범위한 동료평가 데이터 중 하나에 지나지 않는다. 크라우드소싱 기반 평가 데이터는 한 사람만의 관점으로 잘못 평가되는 폐해를 막을 수 있다.

오랜 기간 크라우드소싱 기반 평가 데이터를 쌓게 되면 관리자가 직원성과를 제대로 판단하는지 분석할 수 있다. 소음 속에서 신호를 발견하는 대표적 분석이다. 만약 관리자가 어떤 직원에게 3점을 주고 동료들도 그에게 3점을 주었다면 아무런 문제가 없다. 관리자가 또 다른 직원에게 5점을, 다른 구성원들도 그에게 5점을 준 상황 역시 바람직하다. 그러나 주변 직원이 4점이나 5점을 주는 상황에서 관리자가 2점을 주었다면 동료들과 관리자 간에 견해차가 존재함을 나타낸다. 이 경우, 관리자가 평가자 역량을 제대로 갖추었는지 되돌아봐야 한다. 크라우드소싱 기반 평가 데이터는 관리자가 팀원에 대한 성과관리 역할을 제대로 수행하고 있는지 검증해 준다.

데이터 분석을 통해 또 다른 숨겨진 신호도 파악할 수 있다. 특정 직원에게 동료들이 평균 4.5점을 주었는데 관리자는 2점을 주었다면 해당 직원은 회사를 떠날 위험이 있는 인물인가? 아니면 리더십 교육을 통해 팀장으로 승진시켜야 할 사람인가? 이런 경우 당신은 관리자가 효과적 리더십을 발휘하고 있는지 평가결과 속에서 살필 수 있으며, 관리자와 직원들 간의 어떤 불협화음이 있는지 파악할 수 있다.

사회적 인정 데이터는 실제 업무상황 속에 숨겨진 미묘한 정보를 가득 담고 있다. 이러한 정보는 궁극적으로 인재를 적재적소에 활용하고 잠재력을 끌어올리는 데 도움을 준다. 인정기반 성과평가의 모든 데이터는 구성원의 미래를 예측하기 위한 결과물이다. 크라우드소싱을 통해 충분한 데이터를 얻을 수 있기에 가능한 일이다. 관리자 한 명이 직원을 평가했을 때와 비교해 본다면, 한 사람이 제공하는 정보보다 크라우드소싱 기반 데이터는 훨씬 더 큰 통찰을 보여준다.

크라우드소싱 기반 성과평가는 이와 같은 데이터 분석의 이점에도 불구하고 HR은 여전히 해결해야 할 과제를 안고 있다. 우선 올바른 자료를 선별해 적절히 해석해야 한다. 수치화되지 않은 정성적 데이터도 적절히 활용해야 한다. 이를 통해 특정 상황에서 직원들이 어떤 행동을 할지 더 정확히 예측할 수 있다. 또한 관리자가 무의식적으로 자신만의 편견에 빠지지 않도록 적절한 교육과 조치를 취해야 한다. 이로써 관리자가 잘못된 정보와 해석을 평가에 반영하지 않도록 해야 한다. 직원들이 어떤 일을 어떻게 하는지에 대한 정보가 쉴 새 없이 쏟아지는 일상 속에서 관리자들은 소음 속에서 신호를 구별해내는 법을 익혀야 한다. 이러한 맥락에서 칭찬과 인정을 활용한 크라우드소싱 기반 성과평가는 관리자가 의미 있는 신호를 구별할 수 있도록 하는 훌륭한 도구가 될 것이다.

데이터 속 숨은 인재가 회사를 살린다

동료들은 피트가 조직에 기여하는 잠재적 가치와 재능을 높게 평가한다. 하지만 피트의 상사는 생각이 조금 다르다. 그래서 피트는 자신의 역량을 발휘할 만한 지원을 받지 못한다. 맡은 업무도 마찬가지다. 피트처럼 과소평가된 직원이 한 명 정도면 문제는 크게 드러나지 않는다. 하지만 1만 명 직원 중에 이런 직원이 상당하다면 문제는 심각해진다. 기업 성과목표 달성에 활용될 수 있는 인적자원이 엄청나게 낭비되는 것이다. 이런 상황은 경기침체와 흡사하다. 잠재된 역량이 우수해도 직원들의 생산능력은 떨어지고 회사의 총생산량도 감소한다. 그러다 다시 호황기에 접어들면 비로소 직원들의 잠재적 역량이 발휘된다. 직원들의 역량이 최대치로 활용되고 더 많은 인재가 채용되어야 비즈니스 가능성은 최대가 된다.

직원들의 저평가된 잠재능력은 기업에서 추가비용 없이 활용 가능한 중요 자산이다. 크라우드소싱 기반 평가 데이터를 활용하면 이런 숨은 잠재력을 포착할 수 있다. 회사 임직원 모두의 숨겨진 역량을 찾아 활용하면 회사의 성과는 눈에 띄게 향상될 것이다. 더 나아가 크라우드소싱 기반 평가 데이터는 직원들이 보유한 기술에 대해서도 상세한 정보를 제공한다. 이에 근거해 관리자는 적절한 사람을 적합한 자리에 배치할 수 있다. 더 효율적이고 생산적인 인력운영이 가능하며 구성원의 업무만족도 높아진다. 따라서 '적재적소 인력운영'을 통해 최소의 비용으로 최대의 결과물을 얻을 수 있다.

데이터에서 숨은 의미 발굴하기

고성과자를 파악하는 데 있어 전통적 성과평가 방식은 꽤 효과가 있다. 전통적 성과평가 방식에서 세일즈담당자는 목표매출액을 달성해야 하고 제품담당자는 상품을 발송해야 하며 물류담당자는 정해진 시간에 정해진 장소로 상품을 배송해야 한다. 조직 내 고성과자를 파악하기 위한 첫 번째 단계는 직원들이 책임지는 성과수치를 살펴보는 것이다.

그런데 정량적 성과 결과뿐만 아니라 측정하기는 어렵지만 엄청난 잠재력을 나타내는 요소들도 있다. 이러한 요소는 사회적 인정 피드백을 통해 파악할 수 있다. 방대한 양의 데이터가 축적된 크라우드소싱 기반 성과평가 시스템은 조직의 상태social state를 구체적으로 보여준다. 시스템이 좀더 심화되면 구체적 데이터를 바탕으로 조직 내 핵심인재를 판별할 수 있다. 다음은 고성과자를 판별하는 6가지 질문이다. 각 질문은 중요한 성과측정 지표이지만 쉽게 측정하기 어려워 보인다. 이때 구성원 간의 사회적 관계social makeup of the workforce를 분석하면 답을 찾을 수 있다.

인플루언서는 누구인가?*

직원 중에 누가 다른 직원들과 활발히 교류하고 넓은 인맥을 가졌는지 아는 것은 쉽지 않다. 타인과의 관계 형성에 있어 심리적 장벽을 치는

● 역주 인플루언서influencer는 '영향을 주다'라는 뜻의 'influence'에 '사람'을 뜻하는 접미사 '-er'를 붙인 단어로 '영향력을 행사하는 사람'을 뜻한다. '파워블로거'나 수십만 명의 팔로워를 가진 소셜 네트워크 서비스 사용자 등을 통칭하는 말로도 쓰인다.

사람이라면 쉽게 구분할 수 있다. 직무 특성상 다른 직원과 접점이 거의 없는 직원도 눈에 쉽게 띈다. 그러나 일반적인 업무환경에서 직원들 간의 상호작용은 대부분 비공식적이다. 누가 누구와 얘기하고, 누가 누구에게 도움을 주는지 파악하기란 쉽지 않다. 그런데 크라우드소싱 인정 데이터를 확인하면 비공식적으로 이루어지는 상호작용을 엿볼 수 있다. 같은 팀뿐만 아니라 다른 팀, 다른 지점, 해외본부 등 다양한 조직에서 누군가에게 칭찬과 고마움을 표시할 수 있기 때문이다. 다양한 조직에서 얻은 인정 피드백 정보는 동료들과 우호적 관계를 형성하고 긍정적 영향을 주는 인플루언서를 파악하는 데 도움을 준다.

샌프란시스코의 한 회사는 인정기반 보너스 제도를 운영한다. 이 회사에서 재택근무를 하는 한 개발자는 9번째로 높은 연봉을 받는데 인정기반 보너스는 3번째로 높은 적이 있었다. 사무실에서 다른 직원들과 얼굴을 마주 보고 일하지는 않지만 원격으로 동료들에게 큰 도움을 주고 있었던 것이다. 멀리서 이 직원의 도움을 받은 동료들은 그의 업적과 역량을 인정했다. 이렇듯 숨겨진 영향력은 사회적 인정 데이터로 가시화되고 손에 잡히게 된다.[4]

누가 비공식적 영향력을 발휘하는가?

비공식적 영향력informal power은 수직적 위계를 벗어난 곳에서 발휘된다. 비공식적 영향력을 가진 사람들은 주위로부터 좋은 평판을 받는다. 특정 분야의 전문가로서 통찰력과 전문지식을 활용해 주변사람에게 도움을 준다. 이들은 공식적 직위나 권위 없이도 비공식적 영향력을 통해 조직성과를 뒷받침한다.

HR 부서와 관리자들은 어떤 직원이 비공식적 영향력을 가졌는지 파악해야 한다. 그리고 어떻게 하면 이들이 지속적으로 조직에 긍정적 영향을 줄지에 대해 고민해야 한다. "비공식적 영향력을 효과적으로 발휘하기 위해 필요한 것은 무엇인가?", "그들이 능력을 최대한 활용하려면 어떤 직무를 맡아야 할까?" 같은 질문 말이다. 또한 그들이 멘토링 프로그램에 참여하는지, 다른 직원과 긍정적 관계를 형성하는 것에 대해 공식적 보상을 받는지도 살펴야 한다.

사회적 인정 데이터를 보면 주어진 업무영역이나 부서를 뛰어넘어 다른 사람에게 영향을 미치는 인물을 발견할 수 있다. 이들은 뜻밖의 타이밍에 생각지 못한 영역으로 긍정적 조직문화를 전파한다. 조직도만 봐서는 이들이 누구인지 찾아낼 수 없다. 이들은 주로 공식적 채널을 통하지 않고 동료들에게 도움을 준다. 그래서 관리자는 (특히, 타 부서의 관리자는) 이들의 영향력을 인지하기 어렵다. 사회적 인정 데이터는 누가 비공식적 힘을 가졌는지 알려 준다. 또한 왜 그들이 영향력이 있는지 알려 준다. 이러한 정보를 얻는 즉시 그들의 영향력을 극대화하기 위해 조직 차원의 지원을 고민해야 한다. 그들의 능력을 업무에 적용시키고 능력의 대가로 보상을 제공할 수도 있다. 일반적으로 비공식적 영향력을 가진 사람은 향후에 리더 자리로 승진을 고려할 만한 인물인 경우가 많다.

잠재력을 지닌 승계후보자는 누구인가?

승계후보자succession candidates를 관리하는 일은 인재관리에서 핵심주제
다. 보통 업무성과가 좋고 리더자질을 갖춘 인물이 승계후보자로 거론
된다. 주변동료들은 인정 피드백 활동을 통해 승계후보자 선별작업에
도움을 줄 수 있다. 일상업무에서 승계후보군이 필수적으로 갖춰야 팀
워크나 추진력을 발휘하는지 확인해 준다.

  승계후보자는 불확실한 상황에 처한 조직이 자신감을 갖고 앞으로 나
아가도록 힘쓴다. 자신이 맡은 조직의 성과를 높이는 일에 집중하고 구
성원들의 성장과 평가를 책임진다. 자신의 상사가 다른 곳으로 이동하
거나 승진할 경우 그 뒤를 이어받을 후보군 중 하나가 된다. 그렇기 때문
에 승계후보자를 일찍 발굴하고 관리하는 편이 리더십 역량을 체계적으
로 개발하는 데 유리하다. 사회적 인정 데이터는 승계후보자가 다른 사
람(특히 동료들)과 주고받은 인정배지를 통해 이들이 사회적 관계 속에서
어떻게 인지되는지 알려 준다.

  물론 조직문화에 긍정적 영향을 미치는 직원 모두를 승계후보자로
관리할 수는 없다. 하지만 리더 자리에 있는 사람이 아니더라도 조직문
화에 긍정적 영향을 주는 구성원이 있다. 바로 조직문화에 힘을 불어넣
는 에너자이저이다.

조직문화 에너자이저는 누구인가?

조직문화 에너자이저cultural energizer는 조직을 지탱하는 주춧돌이라 할 수 있다. 회사의 핵심가치를 앞장서서 알리는 기수와도 같다. 다른 구성원들이 바람직한 신념을 가지고 행동하도록 자연스럽게 유도한다. 진심으로 조직의 미션을 신뢰하고 주변에 그 가치를 전파한다. 이런 모습 덕분에 일부 회사에서는 이들을 '조직문화 홍보대사'cultural ambassadors로 임명한다.

채터나 야머 같은 사내 SNS를 도입한다고 해보자. 전 직원에게 SNS를 적극적으로 이용하게 하려면 우선 문화적으로 영향력 있는 직원을 먼저 공략해야 한다. 서비스 출시에 앞서 조직문화 에너자이저에게 사내 소셜 네트워크를 도입하는 취지를 교육하고 활발히 운영되도록 도움을 요청하는 것이다. 그들이 관심과 열정을 가지면 서비스는 자연스럽게 활성화될 수 있다. 에너자이저가 지닌 문화적 영향력을 활용하여 구성원 모두의 참여를 이끄는 방식이다. 이런 접근은 조직문화를 관리하는 데 자주 쓰이는 방식으로 새로운 기술을 도입하는 것 이상의 효과가 있다. 안전강화, 생산성 증대, 비용절감 같은 계획에도 조직문화 에너자이저의 영향력을 활용할 수 있다.

우리는 사회적 인정 데이터를 이용해 조직문화 에너자이저가 누구인지 찾을 수 있다. 조직문화 에너자이저는 주변동료로부터 핵심가치를 지속적으로 전파하고 실천한다고 인정받는다. 조직문화 에너자이저가 주변동료에게 주는 인정배지 역시 조직의 핵심가치와 연장선에 놓여 있을 가능성이 높다.

조직문화 에너자이저는 앞서 언급한 인플루언서나 비공식적 영향력을 발휘하는 사람과 유사하지만, 업무관계보다는 조직문화에 초점을 맞춘다는 차이점이 있다. 일상에서 조직의 핵심가치를 실천하고 다른 사람에게 전파하는 특별한 직원을 말하는 것이다. 잘 정비된 회사라 해도 조직에 부합하는 에너자이저는 흔치 않다. 조직문화 에너자이저가 누구인지 발견하고 그들의 동기를 높여 영향력을 확산시킬 필요가 있다. 조직문화 에너자이저는 내부뿐만 아니라 외부고객과 미디어를 상대하는 훌륭한 홍보 대변인이 된다. 따라서 누가 문화적 에너자이저인지 파악하는 것과 더불어, 어떻게 그들의 이탈을 방지할지도 함께 고민해야 한다.

이탈위험성이 있는 인물은 누구인가?

이탈위험성flight risk이란 조직구성원으로 함께 하고 싶지만 어떤 이유에서든 조직을 떠날 가능성이 있는 사람을 뜻한다. 그런데 사회적 인정 데이터는 고성과자 혹은 높은 잠재력을 지닌 사람 중 제대로 인정받지 못한 직원이 누구인지 알려 준다. 이런 직원은 이탈위험성이 높다고 할 수 있다. 사회적 인정 데이터는 관리자와 주변동료가 준 인정 피드백 사이에 어떤 차이가 있는지도 보여준다. 동료에게는 사회적 인정을 많이 주지만 정작 본인은 거의 받지 못하는 경우도 파악할 수 있다. 이런 경우 관리자와 HR 담당자는 사회적 인정의 불균형이 생기는 원인을 파악해야 한다. 사회적 인정에 불균형이 생겼다는 것은 그 직원이나 주변에 문제가 있음을 암시하는 신호다.

승계후보자, 인플루언서, 조직문화 에너자이저라고 해서 이탈위험성이 없는 건 아니다. 회사에 만족하지 않는 직원은 누구인지, 업무가 즐겁지 않은 직원은 누구인지 적극적으로 살펴야 한다. 사회적 인정 데이터에서 이런 신호가 감지된다면 변화가 필요하다는 의미다. 문제가 감지되면 바로 뛰어들어 원인을 찾아 조치해야 한다. 문제가 고쳐지지 않는다면 원치 않는 인재이탈이 벌어지고 말 것이다.

사회적 인정 데이터에서 격차발생 지점은 어디인가?

조직이 글로벌로 확대되면서 발생하는 문제 중 하나는 기존 가치나 관행과는 다른 새로운 문화에 직면하는 것이다. 그런데 구성원이 성과목표치를 달성했는지 여부, 즉 수치 데이터는 이런 문화적 특성을 보여주지 못한다. 성과 데이터를 가지고 문화적 차이를 설명하기란 매우 어렵다. 문화적 차이는 부서 간에도 나타날 수 있다. 하나의 핵심가치를 지향하더라도 영업팀은 공격적 문화를, 고객응대팀은 협력적 문화를 갖고 있을 수 있다.

Executive Insight

필요한 정보를 조금 덜 정확하게 측정하는 것이, 불필요한 정보를 정확하게 측정하는 것보다 낫다.

- 러셀 액코프Russell Ackoff, 경영시스템 저술가 겸 교육자, 경영연구의 아버지

지리적으로 또는 심리적으로 다양한 조직을 맡은 관리자도 있다. 그들은 누가 영향력이 있고 누가 이탈위험성이 있는지 판단하는 데이터 수집에 많은 어려움을 겪는다. 사회적 인정 데이터는 이러한 어려움을 해소하는 데 두 가지 방식으로 도움을 준다. 첫째, 국가 또는 조직 차이에서 오는 문화적 격차에 대한 '기준치'를 제시한다. 예를 들어 아시아, 유럽, 아프리카, 북미, 남미 등 각 문화에서 나타나는 사회적 인정 결과는 미묘한 차이를 보인다. 지역 문화권에 따라 동료를 평가할 때와 상사를 평가할 때 다른 기준을 적용할 수 있다.

둘째, 오랜 기간에 걸쳐 사회적 인정 데이터가 쌓이면 데이터에 숨은 관계를 확인할 수 있다. 어떤 부서에서 "업무수행 시 협력하라"는 핵심 가치의 인정수준이 갑자기 떨어진다면 해당 부서에 어떤 변화가 있음을 유추할 수 있다. 다만 사회적 인정 데이터가 모든 스토리를 알려 주는 건 아니기 때문에 이런 현상이 좋고 나쁜지 논하기는 어렵다. 그럼에도 사회적 인정 데이터는 그 어떤 데이터보다 빠르게 문제를 인식하는 데 도움을 준다. 성과감소, 업무 불만족, 퇴사 등의 데이터는 문제가 이미 불거진 뒤에 알 수 있다. 회사 입장에서는 사회적 인정 데이터를 통해 큰 비용을 들이지 않고 좀더 신속하게 문제에 대처할 수 있다.

데이터 시각화로 얻는 이득

경영진은 데이터의 홍수 속에서 어떻게 중요한 의미를 뽑아낼 수 있을까? 이 질문은 빅데이터 혁명이 해결해야 할 과제 중 하나다. 최근 떠오

인재유형별 사회적 인정 대시보드

인재유형		
잠재적 핵심인재	이번 분기 인정활동 38%	50% 목표치
승계 후보자	이번 분기 인정활동 42%	50% 목표치
이탈 위험자	이번 분기 인정활동 30%	50% 목표치
아시아 태평양 부문	이번 분기 인정활동 28%	50% 목표치

르는 데이터 시각화는 이 물음에 하나의 답이 될 수 있다. 사회적 인정 데이터를 시각화한 대시보드는 데이터를 비교하고 의미를 추출하는 데 도움을 준다. 효과적 대시보드는 간단한 시각자료를 통해 데이터 결과뿐만 아니라 데이터 간의 관계와 상호작용까지 보여준다.

예컨대 인재유형별 사회적 인정 대시보드를 활용하면 HR 임원은 분기별로 4가지 인재유형이 받은 인정결과를 쉽게 비교할 수 있다. 승계후보자 그룹은 잘하고 있는 것으로 보인다. 이번 분기에 목표로 하는 인정수준(50%)에 근접한 42%의 인정을 받았다. 이탈위험자 그룹이 받은 인정은 30%로 기대치에 못 미치고, 아시아 태평양 부문 직원의 인정수준은 28%로 가장 낮다. 경영진은 인정 대시보드의 정보를 기반으로 직원들의 현황을 좀더 자세히 조사할 수 있다. 가령, 승계후보자가 동료에

달성도	12%	목표치 10%	12%	목표치 15%	12%	목표치 35%	12%	목표치 45%	12%	목표치 55%
평가점수	1		2		3		4		5	

비해 높은 성과를 보이는지, 그들의 리더십 역량은 잘 개발되고 있는지 등을 알아보는 식이다. 혹시 예상과 다르게 승계후보자 성과가 낮거나 리더십 개발이 잘 안 된다면 그 이유를 파악하는 게 중요하다.

과거에는 이런 정량화된 방식으로 통찰을 얻는 게 사실상 불가능했다. 설사 가능하다 해도 데이터 분석 전문가나 조직을 통해서만 정보를 얻을 수 있었다. 이제 데이터 시각화 덕분에 일부 경영진에게만 제공되던 분석내용을 관리자에게도 제공할 수 있게 되었다. 관리자는 더 이상 정보나 분석결과를 데이터 분석팀에 요청할 필요가 없다. 관리자, 경영진, HR 임원 모두 각자의 니즈에 맞게 다양한 형태의 데이터를 즉각적으로 제공받을 수 있다.

위의 대시보드에서는 관리자와 주변동료들의 평가결과를 비교할 수 있다. 대시보드에서는 우수성과자를 확인하는 건 물론이고, 관리자 평가결과와 동료들의 인정결과가 차이 나는 직원이 누구인지도 살펴볼 수 있다. 대시보드를 보면, 관리자로부터 5점을 받은 고성과자는 동료에게도 높은 인정을 받았다. 반면 평가점수가 4점인 팀원이 받은 인정은 20%로 목표수준 45%를 크게 밑돈다. 원인이 무엇일까? 당장은 알 수 없지만 원인을 탐색하는 질문을 관리자 스스로에게 던져 볼 수 있다.

적어도 이 기회를 통해 성과평가의 신뢰성과 타당성을 제고하는 방안에 대해 HR 관리자와 논의할 수 있다.

아래의 그림은 상사평가 결과와 동료인정 결과를 한눈에 볼 수 있도록 시각화한 차트이다. 이 차트를 통해서 상사와 동료의 평가결과가 일관성이 있는지 직관적으로 파악할 수 있다. 가로축은 팀원에 대한 관리자의 평가점수를 나타낸다. 여기서는 1점에서 5점의 평가점수로 분류하였다. 세로축은 동료들로부터 받은 사회적 인정을 포인트로 환산한 점수다.

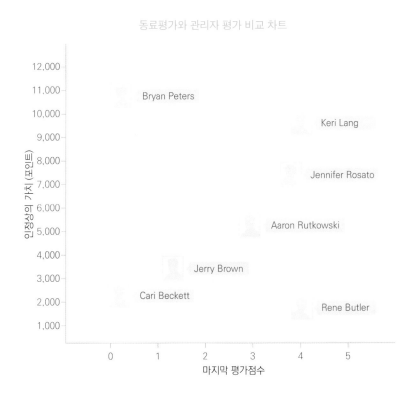

동료평가와 관리자 평가 비교 차트

차트 우상단에 위치한 랭Kerl Lang은 관리자와 동료 모두에게 높은 점수를 받았다. 반면 피터스Bryan Peters는 동료에게 많은 인정을 받았지만 관리자에게는 낮은 평가를 받았다. 좌측 최하단의 베켓Carl Bechett은 동료로부터 인정을 많이 받지 못했고 상사도 "평가할 수 없음"unrated이란 의견을 주었다. 이런 평가결과는 무엇 때문일까? 베켓은 입사한 지 얼마 안 되어 퇴사했기 때문이다. 도표의 좌측 상단과 우측 하단에 음영 처리된 영역은 상사와 동료평가 결과가 일치하지 않는 아웃라이어가 표시되어 있다.

다양한 HR 영역을 파고든 크라우드소싱

▪ 채용

소셜 미디어는 채용시장에서 새로운 혁신으로 각광받는다. 채용담당자는 온라인상의 광범위한 네트워크 서비스에서 구직자를 찾는다. 링크드인이나 특정 전문직업만 다루는 미디어비스트로닷컴MediaBistro.com이 대표적 서비스다. 사내 추천제도employee referral programs가 입증하듯이 조직에 필요한 적임자를 찾을 때에 현재 회사에 있는 구성원은 큰 역할을 한다. 직원들의 소셜 네트워크를 활용해 회사의 채용 효과성을 높일 수 있다.

채용은 구직자를 찾는 것 이상의 의미를 지닌다. 구직자에게 기업의 이미지를 전달하는 첫 관문 역할을 한다. 앞으로 HR은 소셜 미디어상의 기업 평판관리에도 신경 써야 한다. 지금 이 순간에도 수많은 기업이 자신의 스토리와 핵심가치를 전파하고 인재를 유인하기 위해 페이스북 페이지를 운영하는 것처럼 말이다.

▪ 직장 내 웰니스 프로그램

웨이트 와처Weight Watchers는 주변사람들의 사회적 지원이 건강한 생활습관 형성에 지대한 영향을 미친다는 사실을 밝혀냈다. 체중감량, 고혈압 조절, 운동, 금연에 도전 중인 수많은 직원이 소셜 미디어 플랫폼에서 연결되어 있다.

이 두 영역 사이에 있는 중간영역(허리케인 영역)은 상사와 동료평가 결과가 일치하는 직원이 위치한다.

이런 식으로 조직의 니즈에 따라 평가결과 데이터를 분석하고 시각화할 수 있다. 데이터 시각화는 많은 양의 데이터를 이해하기 쉬운 형태로 분석해 준다. 또한 관리자에게 직원의 성과와 행동을 해석하고 예측하는 도구를 제공한다. 과거에는 직접 확인할 수 없을 정도로 복잡한 정보를 언제든 확인할 수 있게 된 것이다.

그들은 일상생활에서 응원의 목소리를 서로 주고받는다. 이는 본질적으로 사회적 인정과 동일한 개념이다. 크라우드소싱 플랫폼은 HR 운영에서 직원의 참여와 성취에 관한 풍부한 데이터를 제공한다.

예를 들어, 인디애나폴리스 지사에서 매우 성공적인 웰니스 프로그램wellness program을 도입했다고 해보자. HR은 이 프로그램을 성공으로 이끈 네트워크, 개인, 다양한 활동을 찾아서 시각화할 수 있다. 그리고 이를 다른 지사에도 적용하여 회사 전체에 웰니스 프로그램을 성공적으로 정착시킬 수 있다.

■ 모바일 애플리케이션

위에서 언급한 모든 HR 활동은 클라우드 기반 컴퓨팅을 활용해서 언제 어디서나 일어날 수 있다. 모든 활동을 모바일 앱으로 관리하는 것이다. 이는 직장인들의 라이프 스타일에 큰 변화의 바람을 몰고 왔다. 아침 9시부터 저녁 6시까지 사무실에 앉아 근무해야만 가치를 창출할 수 있다는 말은 이제 옛말이다. 웰니스, 채용 같은 활동들은 사무실 밖에서 그리고 업무시간 외에도 이루어질 수 있다. 스마트폰과 직원들의 참여만 뒷받침된다면 충분히 가능한 이야기다. 이런 활동으로 인한 혜택은 직원 모두에게 돌아간다.

보상 시스템 혁명

IT 리서치기업인 가트너가 발표한 〈직원 성과관리를 위한 로드맵〉2012 Strategic Road Map for Employee Performance Management 보고서는 상당한 통찰력을 담고 있다. 보고서는 이 책 앞부분에서 지적한 전통적 성과평가의 문제점을 지적하고 이를 보완하는 해결책으로 크라우드소싱 형태의 사회적 인정 프로그램을 제시한다. 또한 평가제도 개선과 더불어 해마다 지급하는 보상형태를 다시 돌아볼 것을 조언한다. 비즈니스 니즈와 거시경제 환경은 빠르게 변화하는 만큼 보상제도 역시 유연해질 필요가 있다는 것이다.

가트너는 직원보상을 결정하는 데 관리자의 판단뿐만 아니라 사회적 인정 데이터를 복합적으로 반영해야 한다고 주장한다. 구체적으로 "총 보상 일부를 인정기반 보상프로그램에 할당해서 인정의 순간마다 작은 보상형태로 분할 제공하자"는 것이 바람직하다고 제시한다. 크라우드 소싱 기반 성과평가를 운영하는 기업은 인정기반 보상 프로그램의 도입을 고려해 볼만 한다.

사회적 인정 시스템이 보상제도와 연계될 때 효과를 높일 수 있는지, 직원들의 행동변화를 더욱 가속화하는지는 직접 확인할 필요가 있다. 인정기반 보상 프로그램을 포춘 500대 기업과 같은 대기업에 도입하기 위해서는 많은 노력이 필요하다. 단순히 채터와 같은 SNS를 설치하는 것과는 차원이 다르다. 직원 2만 명의 보상을 재설계하는 일이기 때문에 그만큼 효과가 충분한지 신중히 검토해야 한다.

실제로 동료가 준 사회적 인정에 따라 성과급을 지급하는 회사가 있다. 뉴스코프News Corporation 자회사인 IGN 엔터테인먼트IGN Entertainment가 바로 그곳이다. IGN 엔터테인먼트에서는 인정기반 성과급을 '바이럴 페이'viral pay[5] 라 부른다. 바이럴 페이 지급방식은 이렇다. 먼저 모든 직원에게 동일한 개수의 토큰을 지급한다. 직원들은 지급받은 토큰을 모두 다른 직원들에게 나눠 줘야 한다. 누군가 팀 업무를 도와줬다든가, 판매촉진 활동에 남들보다 열성적으로 임했다든가, 개인적으로 자신에게 잘해 주었을 때 그 동료에게 주고 싶은 만큼 토큰을 준다. 회사는 1년에 2번, 1월과 7월에 받은 토큰 개수에 따라 성과급을 지급한다.

이 방식은 상사가 감지하지 못하는 업무능력을 자연스럽고 평가하고 위화감 없이 우수한 인재에게 높은 보상이 돌아가게 한다고 평가받는다. 시만텍, 인튜이트, IHG 역시 크라우드소싱 기반의 인정 보상제도를 운영한다. 사회적 인정과 크라우드소싱을 접목한 보상방식은 기존 보상제도에 큰 변화를 가져올 수 있다. 새로운 기술 덕분에 전에는 눈에 띄지 않던 직원의 실제성과를 제대로 알 수 있는 것이다. 예상치 못한 시간과 장소에서 예상치 못한 방식으로 우수인재를 발견하는 것도 가능하다. 또한 그들이 창출한 성과에 맞게 민주적으로 보상제도를 운영할 수 있다. 더 많은 기여를 한 직원에게 더 높은 보상을 지급하게 된 것이다.

비전 2020

A Vision for 2020

하이드로랩의 리즈 글로벌 전략 부사장은 레베카 HR 총괄 부사장과 2021년 인건비 예산 보고서를 검토했다. 예상 인건비와 목표실적은 지난 7년간의 크라우드소싱 기반 데이터를 토대로 산출했다. 3개 대륙에 흩어져 있는 다나의 팀원 52명의 정보를 담은 소셜 대시보드는 시나리오에 따라 예상 결과값을 지도 위에 3차원 모델로 보여준다. 주요정보는 아래와 같다.

- **보상** 고정급 50%, 변동급 50%
- **복리후생** 총보상의 24% 수준까지 8가지 선택 프로그램으로 구성 가능
- **성과** 지역과 거점 상황을 감안한 20개 변수의 평균 측정
- **인정가치**
  - 직원의 행복이 고객의 행복이다.
  - 결단력을 가지고 선택하고, 선택한 것에 집중하라.
  - 신의성실을 매일같이 실천하라.
  - 몰입·에너지·열정을 기르자.
  - 업무수행 시 협력하라.

"다음 주에 열릴 글로벌 경영 회의에서 트레버 사장님이 우리 회사의 6번째 인정가치를 발표할 예정입니다."

레베카 부사장이 말했다.

"공식적으로 확정된 건가요?"

리즈 부사장이 물었다.

"현재까지는 고위임원에게만 공유된 내용이지만 지금 바로 시스템에 업데이트해도 괜찮습니다. 다만 팀원들에게 알리는 건 발표 후에 해주세요."

리즈 부사장은 시스템에 새로운 인정가치 카테고리를 만들고 "긍정이 넘치는 업무환경을 만든다"Build a positivity dominated workplace라고 입력했다.

이상적 성과평가 시스템이란 무엇일까? 임원, HR, 관리자, 직원에게 어떤 이로운 점이 있을까?

이상적 성과평가 시스템은 기존 성과리뷰의 장점과 사회적 인정이 결합한 형태라 말할 수 있다. 자체적으로 진화하고 작동하는 시스템이다. 데이터를 분석해 최적의 보상구조를 설계한다. 이는 업무성과를 높이는 동기부여 요소로 작용한다. 성과 피드백을 직원과 관리자에게 지속적으로 제공하고 업무 진척상황을 알려 준다. 집단지성을 활용해 개인 업무 활동에 대한 정확하고 구체적인 피드백을 제공한다. 더 나아가 개인성과와 기업이익 간 상관관계를 분석한다. 무엇보다 이상적 성과평가 시스템은 기업이 신중하고 전략적인 행동을 할 수 있도록 도와준다. 관리자에게는 긍정적 관점에서 구성원을 이끌도록 힘을 실어 주고, 모든 구성원에게는 스스로 자신의 성과를 되돌아보며 일하도록 도와준다.

2020년 HR은 어떤 모습일까? 상상해 보자면, 보상제도는 크라우드소싱 기반 성과평가가 원활히 운영되도록 하는 방향으로 개편되리라고 예상된다. 관리자는 그동안 파악하지 못했던 직원들의 진짜 모습을 손에 쥐게 되고, 경영진은 소셜 그래프를 활용해 기업문화를 혁신해갈 것이다. 직원, 관리자, 경영진, HR 모두에게 어떤 변화와 비전이 있을지 살펴보자.

직원: 크라우드소싱 기반의 보상을 얻다

일반대중이 직원급여를 결정하는 게 당연한 곳이 있다. 바로 레스토랑 업계다. 미국 레스토랑에서는 손님이 주는 팁이 웨이터 수입의 대부분을 차지한다. 미국의 뿌리 깊은 팁 문화다. 식당은 맛있는 음식 외에도 질 좋은 경험과 서비스를 제공하고자 하며 이를 위해 웨이터는 밝은 태도로 고객을 응대한다. 고객은 서비스에 대한 감사의 표시로 웨이터에게 팁을 주는 게 일반적이다.

팁이 운영되는 방식은 크라우드소싱 보상crowdsourced pay을 닮았다. 값비싼 고급식당일수록 고객이 지불하는 총 식사비에서 팁 비중이 높다. 평범한 식당에서 일하는 웨이터는 하루에 50달러 팁을 받지만 3성급 레스토랑에서 일하는 웨이터는 같은 서비스를 제공하고도 5백 달러 팁을 받을 수 있다. 이 때문에 두 웨이터의 공식적 기본급(대체로 적은 편이다)에는 큰 차이가 없어도 전체 수입은 큰 차이가 생긴다.

돈을 많이 벌고 싶은 웨이터라면 누구나 최고급 레스토랑에서 일하고 싶어한다. 레스토랑 주인은 우수한 웨이터를 손님이 많은 시간대에 인심이 후한 테이블로 배치해서 더 많은 매출을 올리려 한다. 고객 역시 훌륭한 서비스에 대한 답례로 후한 팁을 제공한다. 의식하지 못했을 뿐이지 레스토랑 업계는 제법 괜찮은 성과평가 시스템과 보상방식을 운영해온 셈이다. 괜찮은 레스토랑에서는 빈 그릇을 치우는 보조를 포함해 직접 고객의 눈에 띄지 않는 종업원까지도 웨이터가 받은 팁을 나눠 가진다. 고객에게 긍정적 경험과 고품격 서비스를 제공하는 데 함께 기여했기 때문이다. 와인잔과 식기에 티끌 하나 없이 깔끔하게 설거지한 종업원은 맡은 바 일을 충실히 했고 이에 맞는 보상을 받을 자격이 있다.

인정기반 보너스를 레스토랑에 도입해 보면 어떨까? 고객이 주는 팁과는 별개로 공동재원을 활용해서 카운터 직원, 웨이터, 요리사, 보조 종업원이 서로에게 팁을 준다면 이들의 행동에는 어떤 변화가 생길까? 손님을 향한 웨이터의 밝은 미소와 긍정 에너지가 레스토랑 전체에 확산되는 것을 기대할 수 있다. 웨이터와 카운터 직원은 더 적극적으로 협력할 것이다. 모든 종업원이 긍정적으로 행동하고 서로를 격려하는 분위기를 만들 것이다.

이런 메커니즘을 회사에 적용해 보자. 연봉이 4만 달러인 직원이 있다. 3만 달러는 성과와 관계없이 받을 수 있는 기본급이고 1만 달러는 동료가 보내는 인정에 따라 지급받는 보너스다. 인정 보너스는 기본급의 1/3 수준이지만 사회적 인정을 얼마나 받느냐에 따라 보너스 금액은 이보다 많을 수 있다. 사고를 좀더 확장해 보자. 만약 기본급과 인정성과급 비율이 '50 대 50'이라면 어떨까? 이 정도 비율이라면 인정성과급은 단순히 보너스를 넘어서 보상 패키지의 중요부분을 차지한다. 회사 분위기와 직원 사기에 어떤 영향을 미칠까?

아마 더욱 협력하는 문화를 기대할 수 있을 것이다. 서로 도와주고 협력할수록 더 많은 보상을 얻고 즐거운 일터가 되므로 긍정적 선순환이 생긴다. 모든 구성원이 행복해지고 성과도 좋아지는 결과가 이어질 수 있다. 회사가 직원에게 지급하는 총보상액은 인정기반 보너스의 도입 이전과 비슷하다. 하지만 구성원의 태도에는 근본적 변화가 생긴다. 직원들은 사회적 인정을 받기 위해 지속적으로 동료에게 도움을 줄 기회를 찾고 함께 성과를 향상시키려 노력한다. 활발한 의사소통으로 더욱 활기차고 긍정적인 모습으로 서로를 대하게 된다. 일상업무 활동을 통해 보너스를 받기 때문에 서로 믿고 도우려 한다.

또한 동료에게 사회적 인정을 줄 권한이 있기 때문에 사내에 더욱 강력한 소셜 아키텍처를 형성할 수 있다. 사회적 인정을 전달하는 과정에서 회사의 핵심가치가 강화된다. 직원 사이에 강화된 핵심가치는 궁극적으로 지향하는 조직문화를 형성한다.

관리자: 비로소, 진정한 성과 스토리를 찾다

관리자는 긍정적 이벤트가 담긴 이야기를 가지고 팀원 성과를 모니터링하는 시절을 맞이할 것이다. 이러한 이야기는 기한, 품질, 목표달성량 등 정량적 성과지표와 결합하여 평가결과의 의미를 더욱 풍부하게 해준다. 관리자는 상세한 서술을 통해 누가 어떤 업무행동을 했고, 그 행동이 업무과정에 어떠한 영향력을 발휘했으며, 최종적으로 어떤 결과를 만들었는지 알게 된다.

사회적 관계망을 깊이 들여다보면서 일을 좀더 빠르고, 창의적이고, 효율적으로 수행하는 방법도 발견할 수 있다. 사회적 인정은 직원 개개인의 스토리를 담고 있다. 개인의 스토리는 대중의 주관적 경험에 기초하는데 이러한 경험들이 축적되면 개별 직원의 사회적 영향력이라는 객관적 지표가 탄생한다. 사회적 영향력은 실제성과 데이터와 비교하여 전통적 성과평가 방식에서 발견하기 어려운 미묘한 행동패턴, 커뮤니케이션 등을 통해 모범사례를 도출할 수 있다.

데이터가 풍부한 환경에서 직원 사이의 관계는 그 어느 때보다 투명하게 드러난다. 조용한 성격이지만 동료를 많이 도와주는 직원은 굳이 자신의 행동을 포장하지 않아도 사회적 인정배지를 받게 된다. 작은 행동들이 만들어내는 장기적 영향도 기록된다. 직원들이 보이는 작지만 꾸준한 통찰, 창의성, 지원활동은 궁극적으로 커다란 결과를 낳는다는 것이 실제로 입증될 것이다. 사회적 인정은 거대한 결과로 이어지는 작은 사건들을 실시간으로 기록하는 셈이다. 관리자뿐만 아니라 모든 직원들은 자신들이 하는 특정한 행동의 가치를 쉽게 알아챌 수 있다.

성과리뷰 평가미팅 시기에는 다양한 데이터와 행동사례로 면담내용을 더욱 풍부하게 이끌 수 있다. 더 이상 체크리스트가 나열된 성과평가표를 끄적거리며 고민하지 않아도 된다. 평가미팅에서는 실제 일어난 관계, 사건, 행동에 근거해 실질적이고 생생한 대화를 나눌 수 있다. 성과관리 면담은 더 이상 직원을 칭찬하는 용도에 국한되지 않는다. 이제 겉으로 드러난 재능이나 기질뿐만 아니라 직원들의 행동에서 다른 수많은 강점을 찾아낼 수 있다. 관리자는 부하직원에게 성과평가 결과를 알릴 때 동료직원들이 자신을 어떻게 인식하는지, 자신에게 고마움을 표현한 사람이 누구이며, 자신은 어떤 사회적 인정을 받았는지 논의할 수 있다. IT 시스템의 도움을 받는다면 팀원들의 노력의 가치를 정량화하는 것은 물론이고 달성한 성과목표와 이익의 상관관계를 분석할 수 있다.

사회적 인정은 개인의 성과향상에도 도움을 준다. 성공의 결실을 공식적으로 인정하고 격려하여 어떤 방식으로 일하는 것이 효과적인지 모두에게 보여준다. 이제 관리자가 아닌 직원도 모두 함께 우수사례를 만들어가는 것이다. 인정기반 성과리뷰는 전통적 성과평가와 결합하여 조직의 지속적 발전을 실현할 수 있는 환경을 조성한다.

경영진: 완결성 있는 사회적 관계를 파악하다

앞으로 닥칠 몇 년은 경영진에게 흥미로운 시기가 될 것이다. 전통적 성과평가 방식과 사회적 인정이 결합한 덕에 기존에는 눈에 보이지 않던, 그러나 엄청난 힘을 가진 '사회적 관계 스토리'performance social narrative 를 알게 될 것이다. 어떤 직원이 주변동료에게 좋은 영향을 주고 있는가? 업무에 몰입하고 회사에 열정적인 직원은 누구인가? 부서 이기주의를 깨려고 노력하는 사람은 누구인가? 어떤 관리자가 팀원의 성과가 향상되도록 적절히 코칭하는가? 이런 행동들을 어떻게 보상과 직접 연결할까?

사회적 인정 데이터는 경영진에게 누가 조직에 영향을 주는 사람인지 알려 줄 것이다. 덕분에 갈등을 최소화하며 승계후보군 관리 계획을 수립할 수 있다. 이제 경영진은 다양한 행동에 대한 실질적 수치를 보며 적극적이고 주도적으로 조직을 관리할 수 있다. 이러한 수치들은 니즈에 따라 조합, 분석이 가능해서 직원들이 어떻게 대처하는지 나타내는 신속한 대응 시스템을 보여준다.

이를 활용해 리더와 관리자는 조직의 구체적 상황에 따라 성과를 관리하는 실제적 성과평가 시스템을 보유하게 된다. 매일 수천에서 수십만 건 이상의 상호작용이 발생하는 오늘날의 기업과 팀에서 성과를 제대로 관리할 수 있는 시스템이 탄생한 것이다. 마침내 기업 내 모든 직원이 성과관리에 기여하는 것을 볼 수 있다. 새로운 성과관리 패러다임의 가장 큰 문화적 강점은 결국 모든 구성원의 적극적 참여에 근거한다.

새로운 패러다임에서 경영진은 그들이 항상 꿈꿔왔던 모습을 보게 된다. 다른 직원에게 영향력을 미치는 수준에 따라 보상을 주는 그런 모습 말이다. 이제 고성과자를 찾으려 굳이 애쓰지 않아도 된다. 그저 보상이 남긴 흔적을 따라가면 된다.

앞으로 10년 내 우리는 대단히 흥미로운 딜레마에 직면할 것이다. 바로 직원들의 평판을 대중에게 공개할지에 대한 문제다. 수많은 인정과 포상을 받은 뛰어난 직원의 정보를 모두에게 공개하는 것이 과연 옳을까?

이 문제는 인터넷상에 모든 사람의 이력서를 확인할 수 있게 되며 생긴 고민과 비슷하다. HR 채용담당자는 이력서 데이터베이스와 네트워킹 서비스를 통해 능력 있는 지원자들을 쉽게 찾을 수 있다는 사실은 반긴다. 반면 우리 회사에 있는 우수직원을 더 이상 감출 수 없다는 사실은 달갑게 여기지 않는다. 이제 우리 회사 직원이 타 기업 채용담당자에 노출되는 일은 자연스럽다. 일부 기업은 핵심인재가 외부에 노출되는 것을 막아 경쟁기업의 유혹을 사전에 차단하려 하지만 모든 것이 네트워크로 연결된 세상에서 이는 현실적으로 불가능하다.

오랫동안 이력과 평판은 채용시장에서 일종의 화폐 역할을 담당했다. 채용담당자는 명문대를 졸업하고 일류기업에 근무한 경험이 있는 사람을 선호한다. 구직자의 학력과 이전 직장 경험은 면접에서 검토해야 하는 중요한 화제이다. 주변동료가 주는 사회적 인정 역시 구직자의 경험과 성취를 말해 주는 새로운 화폐가 될 수 있다. 이 새로운 형태의 평판은 어떤 방식으로든 프로필의 한 부분을 차지하게 될 것이다.

진정한 딜레마는 투명성이다. 조직내부에서 운영하는 사회적 인정 시스템을 외부에 공개해도 될까? 사회적 인정 결과는 사적 정보이자 회사의 중요한 자산이다. 동료에게 인정받는 배지나 피드백을 링크드인 프로필에서 올려도 될까?

이 문제는 회사가 소유한 정보영역이라 답하기 쉬운 사항은 아니다. 하지만 이에 대한 해결책이 나올 것으로 예상한다. 인정 시스템이 회사의 소유라 할지라도 평판은 온전히 개인의 것이기 때문이다. 조직 안에서 일어나는 사회적 인정을 공개하는 일은 혁명적 과정이 될 것이다. 초기에는 본인이 경험한 직무를 설명하기 위한 일환으로 과거의 사회적 인정 결과를 살짝 언급하는 수준에 머물 것이다. 조금 더 활성화된다면 "제가 받은 급여의 절반은 동료나 관리자가 준 인정 덕분입니다"라며 본인이 부여받은 인정을 수치로 나타내는 모습도 가능하다.

사회적 인정 결과를 조직외부에 공개하는 시절이 오더라도, 인정 시스템의 진정한 가치는 팀, 본부, 회사 등 조직 내 종합적 소셜 아키텍처를 형성하는 데 있다. 일부 사회적 인정 데이터는 원본 그대로 공유되겠지만 직장 내 상호작용과 패턴을 찾아내는 데이터 분석은 여전히 기업의 자산으로 남을 것이다.

앞으로 HR은 지금보다 개방적일 필요가 있다. 법적으로 공개 가능한 정보라면 대중에게 공개될 수 있다는 사실을 받아들여야 한다. HR과 리더들은 직원들의 능력이 외부에 드러나지 않도록 신경 쓰기보다는 긍정이 넘치는 업무환경 조성에 전념하는 게 바람직하다. 더불어 서로 감사하는 열정적 조직문화를 구축해서 그 어느 때보다 회사와 직원이 긴밀한 관계를 맺고 있다고 느끼게 해야 한다.

경영진이 아무리 노력해도 우수한 직원 중 일부는 조직을 떠나게 된다. 사람은 새로운 도전을 찾아 변화하고 성장하는 게 당연하다. 기업

역시 성장하며 세상의 변화에 적응한다. HR은 직원의 이탈을 막느라 에너지를 낭비하기보다는 우수한 인재가 자발적으로 찾아오도록 자신들의 평판자본reputation capital을 구축하는 데 몰입하는 편이 낫다.

2020년이 되면 평판자본은 채용만이 아니라 HR의 다른 영역에도 도움을 줄 것이다. 사회적 인정 데이터가 쌓일수록 상호보완적 강점을 보유한 가상의 팀을 구성할 수 있다. 직원들은 서로의 일하는 방식을 이해하며 신뢰, 커뮤니케이션, 협력이 꽃피게 된다. 기업은 다양한 구성원이 어떻게 힘을 모아 최고의 성과를 내는지 이해하게 될 것이다.

미래를 향한 나침반, 조직의 역사를 기록하다

IBM이나 GE의 초창기에 사회적 인정 시스템이 있었다면 어땠을까? 애플 혹은 마이크로소프트사에 존재했더라면? 이러한 선진기업의 초창기 역사에서 우리는 무엇을 배울 수 있을까?

얼마 전 회사에서 7년간 일하던 동료가 퇴사했다. 사회적 인정 플랫폼에서 검색해 보니 그녀가 받은 인정배지 내역이 나왔다. 그동안 그녀가 회사에서 맺은 수많은 상호작용을 확인할 수 있었다. 그녀는 다수의 프로젝트에 참여해 동료들과 무수히 많은 의견을 주고받았다. 많은 성공경험과 업적이 그녀의 영향력과 성과기여를 증명해 주었다. 지난 몇 년간 완전히 잊고 있었던 프로젝트를 다시 되돌아봤다. 소규모 프로젝트였지만 획기적 신제품 출시로 이어졌던 경험, 중요하게 생각했지만

1939년 캘리포니아의 작은 차고에서 시작한 휴렛팩커드는 1970년대에
미니컴퓨터를 보급하면서 IT 기업으로 이름을 알리기 시작한다.

알고 보니 별 볼일 없었던 프로젝트도 되새겨 볼 수 있었다. 회사의 역사
란 이런 것이다. 소소한 프로젝트가 모여 하나의 회사가 형성된다.

필자는 과거에 다녔던 직장을 떠올려 봤다. 대학 졸업 후 지금에 이르
기까지 3개 회사를 거쳤다. 각 회사에서 1년 반에서 2년간 근무했지만
거기서 어떤 일을 했는지에 대한 기록은 없었다. 찾을 방법도 없었다.
어떤 프로젝트에 참여했는지, 그 회사에 어떤 사람들이 있었는지, 동료
와의 관계는 어땠는지 아무리 생각해도 기억나지 않았다. 이처럼 기록
으로 남기지 않아 놓치는 가치는 어마어마하다.

2020년이 되면 사회적 인정은 기업의 소중한 자산으로 부상하리라
고 확신한다. 선도적 기업들은 이미 오래전부터 이 사실을 알고 있었
다. 그래서 그들만의 역사를 지켜왔다. 캘리포니아에 위치한 휴렛팩커
드Hewlett-Packard와 인텔Intel 본사 로비는 역사기념관으로 변신했다. 유구
한 역사를 자랑하는 휴렛팩커드 기념관에는 창립자 빌 휴렛Hewlett과 데
이비드 팩커드David Packard의 출발지인 낡은 차고 사진이 걸려 있다. 벽

에는 모든 회사의 변화와 성공을 기록한 타임라인이 새겨져 있다. 뉴욕에 있는 씨티그룹 임원실 유리 진열장 안에는 100년 전 증권시세를 표시하는 데 사용했던 기계가 역사적 기념품으로 놓여 있다.

기업은 자신들의 역사를 중요하게 여긴다. 앞으로도 계속 그래야 할 것이다. 기업은 하루하루 행동으로 역사를 기록하는 구성원들의 집합이다. 우리는 스스로를 더 알기 위해, 우리가 누구이며 어디로 나아가야 하는지 알기 위해 문화를 소중히 여기고 역사를 공부한다. 구성원 모두가 '회사'라는 소셜 네트워크 안에서 성과의 모든 측면을 인정하기 시작하면 우리가 누구인지에 대한 역사책의 첫 장이 펼쳐지게 된다. 그리고 이를 기점으로 우리가 어디로 가야 하는지 고민할 수 있게 될 것이다.

주 석

┃ chap. 1 ┃

1. All characters in the dialogues, screenshots, and product examples used in this book are fictional.
2. Anderson, Jenna & Lee Rainie, Pew Internet Project, "Millennials Will Benefit and Suffer due to Their Hyperconnected Lives", February 2012.
3. 2010 Study on the State of Performance Management, A Report by WorldatWork and Sibson Consulting, October, 2010.
4. Welch, Jack & Suzy Welch, *Winning*, New York: HarperCollins, 2005.
5. DeNisi, Angelo S., & Avraham N. Kluger, "Facebook Effectiveness: Can 260-Degree Appraisals Be Improved?", *The Academy of Management Executive* (1993~2005), Vol.14, No.1.
6. *Ibid*.
7. Welch, Jack & Suzy Welch, *Winning*, New York: HarperCollins, 2005.
8. Eichenwald, Kurt, "How Microsoft Lost Its Mojo", *Vanity Fair*, August, 2012. 〔Note: this was retitled "Microsoft's Lost Decade" for the web version: http://www.vanityfair.com/business/2012/08/microsoft-lost-mojo-steve-ballmer〕

1. Surowiecki, James, *The Wisdom of Crowds: Why the Many Are Smarter Than the Few and How Collective Wisdom Shapes Business, Economies, Societies and Nations*, New York: Doubleday, 2004.
2. Kickstarter.com is one prominent example of a business whose entire value is mediating between entrepreneurs needing funds and millions of potential investors.
3. IEM__Iowa Electonic Markets—The University of Iowa. Web. 2012. See http://tippie.uiowa.edu/iem/
4. Surowiecki, James, *The Wisdom of Crowds*, New York: Random House, 2005.
5. *Ibid.*
6. *Ibid.*
7. Interview with Globoforce, August 2012.
8. Bock, Wally, Three Star Leadership (Blog), "Home Depot at 30: A Lesson in Corporate Culture", June 22, 2009 (http://blog.threestarleadership.com/2009/06/22/home-depot-at-30-a-lesson-in-corporate-culture.aspx), also "Lessons from the Rise and Fall of Delta Airlines", June 16, 2009 (http://blog.threestarleadership.com/ 2009/06/16/lessons-from-the-rise-and-fall-of-delta-airlines.aspx).

1. Hsieh, Tony, *Delivering Happiness: A Path to Profits, Passion and Purpose*, New York: Grand Central Publishing, 2013.
2. Robinson, Jennifer, "Managing Your Workforce Amid Intense Uncertainty", *Gallup Business Journal*, October, 2012.
3. For the entire list, see http://www.talbenshahar.com.
4. Gilbert, Daniel, *Stumbling on Happiness*, New York: Knopf, 2006.
5. Amabile, Teresa, & Steven Kramer, "Do Happier People Work Harder?", *The New York Times*, September 3, 2011.
6. Chafkin, Max, "The Zappos Way of Managing", *Inc. magazine*, May 1, 2009 (http://www.inc.com/magazine/20090501/the-zappos-way-of-managing.html).

7. Schumpeter (columnist), "Hating What You Do", *The Economist*, October 6, 2009, (http://www.economist.com/businessfinance/displaystory.cfm?story_id=14586131).

chap. 4

1. Bell, Gordon, & Jim Gemmell, *Your Life, Uploaded* (previously titled Total Recall), New York: Dutton/Plume, 2009/2010.
2. Siedman, Dov, *How: Why HOW We Do Anything Means Everything*, Hoboken, New Jersey: Wiley, 2007.

chap. 5

1. Interview with Globoforce, August, 2012.
2. *Ibid*.
3. I'll add that small companies are like towns. The differences are chiefly ones of scale.
4. Interview with Kevin Thompson, senior manager at IBM's Center for Applied Insights.
5. Ferreira Bento, Regina, Lourdes Ferreira White, & Susan Rawson Zacur, "The Stigma of Obesity and Discrimination in Performance Appraisal: A Theoretical Model", *The International Journal of Human Resource Management*, 21(15), 2012.
6. Pink, Daniel H., *Free Agent Nation: How America's New Independent Workers Are Transforming the Way We Live*. New York: Warner Books, 2001.
7. "Organizational Culture: Talking with the Taxman About Poetry", Blessing White, eNews, October 2011.
8. Collins, Jim, & Jerry I. Porras, *Built to Last*, New York: HarperBusiness, 1994; Collins, Jim, *Good to Great*, New York: HarperBusiness, 2001.
9. Schwartz, Tony, "The Energy Project", from The Energy Project (http://www.theenergyproject.com/tools/key-ideas).
10. Gebauer, Julie, & Don Lowman, *Closing the Engagement Gap: How Great Companies Unlock Employee Potential for Superior Results*, New York: Portfolio/Penguin, 2008.

11. The Conference Board, "Employee Engagement in a VUCA (Volatile, Uncertain, Complex, Ambiguous) World", 2011.

12. See citation at http://www.globoforce.com/gfblog/2012/good-and-bed-engagement-all-engagement-is-not-vreated-equal.

13. "Employee Engagement: What's Your Engagement Ratio?", Gallup Consulting, 2010.

14. Schwartz, Tony, "The Energy Project", from The Energy Project(http://www.theenergyproject.com/tools/key-ideas).

15. Strack, Rainer, Jean-Michel Caye, Carsten von der Linden, Horacio Quiros, & Pieter Haen, "From Capability to Profitability: Realizing the Value of People Management", The Boston Consulting Group and World Federation of People Management Associations, July 2012.

16. Interview with Globoforce, July 2012.

17. Numerous studies conclude this; for an example, see The Hay Group study announced at http://www.haygroup.com/ie/press/details.aspx?id=27599.

18. Globoforce Workforce Mood Tracker Survey, Fall 2012.

19. Interview with Globoforce, July 2012.

20. Interview with Globoforce, July 2012.

21. Sibson Consulting and WorldatWork, "2010 Study on the State of Performance Management".

22. See http://businessjournal.gallup.com/content/124214/driving-engagement-focusing-strengths.aspx.

23. Watson Wyatt Worldwide, 2008/2009 Work USA Report.

24. Widely quoted. See Forbes online for example: http://www.forbes.com/sites/kevinkruse/2012/10/16/quotes-on-leadership.

25. Sheridan, Kevin, *Building a Magnetic Culture*: *How to Attract and Retain Top Talent to Create and Engaged, Productive Workforce*. New York: McGraw-Hill, 2012.

1. Pulakos, Elaine D., *Performance Management*, Effective Practice Guidelines Report, SHRM Foundation, 2004.
2. Interview with Globoforce, December 2012.
3. "Employee Recognition at Intuit", Stanford Graduate School of Business, Case HR-31, March 10, 2008.
4. "Employee Recognition at Intuit", Stanford Graduate School of Business, Case HR-31, March 10, 2008.
5. Interview with Globoforce, July 2012.
6. Holincheck, James, *2012 Strategic Road Map for Employee Performance Management* (Report), Gartner, March 2012.
7. Welch, Jack & Suzy Welch, *Winning*, New York: HarperBusiness, 2005(http://www.welchway.com/Principles/Differentiation.aspx).
8. *Trends in Employee Recognition 2011*, WorldatWork (Report), May 2011(http://www.worldatwork.org/waw/adimLink?id=51194).
9. For the sake of example, I'll assume that bonus is 10 percent of payroll; thus 1 percent of payroll is 10 percent of bonus allocation.
10. Holincheck, James, *2012 Strategic Road Map for Employee Performance Management* (Report), Gartner, March 2012.
11. The net promoter score is described in Fred Reichheld's invaluable books including *The Ultimate Question*, Boston: Harvard Business School Press, 2006.

1. Pink, Daniel, "Think Tank: Fix the Workplace, Not the Workers", *The Telegraph* (UK), November 6, 2010.
2. http://www.enterpreneur.com/formnet/form/624
3. David Brooks, "How People Change", *The New York Times*, November 26, 2012.

chap. 8

1. Holincheck, James. *2012 Strategic Road Map for Employee Performance Management.* Gartner (Report), March, 2012.

chap. 9

1. Lewis, Michael, *Moneyball: The Art of Winning an Unfair Game*, New York: W.W. Norton & Co., 2004.
2. Silver, Nate, *The Signal and the Noise: Why So Many Predictions Fail — But Some Don't*, New York: The Penguin Press, 2012.
3. Brooks, David, "The Philosophy of Data", *The New York Times*, February 5, 2013.
4. Silverman, Rachel Emma, "My Colleague, My Paymaster", *The Wall Street Journal*, January 28, 2013.
5. Boyd, E. B. "At IGN, Employees Use A 'Viral Pay' System to Determine Each Others' Bonuses", *Fast Company*, December 16, 2011.

지은이 소개

지은이 에릭 모슬리Eric Mosley는 글로보포스Globoforce의 공동설립자이자 CEO이다. 아일랜드 더블린 대학에서 전자공학·컴퓨터공학·통신공학 학사학위를 받고, CSL 소프트웨어, 불카라그룹Bull Cara Group, 로지카알디스콘Logica Aldiscon 등의 기업에서 컨설턴트 겸 설계자로 활동했다. 1999년 '사회적 인정 솔루션'을 제공하는 HR 컨설팅 기업인 글로보포스를 창립했다. 글로보포스는 기업이 직원을 관리하고 동기부여하는 방식을 혁신할 사회적 인정 솔루션을 개발·제공함으로써 선도적 HR 컨설팅 기업으로 성장했다. 현재 전 세계의 수많은 혁신적 기업들이 글로보포스의 클라우드 기반 사회적 인정 소프트웨어를 활용해 직원들의 성과와 역량을 향상시키고 조직문화를 강화하고 있다.

에릭 모슬리는 HR 컨설팅 업계의 리더로서 유수의 글로벌기업들을 컨설팅하고, 전 세계 주요 컨퍼런스에서 지속적으로 그의 통찰을 공유하고 있다. 특히, 인정산업recognition industry의 혁신을 이끌어왔는데, 전술적이며 측정하기 어려운 '인정'을 성과측정을 돕는 전략적 프로그램으로 격상시키는 비전을 세계에서 가장 크고 복잡한 조직들에서 실현하고 있다. 또한 인적자원 관리와 테크놀로지에 대한 광범위한 경험을 제공해왔다. 주요 비즈니스 언론지인 〈패스트 컴퍼니〉, 〈포브스〉, 〈하버드 비즈니스 리뷰〉, 〈선데이 타임스〉, 〈타임〉 등에 칼럼을 기고하고 있으며, 전문가들의 호평을 받은 《인정의 문화로 승리하라》Winning with a Culture of Recognition의 공동저자이기도 하다.

옮긴이 휴먼컨설팅그룹HCG: Human Consulting Group은 인사·조직 분야의 제도 컨설팅과 e-HR 솔루션 구축, 급여 아웃소싱 등 HR 가치사슬의 모든 영역에 걸쳐 통합적인 서비스를 제공하는 국내 유일의 HR 토탈 솔루션 기업HR Total Solution Provider 이다. 2001년에 설립되어 현재 업계 최고의 전문가 집단으로 인정받고 있다. HCG의 컨설팅 부문은 인사제도 혁신, 조직 및 프로세스 구축, 문화 및 변화관리 등의 전통적 분야는 물론, 컨설팅과 IT 솔루션을 결합한 상품화 서비스, 클라우드 기반 플랫폼 서비스, 데이터 기반 HR 애널리틱스Analytics 분야로 가치제공 영역을 확장하고 있다.

그간 자동차, 철강, 건설, 화학, 에너지 등을 포함한 제조업은 물론, 금융, IT, 통신, 미디어, 공공을 비롯한 서비스업까지 다양한 산업의 380여 개 이상 고객사를 대상으로 컨설팅을 수행했다. 글로벌시장에 진출한 국내 기업은 물론, 국내에서 활동하는 다국적 기업들의 인사·조직 분야 혁신을 통해 '사람을 통한 기업 경쟁력과 가치 극대화'에 기여해왔다. 2018년 1월 집단지성 기반 성과관리를 실시간으로 관리하는 클라우드 서비스, '퍼포먼스플러스'Performance Plus를 출시했다.

글로벌기업 LG전자 **김영기 전 부사장,**
기업경영 리더십의 정수를 말하다!

리더십
코드

The
Leadership
Code

다섯 가지
원칙
따라하기

데이브 얼리치(Dave Ulrich)
놈 스몰우드(Norm Smallwood)
케이트 스윗먼(Kate Sweetman) 지음
김영기(前 LG전자) 옮김

급변하는 경영환경에 대처하려는 CEO는 물론 차세대 리더를 꿈
꾸는 대학생까지 초일류 기업의 리더십을 배우려면 망설임 없이
《리더십 코드》를 꺼내라.

이 책의 저자들은 "리더십 분야에 쌓여온 100년의 전통과 역사를 거르고 걸
러" 더 '좋은' 리더를 가늠하는 기준이 되는 다섯 가지 원칙을 발견했다. 저자
들이 다섯 가지 코드라 부르는 원칙은 다음과 같다. 미래를 디자인하라, 일이
되게 만들어라, 구성원들을 몰입하게 하라, 다음 세대 인재를 육성하라, 개인
역량을 높여라. 그러나 동시에 이 책은 리더들이 한 가지 특정 요소에 매몰되
어 다른 가치나 자질 등을 외면하지 말라고 충고한다. 훌륭한 리더는 리더십
코드의 모든 요소를 통찰해 지식과 스킬, 관점을 뽑아낼 줄 알아야 한다.

4×6판 변형 | 248면 | 값 14,000원

Tel:031)955-4600
www.nanam.net

나남
nanam

'기업의 미래' 클라우드 컴퓨팅 바로알기

클라우드 컴퓨팅과 신속경영

마이클 휴고스 (Michael Hugos)
데릭 헐리츠키 (Derek Hulitzky) 지음
심동희 (전 한전 KDN 상임감사) 옮김

비즈니스 시스템으로서의 클라우드 컴퓨팅,
어떻게 활용할 것인가?

클라우드 컴퓨팅이 우리 앞에 성큼 다가왔다. 그러나 클라우드에 대한 정확한 정의와 활용방법 등은 '뜬구름 잡는 듯'한 실정이다. 클라우드 컴퓨팅 전문가이자 실제 경영인으로 활동하고 있는 마이클 휴고스와 데릭 헐리츠키는 이 책에서 단순히 클라우드 컴퓨팅의 기술적 측면을 소개하는 것을 넘어서, 이를 경영에 활용하기 위해서는 어떠한 인식과 기술들이 필요한지, 클라우드 컴퓨팅이 사회적으로 미칠 수 있는 영향력은 어떤 것인지를 구체적인 경영상의 예시들을 바탕으로 소개한다. 신국판 | 양장본 | 368면 | 17,000원

Tel. 031) 955-4601
www.nanam.net

나남
nanam

혁신의 용광로

벅찬 미래를 달구는 포스코 스토리

송호근 (서울대) 지음

'스마트 용광로' 포스코에서 발견한 한국 제조업의 미래

허허벌판 바닷가에서 일어선 지 반세기 만에 세계 최고의 철강업체에 등극한 포스코,
그들 앞에는 새로운 반세기의 도전과 과제가 놓여 있다. 밖으로는 중국 철강업체의
물량공세와 미국 정부의 압박, 안으로는 정신적 유산의 변화라는 절체절명의
과제에 직면한 포스코의 미래 성장전략은 무엇인가? 신국판·양장본·432쪽·값 28,000원

가 보지 않은길

한국의 성장동력과 현대차 스토리

송호근 (서울대) 지음

리셋 코리아 (Reset Korea)!
시대를 대표하는 사회학자 송호근 교수의 사회학적 현장관찰기

제4차 혁명과 미증유의 경제위기, 대한민국은 어디에 서 있고, 어디로 가는가?
분야를 넘나들며 한국사회 분석에 천착해 온 사회학자 송호근 교수는 대한민국의
오늘과 내일을 진단하기 위하여 한국 제조업의 역사 그 자체라 할 수 있는
현대차로 향한다. 신국판·양장본·400쪽·값 19,000원